KB123135

첨단×유산

역사와 과학을 꿰는 교차 상상력

첨단 ✕ 유산

고려대학교 공과대학 기획

동아시아

이준호
고려대학교 신소재공학부 교수(프로젝트 총괄)

내 인생 처음으로 연간 자유이용권을 구입했다. 지금으로부터 딱 10년 전 일이다. 연구년에 미국 피츠버그에 있는 카네기멜론대학교에서 방문 연구를 하면서, 동네에 있는 자연사박물관과 과학박물관의 연간 가족회원권을 구입한 것이다. 강철왕 카네기^Andrew Carnegie는 거대한 부를 쌓은 뒤, 공룡 화석 수집이라는 독특한 취미생활을 누렸다. 그렇게 수집된 아파토사우루스, 디플로도쿠스, 티라노사우루스 등 다양한 공룡 화석이 지금은 카네기 자연사박물관에 전시되고 있다. 웬만한 자연사박물관이라면 정중앙에 전시할 만한 아주 중요하고 소중한 화석도 카네기 자연사박물관에서는 어느 한쪽 구석에 덩그러니 놓여 있을 정도이다. 나는 어린 시절 채우지 못한 과학적 호기심을 충족시키고자 아이들을 핑계로 연간 가족회원권을 구입한 것이다. 자연사박물관에는 광물과 보석을 전시하는 힐만 홀^Hillman Hall이라는 부속실이 있다. 철강제련이 전공인지라, 광물에 대한 관심이 많아 학교에 출근하면 쉬는 시간에 이곳에 들러 광물을 관찰하는 시간을 자주 갖곤 했다. 공학자로서는 조금은 낯설기도 한 '박물관'이라는 공간에서 과거의 광물들을 마주하며 진행 중인 연구에 관한 아이디어를 얻기도 했다.

　과학박물관은 카네기멜론대학교와는 조금 떨어진 오하이오 강변에 자리하고 있다. 피츠버그의 놀이동산인 이곳은 과학 체험 교실에 가깝다. 피츠버그에는 야구, 미식축구, 아이스하키의 프로구단이 있는데, 박물관에서도 스포츠를 체험하며 과학을 즐길 수 있도록 해두었다. 예를 들어 변화구를 던지는 방법에 대한 설명을 들은 뒤, 실제 투구를 해보는 방식이다. 물론 구속 측정도 가능하다. 로프를 몸에 걸고 텀블링을 하며 중력과 탄성을 체험할 수 있는 이색적인 체험 공간도 인기이다. 개인적으로 가장 흥미로운 곳은 '로보월드'라 불리는 공간이었다. 카네기멜론대학교가 컴퓨터과학 분야에서 세계적 명성을 갖고 있어서, 이곳 교수들과 협력하여 로봇을 체험할 수 있는 공간을 만들었다. 그중 가장 인기 있는 로봇은 농구 로봇이었다. 계속해서 자유투를 던지는 로봇에 도전해서 자유투 기록 경쟁을 해볼 수 있는 체험 공간이다. 로봇은 뛰어난 자유투 성공률을 보이는데, 어지간한 사람은 로봇을 이길 수 없다. 프로 선수가 와서 대결을 벌여야 할 듯하다. 그런데 로봇은 지치지도 않으니 결국은 로봇의 승리로 끝날 것이다. 카네기 박물관은 이런 방법을 통해 학생은 물론 일반인들에게 과학을 자연스럽게 체득하도록 하고 있다. 그렇게 우리나라에도 이런 박물관을 세워보고 싶다는 작은 희망을 갖고 귀국했다.

　고려대학교에도 박물관이 존재한다. 부끄럽게도 그 사실을 연구년을 다녀와서야 깨달았다. 대학교 박물관이라고 하면 별로 기대하지 않는 사람이 많을 것으로 아는데, 전혀 그렇지 않다. 혼천시계, 동궐도, 분청사기 인화국화문 태항아리 국보 세 점은 물론 보물 네 점 등 10만여 점의 작품을 소장하고 있다. 국보 세 점이 모두 과학적인 유산이라는 것에 더욱 놀랄 준비를 하시라! 미국에 카네기가 있다면, 한국에는 인촌 김성수 선생이 있다. 만 원짜리 지폐 뒷면에 그려진 혼천의는 국보인 혼천시계의 일부분이고, 혼천시계는 동양의 지구 중심적 우주론인 혼천설에 의해 시간을 측정하는 장치이다. 인촌 선생이 엿장수의 수레 안에서 고물로 팔려 갈 운명이었던 혼천시계를 살려내어 고려대학교에 기증했다. 혼천시계에서 이용하는 물리적 현상은 진자운동이다. 즉, 혼천시계는 고전역학의 하나인 진자운동을 이용하여 시간을 측정하는 기계인데, 당시에는 가장 첨단기술을 이용한 장치였을 것이다. 오늘날의 현대 물리학에서는 양자역학에서 조화 진동자로 포텐셜이 주어지면 슈뢰딩거 방정식을 이용하여 허용된 에너지와 파동함수를 계산할 수 있으니, 대한민국 최초의 양자컴퓨터가 만들어진다면 혼천시계 옆에 나란히 진열해도 좋을 듯하다.

〈동궐도〉는 또 어떠한가! 조선시대 동궐인 창덕궁과 창경궁을 그린 〈동궐도〉는 당시 최첨단의 회화 기법인 평행사선부감법을 사용해 입체적으로 그린 그림이다. 동궐의 남동쪽 하늘에서 광각렌즈를 이용해 사진을 찍은 듯하다. 오늘날에도 이런 그림을 그리려면 드론을 띄워 항공촬영을 해야만 할 것 같은데, 그런 기술도 높은 건물도 없던 당시에 어떻게 이런 그림을 그린 것인지, 생각해 보면 절로 혀를 내두르게 된다. 자유의 여신상의 머리를 화려하게 조각한 프랑스 조각가 프레데리크 오귀스트 바르톨디^{Frédéric Auguste Bartholdi}처럼, 눈에 잘 보이지 않는 궁궐의 지붕조차 허점 없이 화려하게 꾸민 조선 장인들의 솜씨에 감탄하게 된다. 더욱 놀라운 것은 이 그림이 건물과 시설물의 명칭을 깨알같이 기록해 둔 3차원의 궁궐 데이터뱅크, 곧 자산 관리 대장이라는 점이다. 나무 한 그루까지 똑같이 관리했다고 하니, 그 섬세함이 남다르다. 오늘날에는 드론을 이용해 건물을 3차원 스캐닝하여 입체 도면으로 관리하고, 정기적 검사를 위해 표면의 균열을 감지하고 수리하는 기술이 개발되었으니, 〈동궐도〉 옆에 드론으로 촬영한 동궐의 이미지를 홀로그램으로 보여줄 수 있다면 멋진 일이리라.

분청사기 인화국화문 태항아리는 조선시대에 왕실에서 태어난 아이의 탯줄을 보관하는 항아리이다. 탯줄이 국운과 연관된다는 믿음으로 항아리에 담아 보관했는데, 100번이나 씻어서 보관한 탯줄을 안전하게 지키는 것은 쉬운 일이 아니었다. 이러한 믿음 속에는 삶과 죽음이 결코 이질적인 것이 아닌, 동전의 양면과 같은 것이라는 생각이 깃들어 있다. 오늘날 탯줄을 냉동 보관하는 기술은 생명을 살리는 기술로 발전하고 있다. 언젠가 냉동 인간 기술과 복제 인간 기술이 현실이 되면, 지금까지 우리가 알고 있던 삶과 죽음의 경계선은 어디가 될 것인가? 분청사기 인화국화문 태항아리가 우리에게 던지는 질문은 결코 가볍지 않다.

고려대학교 박물관에는 제법 신기한 자료들이 많다. 조선시대의 서울 지도인『수선전도』를 비롯해『대동여지전도』, 암행어사 박문수가 들고 다녔을 법한 오마패, 사인검, 수많은 청자와 백자들이 진열되어 있다. 김홍도, 정선, 장승업의 고회화 작품은 물론, 이중섭, 박수근, 권진규 등 한 번쯤은 들어봤을 법한 작가들의 수준 높은 유물들도 자신들의 이야기를 들어줄 사람들을 기다리고 있다. 역사 자료실에 들어가면 국가지정기록물 제1호 유진오 박사의 제헌헌법 초고가 가장 먼저 눈에 들어온다. 과학자들의 눈길을 끌 세계적인 물리학자 이휘소 박사의 실험노트 200권을 포함한 다양한 유품 320점도 고려대학교 박물관에 보관되어 있다. 이제는 과학 자료의 일부도 역사가 되어 과거의 한 부분을 차지하고 있는 것이다. 이렇듯 박물관을 거닐다 보면 우리 조상들의 유산이었던 역사와 후손인 우리들의 현대 이야기가 연결되는 것을 느낄 수 있다. 언젠가 이 공간을 새롭게 채울 미래의 유산들은 최첨단기술을 바탕으로 오늘날 누군가에 의해 만들어지고 있을 것이다.

지난 10년간 고려대학교의 위상이 높아짐을 새삼 깨닫는다. 2021년 QS 세계대학순위에서 69위를 기록하였고, 얼마 전 발표된 QS 아시아대학 순위에서는 아시아 11위로 국내 1위를 기록했다. 대학평가에서 가장 크게 기여하는 곳 중 하나가 내가 몸담고 있는 공과대학이다. 공과대학의 첨단기술 연구는 이미 세계적 수준임이 증명되었다. 고려대학교가 보유한 위대한 유산과 공과대학의 첨단기술을 연결하는 대중 강연을 만들어 보겠다는 의견을 당시 공대학장이었던 김중훈 교수께 여쭙고 허락을 받았다. 흔쾌히 허락하며 지원해주었다. 당시 박물관장이었던 전경욱 교수는 강연장을 내어주고, 강연 후 박물관 투어를 마련해주었다. 10개의 주제를 정하고 적절한 강연자를 물색하기 시작했다. 여러 교수들의 추천과 전 박물관장이었던 조명철 교수의 도움을 받아 각각의 강연자를 모실 수 있었다. 강연의 부제를 '우리 유산에 새겨진 첨단 미래를 읽다'라고 정했다. 2019년 10월부터 12월까지, 매주 고려대학교 박물관 교육실에서 강연을 진행했다. 박물관에 잠들어 있던 유산들이 새로운 과학기술과 함께 관객을 맞이했다.

사전적 정의에 따르면, 문화유산이란 후대에 계승 및 상속될 만한 가치를 지닌 전대의 문화적 소산을 말한다. 우리에게 남겨진 문화유산에 과거가 깃들어 있다면, 최첨단의 과학기술을 통해 앞으로의 세상을 엿볼 수 있다. 무엇보다 문화유산 속에는 당대 과학의 디테일이 숨어 있다. 역사와 과학의 눈으로 문화유산을 바라보고 현대의 첨단기술에 도착할 때, 과거와 현재는 연결되고 우리는 새로운 시공간에서 새로운 질문들을 만날 수 있을 것이다.

코로나 시대, 어디로도 움직이기 쉽지 않은 현실이다. BTS가 신곡 〈내 방을 여행하는 법〉에서 노래하듯, 시선을 낮추고 익숙한 것들에서 새로움을 만나볼 수 있으면 좋겠다. 자신의 책상 위에서, 또는 침대 위에서 이 책을 펼치고 박물관으로의 여행을 떠나보기를 기대한다. 상황이 조금 좋아진다면, 그때는 고려대학교 박물관에 들러 시간 속 여행을 떠나보면 어떨까.

차례

동궐도 드론

조명철   주영규

1장

시선

세상을 어떻게 바라볼 것인가

1장에서는 장대한 규모와 섬세한 묘사 면에서 동아시아에서 손꼽히는 회화인 〈동궐도〉와 이제껏 보지 못했던 것들을 보게 만드는 최첨단기술인 드론을 다룬다. 동양미술 전통의 부감법과 드론이라는 첨단 안전기술을 통해, 인간이 세상을 바라보는 방식인 시선의 변화를 고찰한다.

동궐도

내려다본 세계

: 서양미술과 차별화된
  동양미술의 눈, 부감법

조명철

고려대학교 사학과 교수이다. 고려대학교에
서 사학 석사 학위를 받고, 도쿄대학교에서
박사 학위를 받았다. 주로 일본 근대의 외교
와 전쟁을 연구해왔다. 고려대학교 박물관
장을 역임하면서 해외 전시를 포함한 18회
의 특별기획전시를 진행했다.

미술, 시점의 예술

흔히 '미술은 시점point of view의 변화에서 시작되었다'라고 합니다. 시점에 따라 그림의 느낌이 완전히 달라지기 때문입니다. 이제 그 시점의 탄생과 변화를 따라가보겠습니다.

서양미술은 2차원의 캔버스 위에 3차원의 입체를 표현하고 싶어 했습니다. 이는 그림을 실제처럼 그리고 싶어 하는 인간의 욕구에서 출발했다고 할 수 있습니다. 이러한 욕구가 충족된 것은 15세기 이후 투시원근법이 일반화되면서부터였습니다. 투시원근법을 활용하면 평면에 그려진 그림에 3차원의 깊이를 부여할 수 있습니다.

놀랍게도 투시원근법을 정립시킨 인물은 평면에서 벗어나고자 몸부림치던 화가가 아니라 평생 건물만 짓던 건축가였습니다. 15세기 르네상스 시기를 대표하는 건축가인 필리포 브루넬레스키Filippo Brunelleschi는 거울을 이용하여 투시원근법을 활용하면 그림이 입체적으로 보인다는 것을 입증하는 데 성공했습니다. 그의 친구인 마사초Masaccio는 이 원리를 처음으로 적용해 〈성 삼위일체〉를 그렸고, 그 이후 우첼로Uccello Paolo, 프란체스카Piero della Francesca와 같은 화가들과 많은 학자들에 의해 발전되고 체계화되어 널리 보급되었습니다. 이후 투시원근법은 현대미술이 태동하기 이전까지 500여 년의 긴 시간 동안 사실주의적 재현에 절대적 입지를 차지하는 조형 원리가 되었습니다. 지금의 구상具象 회화에 이르기까지도 그 중요성은 여전합니다.

이미 고대 그리스 이전부터 조각과 건축을 통해 끊임없이 3차원 공간을 경험해 왔음에도 평면 위에 그려지는 회화에서 입체감을 표현할 수 있는 과학적 방법이 이렇게 늦게 정립되었다는 것이 이상할 정도입니다. 이후 거의 모든 화가들이 투시원근법을 자신의 회화에 도입하였고, 소실점vanishing point의 위치와 개수에 따라 다양한 입체감을 표현할 수 있게 되었습니다. 소실점은 그림 안에서 확인할 수도 있고, 그림 바깥에 위치한 경우도 있습니다. 보통 한 개나 두 개가 대부분이지만 어떤 그림에서는 소실점 세 개가 사용되기도 합니다.

마인데르트 호베마Meindert Hobbema, 〈미델하르니스의 가로수길〉

　　　　　　　1장. 시선 __ 세상을 어떻게 바라볼 것인가

동양미술의 독특한 시점

평면성에서 벗어나려는 욕구는 동양 화가들이라고 해서 크게 다르지 않았습니다. 하지만 이 욕구를 해결하기 위해 동서양이 나아간 방향은 서로 달랐습니다. 서양 화가들이 평면에서 입체감을 얻고자 노력했던 반면, 동양 화가들은 전혀 다른 방식으로 평면성을 극복하고자 했습니다. 즉 서양미술에서는 가상의 입체를 평면 위에 세우기 위해 투시원근법을 따랐고, 동양미술에서는 하늘로 올라가 전체를 보고자 했습니다. 만약 새처럼 하늘로 올라갈 수 있다면 그리고자 하는 대상 전체를 한 폭의 그림에 담을 수 있기 때문입니다. 하늘에서 보이는 모습이야말로 동양미술에서 추구하는 목표가 되었습니다. 즉, 동양 화가들은 새의 눈으로 세상을 보고자 했던 것입니다.

그 결과 서양미술과 동양미술이 도달한 종착점은 판이하게 달랐습니다. 서양미술이 투시원근법이라는 과학적 원칙에 충실했던 반면에 동양미술은 과학적 원칙에 얽매이기보다는 비과학적인 감각과 욕구를 우선했습니다. 서양미술은 과학적 원칙을, 동양미술은 비과학적인 감각을 중시하면서 양쪽 모두 자신들이 원하는 바를 성취했습니다.

동양미술의 세계를 경험하기 위해 이제 새가 되어 날아봅시다. 보통 새의 눈이 되어 대상을 내려다보는 시점을 조감법鳥瞰法이라고 하는데, 미술계에서는 조감법보다는 주로 부감법俯瞰法이라고 표현합니다. 서양의 투시원근법과 달리 동양의 부감법은 처음에 누가 만들었는지 알 수 없습니다. 다만 한국미술에 한정할 경우 부감법을 활용한 흔적은 선사시대로 거슬러 올라갑니다. 그 이래로 조선시대 말기까지 엄청나게 많은 작품이 부감법으로 제작되었습니다. 이 장에서는 동양미술 가운데서도 주로 한국미술 속에 나타난 부감법을 중심으로 살펴보고자 합니다.

울산시를 가로지르는 태화강을 거슬러 올라가면 대곡리에 반구대라는 암벽이 있습니다. 여기에는 신석기시대의 생활상을 엿볼 수 있는 암각화들이 수 세기에 걸쳐 중첩되어 새겨져 있습니다. 반구대가 유명해진 이유는 신석기시대부터 인간이 이미 고래를 사냥했었다는 사실을 알려주는 전 세계 하나뿐인 증거이기 때문입니다. 특이한 것은 반구대 동물 암각화 중에서 유독 고래만이 부감법으로 묘사되어 있다는 사실입니다. 육지와 바다에 수많은 동물이 있는데 그중에 하필 고래만을 부감법으로 묘사한 이유는 무엇일까요? 다른 동물들은 굳이 부감법을 쓰지 않아도 그 특징을 충분히 표현할 수 있지만, 고래의 특징을 묘사하기 위해서는 부감법의 시선이 필요했기 때문입니다.

당시에는 사람이 직접 하늘 높이 올라갈 수 없었습니다. 따라서 고래의 암각화에 적용된 부감법의 시선은 공중 어디쯤엔가 설정된 가상의 시선을 의미합니다. 이처럼 부감법은 공중에 설정된 시점으로부터 내려다보이는 형상을 화폭에 담는 기법입니다. 애초부터 가상의 시선을 통해 사물을 바라보기 때문에 부감법으로 묘

1장. 시선 __ 세상을 어떻게 바라볼 것인가

사된 형상은 엄밀히 말하자면 상상의 결과물에 지나지 않습니다. 그럼에도 불구하고 선사시대부터 부감법이 끊임없이 활용된 것은 그만큼 대상을 파악하는 데 큰 도움이 되었기 때문입니다.

반구대 고래 암각화는 신석기시대 사람들도 하늘에서 내려다보는 가상의 시선을 통해야만 고래의 특징을 정확하게 포착할 수 있다고 여겼다는 사실을 보여줍니다. 이처럼 반구대에서 확인할 수 있는 조금은 단순하고 거친 부감법을 초기의 고공부감법이라고 합니다. 초기의 고공부감법은 시간이 흐르면서 높이와 경사각에 따라 다양하게 분화되어 갔습니다.

고려시대의 부감법

고려시대 회화 중에서 대표적인 것은 불화佛畵입니다. 화려하고 복잡한 불화는 부감법과 거리가 멀어 보이지만 실제로는 그렇지 않습니다. 고려시대의 불화에서도 부감법에 대한 애착을 찾아볼 수 있습니다.

고려시대 말기에 그려진 〈미륵하생경변상도〉를 유심히 보면 중앙의 미륵불 이외에는 모든 대상을 위에서 내려다보는 부감법의 시선으로 그렸다는 사실을 알 수 있습니다. 아래쪽의 중생들은 말할 것도 없고 심지어 구름 위에 있는 불자들조차도 더 높은 곳에서 내려다보고 그린 것입니다. 정중앙에 있는 미륵불의 인상이 강렬하여 순간적으로 부감법과 무관한 그림처럼 보이지만 미륵불을 제외한 모든 사물에는 부감법이 적용되고 있습니다. 이처럼 고려 시대의 불화는 부감법의 시선으로 복잡한 내용을 장엄하게 묘사 하는 데 성공했으나 입체감까지 드러내지는 못했습니다.

훨훨 날아오른 조선의 부감법

한국미술은 조선시대에 들어오면서 풍속화, 건축화(궁궐화), 기록화(의궤) 등 여러 회화 분야에서 부감법을 적극적으로 활용하기 시작합니다. 이에 따라 시선의 높이와 경사각을 달리하는 다양한 형태의 부감법이 등장합니다. 조선 후기의 부흥을 이끈 영·정조시대에 제작된 한국미술의 걸작들은 한결같이 부감법의 구도를 사용하고 있는데, 조선 회화를 대표하는 겸재 정선, 단원 김홍도, 혜원 신윤복은 당시 유행하던 부감법 중에서 가장 적합한 것을 골라 자신의 작품에 활용했습니다. 이처럼 세밀하게 분화된 부감법은 조선시대 한국미술을 다채롭게 꽃피우는 데 일조했습니다. 지금부터 조선시대 후기의 회화 작품들을 통해서 부감법이 발전해온 양상을 살펴보고자 합니다.

고공부감법

고공부감법은 조선 후기에 나타난 부감법 중에서도 비교적 이

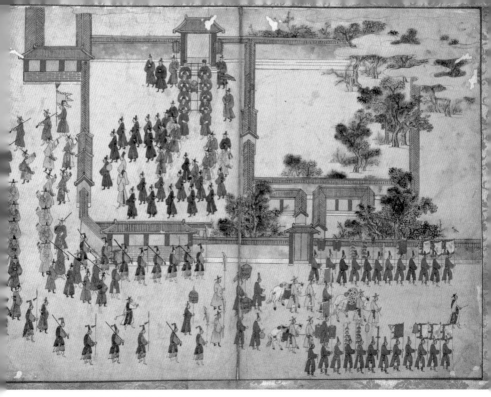

도화서, 〈왕세자출궁도〉

른 시기에 등장한, 단순한 기법이었습니다. 고공부감법은 하늘의
시선에서 전체를 내려다보는 기법이기 때문에 궁궐의 장대함이나
많은 인원이 동원된 행사의 장엄함을 효과적으로 표현할 수 있습
니다. 이처럼 다른 고려사항 없이 높은 곳에서 내려다보는 시선을
충실히 표현하는 기법을 고공부감법이라고 합니다.

　〈왕세자출궁도〉는 왕세자가 공식적으로 궁을 나설 때의 규모
와 구성 인원을 보여주는 기록화입니다. 이 그림이 그려진 1817년
은 시기상으로는 이미 고도로 발달된 부감법이 등장한 때이지만,

이 그림에서는 고공부감법의 전형적인 특징이 잘 드러납니다. 세로로 배열된 담장과 구조물은 지붕만 보여주고 있어서 그 높이가 어느 정도인지를 가늠할 수 없습니다. 그러나 엄밀히 살펴보면 고공부감법에서 조금씩 발전된 고공경사부감법의 흔적이 엿보이기도 합니다. 그림 속 시선은 무작정 위로만 올라가지 않고 약간 뒤로 물러나서 경사각을 만들고 있습니다. 이 경사각 때문에 가로로 배열된 담장과 문들의 앞면이 드러나고 인물들의 옆모습도 나타납니다. 이런 점에서 〈왕세자출궁도〉는 단순한 고공부감법에 고공경사부감법을 가미한, 부감법의 발전 과정을 잘 보여주는 그림이라고 할 수 있습니다.

고공경사부감법

보통 부감법은 기록화나 건축화에 가장 많이 쓰이지만 겸재 정선은 자신의 전공 분야인 산수화에 부감법의 시선을 도입했습니다. 상상으로 그리던 산수화를 버리고 보고 느낀 풍경을 화폭에 담기 시작한 정선은 진경산수화의 세계를 열면서 자연의 웅장함을 부감법으로 묘사했습니다. 누가 봐도 지나치게 높이 올라갔다고 느낄 정도의 과감한 시점을 도입한 것입니다. 그 대표적인 작품이 국보 제217호인 〈금강전도〉입니다.

정선은 금강산의 웅장함을 보여주기 위해 위로 솟구치면서도 동시에 뒤로 물러나면서 뚜렷한 경사각을 만드는 고공경사부감법을 활용했습니다. 이를 통해 좀 더 생생한 입체감을 살릴 수 있었

정선, 〈금강전도〉

김홍도, 〈월야선유도〉

습니다. 정선은 금강산 일만 이천 봉의 위용을 표현하기에 가장 적
합한 시선을 선택했던 것입니다. 물론 고공경사부감법은 정선이
처음 발명한 것도 아니고 정선만 사용한 것도 아닙니다. 당시 이
용어가 존재했던 것은 더더욱 아닙니다. 조선 후기에 부감법이 얼
마나 다양하게 활용되었는지를 보여주기 위해 현대의 연구자들이
만들어낸 용어일 뿐입니다.

　이처럼 조선 후기 화가들은 화폭에 담고 싶은 내용에 따라 적
절한 부감법을 선택하였고 이를 통해 작품을 돋보이게 하는 데 성

1장. 시선 __ 세상을 어떻게 바라볼 것인가

공했습니다. 겸재 정선보다 한 세대 뒤에 등장한 천재 화가 단원
김홍도 과감하게 고공경사부감법을 사용하여 대동강에서 벌어
진 화려한 뱃놀이 광경을 웅장하게 그려냈습니다.

　〈월야선유도〉는 달밤에 엄청난 인원을 동원하여 횃불로 강 양
쪽을 밝히고, 배를 띄워 놓은 채 유흥을 즐기는 평양 감사의 위세
를 한눈에 느낄 수 있는 그림입니다. 하늘에서 내려다보지 않으면
행사의 전체 규모를 알기 힘들 뿐만 아니라 경사각 없이 일직선으
로 내려다보는 시선으로 그렸다면 입체감이 사라지면서 웅장한

변박, 〈동래부순절도〉

김홍도, 〈서당〉

1장. 시선__세상을 어떻게 바라볼 것인가

맛도 느끼기 어려울 것입니다. 따라서 김홍도가 〈월야선유도〉의 느낌을 살리기 위해 고공경사부감법을 선택한 것은 매우 적절했습니다. 비슷한 시기인 임진왜란 초기, 동래성을 지키다 순절한 송상현의 충절을 기리기 위해 동래부사가 제작한 〈동래부순절도〉 역시 대표적인 고공경사부감법 작품입니다. 그림 한 폭에 동래성 전투의 모든 것을 담아낸, 대단한 작품입니다.

이 그림은 전투가 개시되어 성이 함락되는 순간까지 시간의 흐름을 하나의 화폭에 전부 담고 있습니다. 풍부한 스토리를 한눈에 이해할 수 있는 것 역시 고공경사부감법 덕분입니다. 고공경사부감법이 제대로 활용되지 못한 다른 버전의 〈동래부순절도〉와 비교하면 이 그림이 전투의 현장감과 장대함을 얼마나 잘 보여주고 있는지 쉽게 이해할 수 있습니다. 그만큼 이 그림 속 고공경사부감법의 완성도는 매우 높습니다.

저공경사부감법

김홍도와 신윤복은 자신들의 전공 분야인 풍속화에서도 부감법의 시선을 유감없이 발휘했습니다. 풍속화의 경우 화폭에 담을 대상이 그다지 크지 않기 때문에 지나치게 높이 올라가는 시점은 필요치 않았습니다. 아무래도 시선이 고공으로 높이 올라가면 특정 인물보다는 성곽이나 궁궐 같은 큰 구조물에 초점이 맞춰지기 때문입니다.

김홍도의 〈서당〉은 18세기 후반으로 추정되는 서당의 풍경을

신윤복, 〈단오풍정〉

그린 작품입니다. 이 그림을 유심히 보면 시선이 조금 올라가서 뒤로 물러나 있는 것을 확인할 수 있습니다. 이러한 시선을 저공경사부감법이라고 합니다. 연구자들이 부감법을 쓸데없이 세밀하게 구분하지 않았나 하는 느낌을 줄지도 모르겠지만, 사실은 그렇지 않습니다. 김홍도와 신윤복의 많은 작품들이 한결같이 저공경사부감법의 시선을 사용하고 있기 때문입니다.

초여름 무렵의 음력 5월 5일 단오절의 풍경을 그린 신윤복의 〈단오풍정〉에도 저공경사부감법이 사용되었습니다. 저공경사부감법은 그림 속 시선을 염두에 두지 않으면 발견하기 힘들 정도로 자연스럽게 그림 안에 녹아 있습니다. 이 그림의 시선은 바위 뒤

1장. 시선 __ 세상을 어떻게 바라볼 것인가

에 숨어서 여인들을 훔쳐보는 아이들의 눈높이에 설정되어 있습니다. 그림 속 아이들을 보는 순간, 나 자신도 냇가에 있는 여인들을 훔쳐보고 있는 듯한 느낌이 듭니다. 시선의 높이가 아무렇게나 설정된 것이 아니라 애초부터 기획되어 있음을 알 수 있습니다. 혜원 신윤복의 천재성이 번뜩이는 대목입니다. 조선시대 유일한 술집 그림으로 유명한 신윤복의 〈주사거배〉도 어김없이 저공경사부감법으로 술집의 분위기를 생생하게 포착하고 있습니다.

이처럼 부감법이 주는 시선의 효과는 무시할 수 없을 뿐더러, 경우에 따라 절대적 영향을 미치기도 했습니다. 고공부감법의 시선은 궁궐이나 대규모 행사를 묘사하기 위해서 고공으로 올라가야 했습니다. 대상으로부터 시점이 멀어지는 만큼, 나와 작품과의 심리적 거리도 멀어질 수밖에 없습니다. 즉, 부감법이 사용하는 시선의 높이는 나와 그림 속 존재와의 거리감을 의미합니다.

기록화나 궁궐도와 같이 엄청난 규모를 표현한 그림을 그리기 위해서는 필연적으로 부감법을 사용해야 했습니다. 또, 화폭에 담긴 공간 전체를 한눈에 확인시켜준다는 점에서 포기하기 어려운 기법이기도 했습니다. 하지만 풍속화의 경우 그림의 크기가 가로 30센티미터 정도여서 애초에 장대함을 표현하기 어렵고, 공간 자체도 그리 크지 않아 등장인물도 열 명을 넘지 않았습니다. 이렇듯 작은 공간을 그려내는 풍속화에까지 부감법의 시선을 고집한 이유는 무엇일까요?

저공경사부감법에는 또 다른 매력이 있기 때문입니다. 저공경사부감법은 그림에 등장하는 인물과 그들이 놓여 있는 공간에 친밀감을 느끼게 해줍니다. 사람 눈높이에서 정면으로 다가가는 시선의 그림은 아무리 가까이 다가가도 친밀감이 느껴지지는 않습니다. 극단적인 예로 초상화가 그렇습니다. 김홍도와 신윤복의 풍속화는 부담스러울 정도로 가깝지도 않고, 너무 높이 솟아올라 친밀감의 끈이 끊어질 정도로 멀지 않은, 마음 편히 애정 어린 눈으로 접근할 수 있는 높이와 거리를 제공해줍니다. 두 대가는 부담 없이 그림에 다가갈 수 있는 최상의 시선을 저공경사부감법에서 찾았습니다.

부감법의 끝을 보여준 평행사선부감법

19세기에 들어와 선조들의 예술적 감각은 끝을 모르고 뻗어나갔습니다. 가장 완성도 높은 부감법 역시 이때 나타나는데, 이것이 바로 평행사선부감법입니다. 화가들은 이를 통해 한 폭의 그림에서 전체의 규모와 구석구석의 세밀함, 나아가 입체감까지 살리고자 했습니다. 특히 입체감을 의식하기 시작하면서 정면에서 옆으로 45도 비튼 사각을 취했을 뿐만 아니라 평행 구도를 적극 활용하고자 했습니다. 규모가 큰 궁궐이나 그곳에서 이루어진 대규모 행사를 묘사하기 위해서는 이러한 기법을 활용해야만 했고, 이 과정에서 부감법의 완성판이라고 할 수 있는 평행사선부감법이 비

김홍도, 〈북일영도〉

로소 정립되었습니다.

초기적 형태

평행사선부감법은 뒤로 빠지면서 위로 솟구쳐 올라 전체를 내려다보는 시선을 만듭니다. 즉, 밑에 보이는 건물을 정면에서 45도 비튼 지점에서 그리는 방식입니다. 그림을 보면 쉽게 이해할 수 있습니다.

〈북일영도〉는 사직동 근처에 있던 군영에서 활쏘기를 하며 연회를 즐기는 모습을 묘사한 그림입니다. 주목할 것은 군영 건물과 사각형의 담장입니다. 김홍도는 군영 건물의 입체감을 살리기 위

김홍도, 〈규장각도〉

1장. 시선 ＿ 세상을 어떻게 바라볼 것인가

해 정면이 아닌 정면과 측면의 중간 각도에서 그림을 그렸습니다. 이때 사각형 구조의 평행선이 입체감을 살리는데, 이것이 평행사선부감법의 시선입니다. 평행사선부감법이 얼마나 잘 적용되었는가를 확인하기 위해서는 건물, 담장, 성벽 등 평행선을 갖고 있는 구조물을 집중적으로 살펴봐야 합니다.

김홍도는 정조가 창덕궁 후원에 신축한 규장각을 그릴 때도 평행사선부감법을 사용하였습니다. 〈규장각도〉는 소나무 숲에 둘러싸인 채 앞에는 예쁜 연못을 끼고 있는 규장각의 아름다움과 위용을 조화롭게 묘사하고 있습니다. 부감법에 대한 이해가 없으면 마치 규장각 앞에 있는 언덕이나 산에 올라가서 이 그림을 그린 것으로 오해할 수 있습니다. 하지만 실제로 그런 지형은 존재하지 않습니다. 〈규장각도〉는 공중의 어느 한 점에 시점을 고정시켜 놓고 상상으로 그린 것입니다. 이처럼 당시 한국미술은 다양한 부감법의 시선을 자유자재로 구사할 정도로 높은 수준에 이르렀습니다.

김홍도의 〈규장각도〉는 건물의 정면에서 조금 비킨 각도에서 건물과 담장이 갖고 있는 평행 구도를 효과적으로 활용함으로써 입체감을 살려냈습니다. 하지만 유심히 보면 입체감이 조금 어색하다는 것을 느낄 수 있습니다. 현대인인 우리에게 익숙한 서양식의 투시원근법으로 그려낸다면, 구조물의 평행선이 뒤로 갈수록 좁아져야 하는데 〈규장각도〉에서는 오히려 시점에서 멀어질수록 폭이 넓어지고 있습니다. 서양에서는 눈에 비친 사물을 있는 그대로 화폭에 옮기는 투시원근법을 사실적이고 과학적이라고 여겨서, 이를 철칙으로 받아들였습니다. 서양미술에서는 상상도 할 수 없는 그림들이 조선에서 그려지고 있었던 것입니다.

이처럼 한국미술은 서양의 원근법을 완전히 뒤집어놓았습니다. 한국미술의 평행사선부감법은 입체감을 살리기 위해 가까운 곳은 작게, 멀어질수록 오히려 크게 그리는 말도 안 되는 역발상 원근법을 채택한 것입니다. 평행사선부감법에 이르러서는 거의 모든 작품들이 가까운 곳은 작게 먼 곳은 크게 묘사하고 있습니다. 이것은 일종의 법칙과 같이 견고하게 지켜졌습니다. 이처럼 한국미술이 과학의 원리를 무시하는 평행사선부감법을 저항감 없이 수용한 이유는 원근법을 뒤집는 방식이 전체를 조망하면서 궁궐이나 행사의 장엄함을 보여주는 부감법의 원래 취지에 맞아떨어졌기 때문이라고 추측합니다.

궁궐도, 평행사선부감법의 완성판

이처럼 고공경사부감법이 진화하면서 구조물과 담장 등의 평행한 구조를 이용하여 입체감을 살리는 평행사선부감법을 만들어냈습니다. 부감법으로 표현할 수 있는 최고의 경지에 이른 평행사선부감법에 가장 적합한 대상은 역시 궁궐이었습니다.

〈화성행궁도〉는 1790년대 정조가 아버지 사도세자의 묘를 모신 수원에 행차할 때 거처한 행궁의 그림입니다. 이 그림을 보면 행궁 전체의 크기와 구조를 한눈에 알 수 있음은 물론이고, 구석구석의 모양새도 세밀하게 관찰할 수 있습니다. 전체와 부분, 장대함

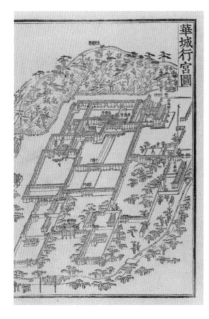

김홍도, 〈화성행궁도〉

과 세밀함을 한 폭의 그림에 모두 담을 수 있었던 것 역시 평행사
선부감법의 공로입니다. 여기서는 서양 원근법의 반대 양식이 명
확하게 확인되지는 않지만 멀어질수록 작아지는 표현 역시 보이
지 않습니다.

　〈헌종가례진하계병〉은 평행사선부감법의 원근법을 제대로 보
여주고 있습니다. 이는 창덕궁 인정전에서 있었던 헌종의 혼인을
담은 기록화인데, 인정전과 그 정면에 있는 진선문의 크기를 보면
뒤쪽의 인정전이 지나치게 강조되어 있음을 알 수 있습니다. 유심
히 보면 진선문 근처보다 인정전 안에 있는 사람들이 조금 더 크게
그려져 있습니다. 보다 확실한 것은 인정전 오른쪽에 보이는 편전

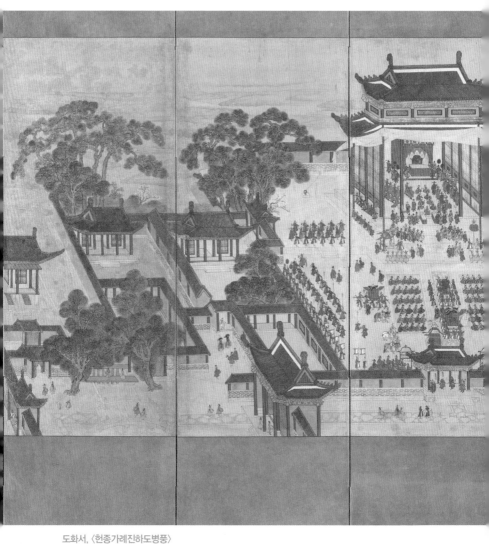

도화서, 〈헌종가례진하도병풍〉

1장. 시선__ 세상을 어떻게 바라볼 것인가

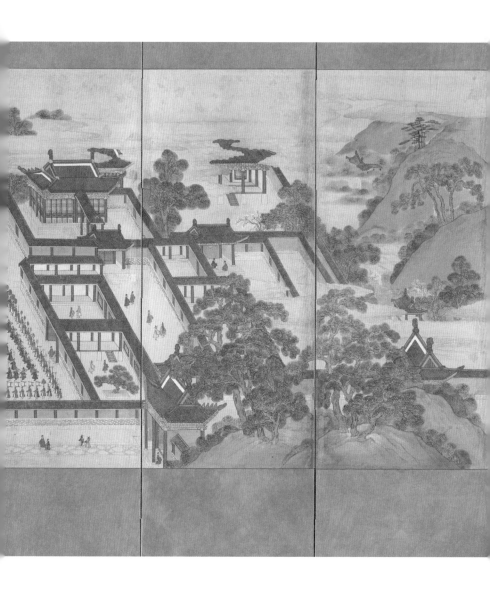

인 선정전에 이르는 평행 구도의 폭이 뒤로 갈수록 넓어지고 있다는 점입니다. 평행사선부감법에 의한 한국미술 고유의 원근 묘사를 한눈에 알 수 있는 부분입니다.

조금 더 자세히 살펴보면 가까운 쪽을 작고 좁게, 먼 쪽을 크고 넓게 묘사함으로써 서양의 투시원근법을 완벽하게 뒤집어 해석하고 있음을 알 수 있습니다. 궁궐의 평행 구도뿐만 아니라 사람조차 먼 쪽을 크게 그리고 있습니다. 그럼에도 불구하고 입체감을 느끼게 해주는 아이러니함이 재미있습니다.

〈동궐도〉, 부감법으로 꽃을 피우다

마침내 19세기 초 평행사선부감법으로 해낼 수 있는 최대의 작업이 감행되었습니다. 건강이 좋지 않은 순조를 대신해서 대리청정을 하고 있던 효명세자는 도화서 최고 화원들을 동원하여 동궐 전체를 하나의 화폭에 담고자 하였습니다.

왕자의 난으로 피에 물든 경복궁을 피해 조선의 왕들이 거처로 삼았던 창덕궁과 창경궁이 임진왜란 이후 복원되자, 효명세자는 창덕궁과 창경궁, 뒤쪽의 후원까지 포함하여 조선 왕궁의 아름다움을 후대에 남기고 싶어 했습니다. 이렇게 탄생한 것이 가로 576센티미터, 세로 273센티미터의 크기를 자랑하는 조선 최대의 회화인 〈동궐도〉입니다. 동궐 전체의 조망을 정밀하게 담아내기

도화서, 〈동궐도〉

위해서 그림은 커져야 했습니다. 이 정밀함과 정확함 때문에 〈동궐도〉는 일반에 공개되지 못하고 국가 기밀로 분류되었습니다.

동궐, 정확히 말하자면 왕이 거처하는 창덕궁과 그 옆에 경계선도 없이 붙어 있는 세자의 거처인 창경궁, 뒤쪽에 있는 산을 포함한 일명 비원까지, 이 모두를 한 폭에 담아내기 위해 그림의 시선은 한없이 하늘로 올라갔습니다. 그 높이에서 거리감, 입체감, 세밀한 묘사를 동시에 만족시키기 위해서 가상의 시선은 오른쪽으로 45도 정도 비켜나면서도 엄청나게 높은 고공에 설정되었습니다. 이러한 시점 설정을 통해 동궐의 평행 구도를 최대한 살린 것입니다. 많은 화원들이 그림의 각 부분을 나눠 맡아 그리면서 동시에 진행한 작업이었음에도 불구하고, 이렇게 설정된 가상의 시선은 흔들리지 않고 공유되었습니다. 멀리서 〈동궐도〉를 보면 도대체 당시 화원들은 어디에서 동궐을 내려다보면서 이런 풍경을 그려낼 수 있었을까 하는 의문이 절로 듭니다. 그러나 이들의 시선은 실제로 어떤 지점에 올라서 바라본 것이 아니라, 어디까지나 가상의 시선이었습니다. 실제로 이렇게 드넓은 광경을 내려다보기 위해서는 지금으로 따지면 종로5가 위치에 30층 높이 정도 되는 빌딩 위에 올라서야 가능한 일입니다. 조선 후기에 활용되었던 부감법에 대해서 알지 못한다면 이 그림에 숨겨진 시선에 대한 궁금증이 도저히 풀리지가 않습니다. 당시 가상의 시선을 만들어내어 그림을 그려낸 능력은 거의 극한까지 치달았던 것입니다.

방대한 〈동궐도〉는 마치 복사기로 복사한 듯 매우 비슷한 작품이 세 개나 만들어졌습니다. 그중 하나는 아직 발견되지 않았습니다. 물론 당시에 복사기가 존재했을 리가 없으니 정밀하게 비교하면 약간의 차이를 발견할 수 있고, 여러 명의 화원이 그렸다는 사실도 확인할 수 있습니다. 하지만 일반인은 그 차이를 발견하지 못할 정도로 유사합니다. 또, 〈동궐도〉를 가까이에서 보면 그 세밀함에 놀라지 않을 수 없습니다. 건물의 구조, 기둥의 수, 계단과 벽돌 한 장, 주위의 나무 모양까지 있는 그대로 정밀하게 묘사되어 있습니다. 창덕궁에 가서 비원까지 돌아보면 큰 가지가 받침대에 받쳐진 노송老松 한 그루를 볼 수 있습니다. 이 나무는 지금 모습 그대로 〈동궐도〉에 똑같이 그려져 있습니다. 말 그대로 〈동궐도〉는

1장. 시선 __ 세상을 어떻게 바라볼 것인가

부감법의 끝, 평행사선부감법의 종결자였습니다.

멈춰버린 한국미술

조선 후기에 이르러 한국미술은 최고 경지의 부감법을 완성하는 데 성공했습니다. 평행사선부감법으로 대변되는 절정의 시선을 활용하여 수많은 불후의 명작들을 남기기 시작합니다. 완성도 높은 작품들이 집중되어 있는 19세기 전반기는 한국미술의 역동성과 자신의 삶을 송두리째 작품에 쏟아부은 예술가들의 열정이 소름 돋을 정도로 강렬하게 느껴지는 시기였습니다. 하지만 한국미술은 여기에서 발전을 멈춰버리고 맙니다. 예술가들의 열정이 부족했다거나 새로운 시도가 없었기 때문이 아니라, 일제를 비롯한 외세의 침탈로 인해 새로운 움직임이 일어나지 못한 것이기에 그 안타까움이 더할 수밖에 없습니다.

예술가들이 의욕을 상실해가고 있던 시기에 부감법이 어떻게 사용되었는지를 〈왕세자두후평복진하도〉를 통해 확인할 수 있습니다. 이 그림은 고종의 아들인 왕세자 순종이 치사율이 높았던 천연두에 걸렸다가 회복된 것을 기념하여 1880년에 제작된 병풍입니다. 당시 여러 점이 제작되었으나 현재에는 두 점이 남아 있습니다. 당시 조선은 외세의 압박으로 문호를 개방하기 시작하면서 불평등한 조약을 맺고 일방적으로 수탈을 당하기 시작한 상황이었

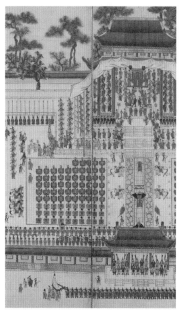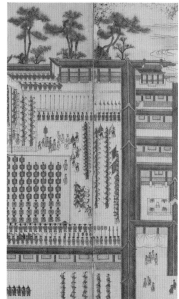

도화서, 〈왕세자두후평복진하도〉

습니다. 그런 와중에 왕실에 경사스러운 일이 생기자, 이를 널리 알리고 백성들의 힘을 북돋아주기 위해 이런 기록화를 그렸던 것으로 보입니다. 그러나 정작 이 그림 자체에서는 어떠한 새로운 경지나 예술적인 발전을 보여주지는 못했습니다.

그림 속 인물이나 담의 벽돌 등에서 세밀한 묘사가 나타나고 약간의 경사각 또한 표현되어 있지만, 전체적으로는 초기의 고공 부감법에 가깝습니다. 행사의 장대함이나 입체감을 느끼게 하는 부감법이 존재했음에도 불구하고 조정이 공을 들이고 비용을 댄 작품이 이토록 진부한 수준에 그친 것에는 큰 아쉬움이 남습니다.

〈왕세자두후평복진하도〉는 탁월한 평행사선부감법이 이미 유행하고 있었음에도 불구하고 오히려 초기의 고공부감법으로 후퇴하고 말았다는 사실을 보여줍니다.

조선은 서양의 원근법과 달리 '부감법'이라는 시선을 통해 자기만의 세상을 그려냈습니다. 지금 우리는 어떤 방식으로 세상을 바라보고 있나요? 이 질문에 대답하기 위해서는 우리의 일상 곳곳에 숨어 있는 과학기술을 들여다보아야 합니다. 이어지는 이야기를 통해 동양의 부감법을 지나 세상을 바라보는 오늘날의 '시선'을 고민해봅시다.

드론

시선을 넘어
진단으로

주영규
고려대학교 건축사회환경공학부 교수이다.
동 대학원에서 박사 학위를 받고 텍사스대
학교 오스틴캠퍼스, 대우건설기술연구원,
포항산업과학연구원, 일본 건설성 건축연구
소에서 실무 및 연구 경력을 쌓았다. 한국강
구조학회, 한국구조물진단유지관리공학회
부회장을 역임하였으며, 현재 한국초고층도
시건축학회, 한국복합신소재공학회, 한국공
간구조학회 부회장을 맡고 있다.

드론의 출현

세상의 변화에 발맞춰 드론[drone]이라는 기술이 새로운 첨단기술로 등장했습니다. 사실 드론에 대해 많은 사람들이 생각 외로 잘 모릅니다. 무인 항공기를 지칭하는 드론은 원래 영어에서 벌이 웅웅거리는 소리를 표현한 의성어입니다. 이 드론이 세상을 바꾸기 시작했습니다.

지금 드론이라고 하면 대개는 헬리콥터형 회전익 드론을 떠올립니다. 회전익 드론은 헬리콥터와 비슷하게 날개가 네 개이고, 이 날개를 조정하면서 양력을 얻어 앞뒤로 이동합니다. 하지만 군사용으로 만들어진 초기 드론은 비행기와 같이 날개가 움직이지 않는 고정익 드론입니다. 그래서 초기 드론은 군사용 및 정찰용으로

양력
위로 들어 올리는 힘

추력
앞으로 밀어내는 힘

항력
공기가 뒤로 끄는 힘

중력
지구가 당기는 힘

드론의 기본 원리

사용되며, 상대적으로 배터리 효율이 좋아서 멀리 비행할 수 있습니다. 하지만 비행기형 고정익 드론은 가격이 비싸 쉽게 보급될 수 없었습니다. 일반적으로 많이 사용되는 드론은 비교적 가격이 싼 회전익 드론입니다.

드론은 날개의 개수에 따라 용도가 나뉩니다. 가장 많이 사용되는 드론은 날개가 네 개로, 주로 레저용으로 사용됩니다. 산업용 드론은 적어도 날개가 여섯 개 이상이어야 합니다. 즉, 프랜차이즈 햄버거 가게에서 드론을 이용해 햄버거를 배달하려면 최소 여섯 개의 날개가 달린 드론이 필요하고, 더 무거운 것을 운반하려면 여덟 개 정도는 되어야 합니다. 드론으로 촬영한 영상은 바람의 상태에 영향을 많이 받습니다. 언론에서 보도에 사용하는 질 좋은 영상을 촬영하기 위해서는 보통 날개가 여덟 개인 고급 드론을 사용합니다.

드론 이야기를 하면 사람들이 가장 많이 관심을 가지는 것은 일상생활에서 드론을 어떻게 사용할 수 있을까 하는 부분입니다. 그런데 실제로 도시에서 드론을 활용하는 것은 매우 어렵습니다. 가령 서울 시내에서는 햄버거는 물론 온라인 쇼핑몰에서 주문한 물건도 드론을 통해 배달받을 수 없습니다. 공중에서 모든 부분을 촬영할 수 있는 드론을 도심에 띄울 경우 사생활 침해 문제가 발생할 수 있기 때문입니다. 그래서 많은 언론에서 드론을 통해 물건을 배달하는 사례를 집중하여 소개하고 있지만, 드론은 주로 산업용으로 사용되며, 우리 생활에 필요한 의식주 중에서는 삶을 영위하

드론이
활용되는 분야
(위에서부터 농업,
건설, 재난 현장)

는 '공간'에 가장 많이 사용되고 있습니다.

드론은 건축 및 건물 관리에 이용됩니다. 드론을 통해 건물을 보다 잘 건설할 수 있고, 건물이 건설된 후에도 효율적으로 유지 및 관리할 수 있습니다. 미래 건설 현장에서는 사람 없이 작업이 진행된다고 합니다. 모든 건설 장비가 무인으로 작동되고, 모든 시스템이 드론과 연계되어 드론이 모든 것을 컨트롤합니다. 즉, 드론이 현장 소장 역할을 하는 셈입니다. 물론 드론이나 무인 건설 장비는 현장 사무실에서 전문 인력에 의해 모니터링 및 작동됩니다. 이러한 무인 건설 시대가 조만간 도래하게 됩니다.

그 이외에 다양한 건설 현장에도 드론이 사용됩니다. 가장 큰 이점은 사람이 직접 갈 수 없는 부분을 드론이 대신 관찰할 수 있다는 겁니다. 드론은 사람이 지시한 일을 대신하며 유용한 정보를 제공합니다. 접근하기 어려운 산이라든가, 땅을 새로 개척하는 토목공사 현장에 드론이 직접 올라가서 사람의 역할을 대신할 수 있습니다. 현재 드론이 제일 많이 쓰이는 분야는 농업과 건설 분야입니다. 무려 전 세계 드론의 80퍼센트 이상이 이 분야에 쓰이고 있습니다.

드론은 더욱 다양한 방식으로 활용되고 있습니다. 포항 지진 이후로 재난 현장에도 활용되고 있고, 문화유산 복구 및 관리에 이용할 수 있는 방안도 많이 개발되고 있습니다. 드론의 가장 큰 장점은 사람들이 그동안 가지 못했던 곳에 대한 정보를 제공해주는 것입니다. 이제 이 정보를 이용해 얼마나 더 큰 부가가치를 창출할 수 있는지가 중요한 문제로 떠올랐습니다.

드론을 통해 바라본 궁궐

보통 고궁에 가면 대부분 평면으로 된 도면이 제공됩니다. 이 도면만으로 원하는 장소를 찾아가기는 어렵습니다. 이때 드론이 찍은 영상을 통해 대략적으로나마 장소를 미리 살펴볼 수 있습니다.

2018년 평창동계올림픽 개막식 때 천여 개의 인텔 드론을 이용해 선보였던 드론 라이트 쇼가 굉장히 인상적이었습니다. 제가 수원 화성을 촬영하는 데 사용한 것도 바로 이 인텔 드론입니다. 〈동궐도〉에 나타나는 부감법은 미술사적으로 발전된 형태의 부감법을 보여주는 사례라는 점에서 몹시 큰 가치가 있습니다. 그뿐 아니라, 실제 사물을 아주 정밀하게 묘사해냈다는 점에서 기술적으로도 큰 의미가 있는 그림입니다. 실제로 동궐의 계단 개수나 크기 같은 부분을 복원할 때 〈동궐도〉를 참고한다고 합니다. 그렇다면 드론을 이용해 촬영한 영상은 얼마나 정확할까요? 촬영 허가에 문제가 있어 직접 동궐을 촬영하지는 못했지만, 국립고궁박물관에서 이미지를 제공받을 수 있었습니다.

과거시험을 보던 기오헌이라는 곳을 드론으로 공중에서 찍으면 다음과 같은 모습입니다. 그 옆에 위치한 연경당과 그 앞에 펼쳐진 숲 역시 아름답습니다. 왕이 주로 정사를 돌보던 인정전과 관료들이 머물던 숙소도 보입니다.

제가 직접 촬영한 곳은 수원 화성입니다. 사실 화성 행궁도 임금이 머물던 곳이라 동궐 못지않게 화려합니다. 동궐과 같이 입구에 있는 세 개의 문을 지나면 실제로 정사를 보는 인정전이 나타납니다.

하지만 건축 분야에서 드론을 활용하려면 단순한 사진 촬영으로는 부족합니다. 특히 문화재 복원과 같은 섬세한 작업에 사용하기 위해서는 정확한 데이터가 필요하지요. 이를 위해서는 찍은 사진들을 이용해서 3D 입체 모델링을 만들어야 합니다. 그런데 드론으로 촬영한 사진들은 2D 평면 사진입니다. 이 2D 이미지를 이용해서 3D 입체를 만들어야 하는 것입니다. 요즘은 텔레비전 등 다

드론으로 촬영한 창덕궁의 모습이다. 왼쪽 사진에서는 기오헌이, 오른쪽 사진에서는 인정전이 보인다.

1장. 시선 __ 세상을 어떻게 바라볼 것인가

양한 경로를 통해서 3D 입체 모델링을 쉽게 접할 수 있기 때문에 쉬운 기술이라고 생각할 수 있지만, 실제로 3D 입체 모델링을 정확하게 구현하는 것은 몹시 어려운 일입니다. 건물을 찍을 때도 다양한 높이와 방향에서 엄청나게 많은 사진을 촬영하고, 이를 중첩시키고 조합하여 입체를 만들어야 합니다.

저 또한 2018년에 이 작업을 진행한 적이 있습니다. 고려대학교 공과대학의 역사를 간직한 유서 깊은 건물이었던 제2공학관을 철거하게 되었는데, 철거 직전에 제2공학관의 사진을 찍어서 모델링 작업을 진행했습니다. 드론을 날리면서 공중에서 외관을 찍는 것 자체는 어려운 일이 아닙니다. 그렇지만 내부 사진이라면 이야기가 또 달라집니다. 정확한 모델링을 위해서는 내부에서도 면밀

드론으로 촬영한 수원 행궁의 모습이다.

하게 사진을 찍어서 중첩시켜야 합니다. 건물 내부에 드론을 날려 사진을 찍기 위해서는 여러 협업을 진행해야 하는데, 이를 비행 플랜이라고 합니다.

비행을 어떻게 하고, 사진을 어떻게 찍고, 어떻게 하면 목표 건물을 실제로 찍을 수 있을지 계획을 세우고 촬영을 하면 일종의 조각 사진이 나오게 됩니다. 그 사진에 색깔을 입힌 후 약 2,000장 정도의 조각 사진을 겹칩니다. 이 후속 작업만 하더라도 약 8,000분 이상의 시간을 들여야 합니다. 이런 과정을 통해 겨우 건물의 입체 모델링을 얻을 수 있는 것입니다. 우리가 공상과학 영화나 박물관에서 볼 수 있는 3D 입체 모델링은 모두 이런 과정을 거쳐 만들어집니다.

그렇다면 과연 드론을 이용해 촬영한 사진은 얼마나 정확할까요? 실제로 화성 행궁의 계단 폭 등을 재본 후에 드론으로 찍은 영상 속 계단과 비교해봤더니 오차율이 2퍼센트 미만으로 매우 정확하다는 사실을 확인했습니다. 제가 사용했던 드론은 국내에서 산업용으로 사용되는 드론으로 정밀도가 매우 높은 드론입니다.

드론, 문제를 진단하다

사람들은 몸이 아프면 병원을 갑니다. 병원을 가면 제일 먼저 문진을 통해 예진을 하게 되죠. "어디가 아프세요?"라고 물어본 후에, 엑스레이와 같은 일반적인 검사를 진행합니다. 그 검사에서 만일 몸에 이상이 있다고 하면, 그때부터 CT나 MRI 등의 정밀검사를 하고 치료를 받습니다.

이처럼 위험이 발생하기 전에 미리 문제를 진단하고 예방하는 수단으로서 드론을 활용하기 위한 방안도 많이 고려되고 있습니다. 태풍이나 홍수 등 재난이 일어나면, 우리가 살고 있는 집이나 건물들은 많은 피해를 입습니다. 또, 시간이 지나면 문화유산도 노후되면서 아무래도 보존 상태가 나빠집니다. 건축물에 문제가 생기면 수리를 해야 할텐데, 무턱대고 건물에 손을 댈 수는 없는 노릇이지요. 복구 여부를 결정하기 위해서는 해당 건축물의 상태가 어떤지 정확히 확인해야 합니다.

이러한 문제들을 해결하기 위해서 드론이라는 첨단기술을 활용할 수 있습니다. 건물 역시 사람의 몸처럼 제대로 관리되지 않으면 무너지기 때문에 그 전에 잘 관리되고 있는지 확인해야 합니다. 마치 병원에서 치료를 받기 전에 엑스레이를 찍는 것처럼, 사진을 통해 건물의 상태를 확인하는 것이 일반적인 방법입니다.

인간의 눈이 사물을 인식하는 것처럼 단순히 사물 표면의 색을 표현하는 게 아니라, 사물의 온도에 따라서 다른 색깔로 이미지를 표현하는 카메라가 있습니다. 열화상카메라라고 하지요. 체온을 식별하여 환자를 진료하는 데에도 쓸 수 있지만, 건물이나 설비의 진단에도 사용할 수 있습니다. 열화상카메라로 건물을 촬영하면, 건물의 표면 상태나 태양광에 노출된 정도에 따라 온도가 다르

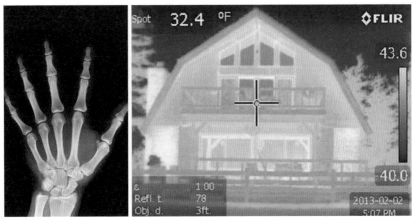

인체를 진단하는 엑스레이와 건물의 노후를 진단하는 열화상카메라

게 표시됩니다.

몸속을 진단하는 엑스레이처럼, 열화상카메라를 이용하면 건물의 보이지 않는 부분도 확인할 수 있습니다. 건물에 이상이 있느냐 없느냐를 따질 때, 가장 중요하게 살피는 것이 금이 갔는지 여부입니다. 보통 3밀리미터의 폭을 기준으로 균열 깊이가 5밀리미터 이하이면 작은 금으로, 10밀리미터 이상이면 큰 금으로 판단합니다. 일반적으로 작은 금은 큰 문제가 없습니다. 사람으로 따지면 살짝 긁혀서 금방 아물 수 있는 상처인 셈입니다. 실제로 건물에서 치명적인 부분은 10밀리미터 이상의 아주 큰 금입니다. 콘크리트 안에 철근이 보이는 금은, 철골이 끊어질 수 있는 위험성을 내포하고 있다고 볼 수 있습니다.

이처럼 결함 부분을 확인하는 것은 매우 중요합니다. 하지만 사람이 직접 이를 확인하는 데에는 한계가 있습니다. 그래서 영상을 통해 물리적인 한계를 극복하는 여러 방법이 개발되고 있습니다. 특히 4차 산업의 첨단기술들이 많이 이용됩니다. 그 대표적인 사례가 앞서 말한 열화상카메라입니다. 금이 간 곳을 열화상카메라로 촬영하면 정상적인 부분과는 조금 다른 색깔이 나타나는데, 상대적으로 이 색깔 차이가 무엇을 의미하는지 판단하는 게 굉장히 중요합니다. 또한 알파고의 등장 이후로 사람들의 주목을 많이 받게 된 인공지능기술이 건물의 문제를 진단하고 예방하는 데에도 활용됩니다.

첨단기술을 제대로 활용하기 위해서는 많은 데이터가 필요합니다. 데이터가 부족한 상태에서 섣부르게 기술을 활용하다 보면 모순되거나 섣부른 결론을 내리게 될 수도 있습니다. 데이터가 많을수록 더 신뢰할 수 있는 결론을 얻을 수 있습니다. 취득한 데이터로 인공지능을 학습시키면, 인공지능은 각각의 색깔이 어떤 상태를 의미하는 것인지 판단하게 됩니다.

일반 아파트에 생기는 금을 비롯한 여러 문제들은 5년, 10년이 지나도 지속됩니다. 서울 시내에는 30년 이상 된 오래된 아파트가 많습니다. 아파트 외벽에 페인트를 많이 칠한 부분은 대부분 금이 간 곳입니다. 큰 금에는 심각한 문제가 내재된 것이고, 작은 금이라도 짧은 시간에 갑자기 커지는 경우는 문제가 됩니다. 지금은 시설물안전법에 따라 정기적으로 안전 점검을 하고 붕괴 및 전도 위험이 있는 경우에는 긴급 안전 점검을 실시하고 있습니다. 건물이 세월의 흐름에 따라 천천히 무너지면 문제가 없겠지만, 어느 순간 갑자기 무너지게 되면 현재의 기술 및 법규로서는 막을 방법이 없습니다.

15층 아파트 외관에 금이 가 있다고 생각해봅시다. 직접 15층 외벽에 가서 그 금을 확인하려면 옥상에서 밧줄 타고 내려와 사진을 찍고, 그 사진을 바탕으로 금이 얼마만큼 가 있는지 일일이 손으로 일종의 엑스레이 사진을 그려야 합니다. 이러한 과정은 비용과 시간이 많이 들고, 반복적으로 할 수도 없습니다. 일정한 기간에만 유효한 일시적인 해결책일 뿐입니다.

사람의 눈으로는 표면에 있는 것밖에 볼 수가 없으며, 표면에 난 상처만으로 그 깊이를 예측하기는 매우 어렵습니다. 사람은 엑스레이를 찍으면 되지만, 건물이 직접 병원에 가서 엑스레이를 찍을 수는 없는 노릇입니다. 결국 사람이 직접 특수장비를 이용해 확인해야만 정확한 손상 정도를 파악할 수 있는데, 이런 작업이 상당히 어렵습니다. 이러한 한계를 뛰어넘고 개발된 첨단 안전기술에 대해 알아보겠습니다.

최첨단의 안전기술

최첨단의 안전기술에서 가장 중요한 것 역시 데이터입니다. 첨단기술을 이용해 건물이 무너지는 것을 예방하기 위해서는 건물에 가 있는 금을 데이터로 만들어야 합니다. 데이터를 축적하기 위해서 인위적으로 금을 만듭니다. 폭이 얼마인지, 깊이가 어느 정도인지를 정확하게 파악한 후 여러 가지 금 모형을 많이 만들어서 열화상카메라로 아침, 점심, 저녁 할 것 없이 찍고, 맑은 날에도 흐린 날에도 여러 번 찍습니다. 그러면 대기 상태에 따라서 사진 속 화면의 색깔도 계속 변화합니다. 이제 이 색깔의 의미를 파악하기 위해 여러 가지 변수를 상정해야 합니다. 사진을 찍을 때 기록했던 습도, 풍속, 조도, 대기 온도 등의 상황 데이터를 입력하여 일종의 빅데이터를 만들고, 이 빅데이터를 기반으로 금이 간 부분이 빨간색일 때 그 금의 깊이가 몇 센티미터인지 예측하도록 컴퓨터를 학습시킵니다. 이 과정을 거치면 학습 알고리즘을 통하여 어떠한 상황에서는 금이 대략 얼마나 깊이 가 있는지, 결과적으로 얼마나 손상이 되었는지 등을 확인해볼 수 있습니다. 이 기술이 과연 적절한지 서울의 한 아파트에 적용을 해본 적이 있습니다. 실제로 모델링을 해보면서 색깔 모형을 만들었습니다.

빅데이터와 인공지능을 통해서 건물 상태를 확인할 수 있고, 손상 여부도 판단할 수 있습니다. 지난번 포항 지진이 났을 때, 이 기술을 시범적으로 적용했습니다. 드론으로 현장을 촬영한 몇 전장의 현장 이미지로 컴퓨터상의 3D 이미지를 만드는 식입니다. 포항에 있는 한 고궁의 나무 기둥에는 생각보다 금이 많이 가 있었습니다. 직접 고궁 기둥을 찍어본 결과, 색깔이 다르게 나타났습니다.

정상적인 부분은 15℃ 정도로, 금이 가 있는 부분과는 약 1℃

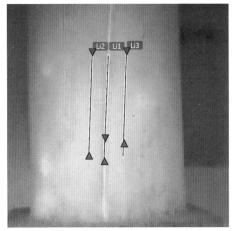

측정 부분		
	MAX	17.8℃
Li1	MIN	16.0℃
	Average	**16.9℃**
	MAX	16.3℃
Li2	MIN	15.0℃
	Average	**15.9℃**
	MAX	16.8℃
Li3	MIN	14.9℃
	Average	**15.7℃**

열화상카메라로 찍은 고궁 나무 기둥

차이가 납니다. 이 금이 얼마나 깊게 가 있는지는 빅데이터가 없어서 확인할 수 없습니다. 이런 부분들은 인공지능에 의해서 가능해질 것입니다. 앞으로 우리가 만들어야 하는 것은 결국, 금을 정량적으로 판단할 수 있는 기술입니다. 고궁의 각 부분이 현재 어떤 상태인지, 그리고 어떻게 변화되고 있는지를 지속적으로 확인할 수 있다면 문화재를 보존하는 데에도 유용하게 사용될 수 있을 것입니다.

정리하자면 드론의 주요한 기능은 사람이 갈 수 없는 곳을 대신 가서 정보를 제공해주는 것이고, 여기에 더해 건물들이 어떤 상태인지를 진단할 수 있다는 새로운 가능성을 담고 있습니다. 실제로 지금 동궐 복원과 관련해서 많은 논의가 이루어지고 있습니다. 우선 복원을 하기는 해야 하는데, 현재 기술로 얼마나 잘 복원될지

　　　　　　　　　　1장. 시선 __ 세상을 어떻게 바라볼 것인가

고민되는 부분이 있고 앞으로 어떻게 복원을 해야 할지에 대한 장기적인 계획을 논의하고 있습니다.

현재 동궐에 있는 고궁의 건물 수와 〈동궐도〉에 그려져 있는 것과는 굉장히 많은 차이가 있습니다. 이 부분에 대해 문화재청과 협의하고 있는 것 중 하나가, 드론을 통해 〈동궐도〉에 그려진 기존 건물 이미지를 입체적으로 촬영해서 기존 건물에 대한 정보를 얻는 것입니다. 일종의 3차원 도면인 셈이지요. 드론 기술은 동궐을 복원하는 데 있어서 어떤 부분을 먼저 다루어야 할지 우선순위를 제공할 수 있고, 유실된 부분을 어떤 식으로 복원할 수 있을지 청사진을 제공할 수도 있습니다. 나아가 장기적으로는 문화재를 보존하는 기술로서 유용하게 쓰일 수 있다고 생각합니다. 하루 빨리 복원된 고궁을 거니는 날이 오기를 기대하고 있습니다.

땅에 매인 인간의 한계를 넘어, 하늘로 올라가 공중의 시선으로 대상을 내려다보았던 〈동궐도〉를 지나, 이제는 시선을 넘어 세상을 진단하고 사물의 본질을 꿰뚫어보는 드론과 같은 첨단기술의 시대가 도래했습니다. 앞으로 우리가 어떤 기술을 통해 어떻게 세상을 바라보게 될지는 후세대가 답할 질문으로 남겨두겠습니다.

고려청자 디스플레이

방병선   주병권

2장

색깔 구현의 어제와 오늘

2장에서는 우리나라의 대표적인 유물인 고려청자와 현대의 디스플레이 기술을 나란히 살핀다. 고려청자의 비색이 만들어지는 과학적 원리와 디스플레이 기술이 색을 구현하는 방식을 교차하여 살펴봄으로써 디스플레이 기술로 고려청자의 비색을 재현할 수 있을지, 색 구현 방식의 미래를 조망해본다.

비색,
과학의 빛깔로
스며들다

방병선
고려대학교 문화유산융합학부 교수이다. 서
울대학교 기계설계학과와 동 대학원을 졸업
하고 동국대학교 미술사학과에서 석사 및
박사 학위를 받았다. 현재 한국미술사학회
회장, 세종시 문화재 위원, 간송미술관 연구
위원을 맡고 있다. 고려대학교 인문대학장,
인문정보대학원 원장을 역임했다.

고려청자는 도기일까, 자기일까?

천하제일 고려청자에 대해 이야기하기에 앞서 다음과 같은 질문을 하고 싶습니다. "태어나서 지금까지 박물관에 가서 고려청자를 본 적이 있는가? 한 번이라도 흙을 가지고 도자기를 만들어본 적이 있는가?"

우리가 알고 있는 도자기는 도기와 자기의 합성어입니다. 그렇다면 도기와 자기는 무엇이 다를까요? 동양의 문헌에서는 두들겨서 '픽' 소리가 나면 도기로, '쨍' 소리가 나면 자기로 구분합니다. 황당무계한 말처럼 들리지만, 이렇게 구분해도 동양에서는 아무런 문제가 없습니다.

그런데 서양의 경우에는 이야기가 달라집니다. 서양에서 도자기는 도기와 석기, 자기로 나뉘는데 그 기준은 바로 온도입니다. 도기는 약 800~1,100℃ 정도의 소성塑性 온도를 기준으로 합니다. 석기는 1,100~1,250℃ 이상, 자기는 약 1,250℃ 이상의 고온에서 구워낸 그릇입니다. 또한 자기는 반드시 백색을 띠어야 합니다. 영어로 자기를 뜻하는 포슬린porcelain은 조개껍데기를 의미하는 'porcellana'에서 온 말입니다. 즉, 자기는 조개껍데기처럼 하얘야 합니다.

우리가 알고 있는 역사 속 도자기에는 삼국시대 토기, 고려시대 청자, 조선시대 백자와 분청사기가 있습니다. 이들은 모두 구워지는 온도가 다릅니다. 실제로 오늘날의 기준으로 온도 분석을 해봤더니 제각기 다른 결과가 나왔습니다. 예를 들면, 삼국시대 백제의 토기는 소성 온도가 약 800~900°C이고, 통일신라시대 토기는 약 900~1,000°C입니다. 조선시대 백자는 좀 더 높은 1,250°C 내외입니다. 하지만 우리는 온도 분석을 안 해도 도기라는 것을 경험상 다 압니다.

고려청자의 경우 서양에서는 제작한 적이 없는 도자기여서, 서양인들에게는 낯설고 조금 애매합니다. 또한 고려청자는 약 1,200~1,220°C사이에서 구워집니다. 소성 온도가 서양의 자기 기준에 미치지 못하는 것입니다. 태토 역시 하얗지 않아서 서양인이 볼 때 자기가 아닙니다. 그래서 서양에서는 청자를 포슬린이라 쓰지 않고, 'celadon'이라고 표기합니다. 따라서 고려청자는 우리의 기준에서는 자기이지만 서양의 기준으로는 스톤웨어 stoneware, 즉 석기에 가깝습니다. 스톤웨어에서 색상이 백색에 가까워지고 소성

빗살무늬 토기,
신석기

검은 간토기,
청동기

붉은 간토기,
초기 철기

온도가 높아져 강도가 훨씬 세진 것이 포슬린입니다.

빗살무늬 토기는 국사 교과서나 문제집 등 어디에서나 맨 처음에 나올 정도로 우리나라 신석기시대를 대표하는 토기입니다. 청동기시대로 접어들면 흑색의 토기들이 등장합니다. 기술적 한계나 실수로 시커먼 토기가 만들어진 것일까요? 그게 아니라 시커멓게 만드려는 의도를 가지고 만들어서 흑색이 된 겁니다. 화학적으로 이야기하면 철분이 10퍼센트 정도 들어가 있기 때문입니다. 사실 전 세계 도자기 유약의 역사는 철분과의 싸움입니다. 철분을 어떻게 제거하느냐 또 어떻게 집어넣느냐가 관건입니다. 예를 들어 약 5~10퍼센트 정도의 철분이 있어야 붉은 간토기와 같은 붉은색을 낼 수 있습니다.

경주에서는 길거리 여기저기에서 기마 인물형 명기와 비슷한 걸 팔기도 합니다. 이 명기 속 말 위에 앉아 있는 인물은 우리나라 사람이 아닙니다. 토속적인 한반도 사람이 아닌 실크로드 너머 저 먼 서역에서 온 사람으로 보입니다. 자세히 살펴보면 우리가 지금의 한반도 사람이라고 추정하는 사람들과 이목구비가 좀 다릅니다. 눈은 찢어진 채로 푹 들어가 있고, 코가 굉장히 뾰족합니다. 모자 역시 서역인들이 많이 쓰던 삼각 고깔모자입니다. 결론적으로 이 도자기를 통해 5세기 이후 한반도에서 다양한 민족과 문화가 섞였다는 사실을 알 수 있습니다. 이 명기는 약 1,000~1,100℃에서 구운 석기에 해당합니다. 반면 조선백자는 포슬린입니다. 굽는 온도가 1,250℃쯤이고 태토가 하얗기 때문입니다.

도기 기마인물형 명기, 신라

청자 어룡형 주전자, 고려

2장. 색깔 __ 색깔 구현의 어제와 오늘

복잡한 조형미를 자랑하는 청자 어룡형 주전자는 우리나라 국보 제61호입니다. 모조품은 약 20~30만 원이고, 진짜를 사려면 아마도 수십 억은 하지 않을까요. 왜 이렇게 비싼가 하면 정교한 제작 기법, 과학적인 유약 제조, 끊임없는 실험 데이터에 의한 합리적 소성 방식 등 고려청자의 가장 핵심적인 기술과 정성이 총망라됐기 때문입니다.

청자, 바다를 건너온 기술

가마 기술

최초의 청자는 중국 한나라에서 1세기쯤에 만들어졌습니다. 중국 항주 인근인 절강성은 청자 집단 산지가 있는 곳입니다. 이곳에서 한나라 때부터 다양한 주자 및 그릇을 만들기 시작했습니다. 그리고 1,000년이 흘러 고려는 전 세계에서 두 번째로 청자를 만들기 시작합니다. 왜 1,000년이라는 긴 시간 동안 청자를 만든 게 중국뿐이었을까요?

그 비밀을 풀기 위해 중국 청자 제작지로 가장 유명한 월주요 가마터를 살펴봅시다. 재미있는 건 사진에 보이는 산이 그냥 산이 아니라 청자 파편이라는 사실입니다. 실제로 현지에서 배를 타보면 근처에 있는 인공호수도 산도 청자 파편으로 뒤덮여 있습니다. 호수를 지나 요지에 도착하면, 그 일대 모두 다 청자 파편 천지인

월주요 가마터 인공호수 　　　　　월주요청자 요지

것을 확인할 수 있습니다. 나중에는 너무 많아서 어지러울 지경입니다.

　월주요 가마는 경사진 비탈에 만든 가마인데 길이가 50미터쯤 됩니다. 정말 길고 큰 가마입니다. 그런데 월주요 가마와 폭과 길이, 경사도가 거의 유사한 가마가 용인과 시흥, 황해도에서 잇달아 발굴됐습니다. 대단하고 반가운 일이 아닐 수 없습니다. 비록 중국이 우리나라에 가마 기술을 전수해주었다는 기록은 어떤 문헌에도 남아 있지 않지만, 이러한 가마 구조와 도구의 유사성으로 추측해볼 때 중국의 가마 기술자가 고려에 왔을 가능성은 매우 큽니다.

태토와 유약 그리고 소성

　그릇을 만들 때에는 여러 가지 기술이 필요합니다. 성형도 해야 하고, 조각도 필요합니다. 하지만 그런 기술은 조금만 노력하면 누구나 할 수 있어요. 핵심적인 기술은 알맞은 태토를 찾아 배합하는 것입니다. 아무 흙이나 청자가 될 수 있는 것이 아니기 때문입니다. 두 번째는 유약을 만드는 것입니다. 유약은 화학적인 지식이 없으면 절대 만들 수 없습니다. 마지막 세 번째는 불을 때는 기술입니다. 오직 정성만으로 불을 잘 피우는 것은 원시시대에나 가능한 일입니다.

청자를 만들기 시작했던 시기에는 불을 잘 피우는 것만으로 청자를 제작할 수 없습니다. 오늘날 어느 한 분야의 전문가가 되기 위해서는 전문적인 가르침이 필요하듯, 이 시기도 마찬가지입니다. 그런데 고려에서 중국 가마와 거의 똑같은 가마가 나왔다는 건, 기술을 전수받지 않았다면 불가능한 일입니다. 따라서 고려청자를 만드는 가마 기술은 10세기경 지금의 월주요 지역에서 중국 장인을 통해 한반도로 유입된 것으로 추정됩니다.

가마 밑바닥에 밥사발을 뒤집어 놓은 듯이 동그란 모양으로 깔려 있는 것은 청자를 구울 때 그릇을 보호하는 역할을 합니다. 갑발匣鉢이라고 하며, 영어로는 파이어 프루프 케이스fiire proof case라고도 합니다. 만약 누군가가 고려청자를 건네며 오래된 거라서 뭐가 잔뜩 묻어 있다고 한다면, 한 번쯤 의심해봐야 합니다. 진짜 고급의 고려청자라면 갑발에 넣어 굽기 때문에 표면이 깨끗할 겁니다. 갑발을 사용하면 자기에 열이 고르게 전달되고 발색이 좋아지지만, 한 번에 많은 수량을 소성할 수 없고 비용이 많이 들어서 고급 청자를 만들 때에야 쓸 수 있었기 때문입니다.

흥미롭게도 우리나라 삼국시대와 통일신라시대에 이미 월주요청자가 차 문화와 함께 많이 수입됩니다. 경주를 필두로 전라도,

월주요 가마 갑발

경상도, 충청도 등 전국 사찰과 왕궁 터에서 발굴되는데, 청자 굽이 모두 도너츠처럼 생겼다는 특징이 있습니다. 가운데를 파낸 모양에 접지면도 굉장히 넓습니다. 그 모습이 꼭 해무리와 비슷하다고 해서 '해무리굽'이라고 이름 붙였습니다.

중국도 인정한 천하제일 고려 비색

고려청자를 처음 만들기 시작한 지 150~200년이 지난 후 고려에서는 중국을 뛰어넘는 천하제일의 청자를 만드는 데 성공했습니다. 기술을 수입하는 건 여건만 되면 누구나 할 수 있지만, 중요한 것은 그걸 자기화시키고 개선하려는 노력과 성공 여부입니다. 우리의 역사도 이를 잘 보여줍니다.

> 도기의 빛깔이 푸른 것을 고려인은 비색翡翠이라고 하는데, 근래에 들어 제작 기술이 정교해져 빛깔이 더욱 좋아졌다.

> 산예출향도 비색이다.
>
> —『선화봉사고려도경』 32권 〈기명〉

그 증거는 바로 북송 마지막 황제인 휘종徽宗의 사신이었던 서긍徐兢이 고려에 한 달간 머물다 중국에 돌아가서 쓴 글에 남아 있습니다. 한 쪽에는 그림을, 다른 한 쪽에는 글을 썼는데, 훗날『선화봉사고려도경』이라는 책으로 남습니다. 현재는 반이 불에 타서 글 부분만 남아 있습니다. 이 기록에 고려청자에 대한 이야기가 등장합니다. "색깔은 비색이고 요즘 들어서 가장 멋있는 청도기이다"라는 내용입니다. 당시에는 청자보다는 청옹青甕, 청도기라는 용어를 많이 쓴 것으로 보입니다. 서긍은 또한 고려청자와 관련해서 "산예출향도 비색이다"라는 글도 남겼습니다. 당시 서긍은 향로 뚜껑 위에 사자가 장식된 청자 사자형 뚜껑 향로를 보고 이러한 글을 남긴 것으로 보입니다.

산예출향의 산예狻猊는 사자獅子를 닮은 상상 속의 동물입니다. 출향出香은 연기를 피우는 향로를 뜻합니다. 실제로 국립중앙박물관에 소장된 향로는 한눈에 봐도 색깔이 곱고 아름다운 비색, 즉 비취색인 것을 알 수 있습니다. 고대에는 연인 간에 일종의 정표로 옥을 주고받았습니다. 그만큼 고대 중국인들을 비롯한 아시아인들이 지금까지도 가장 고귀한 색깔로 여기는 것이 바로 옥의 색입니다. 이 시기 고려청자의 색채는 비색이라고 표현할 만큼 중국 사신이 봤을 때도 정말 대단했습니다.

빛의 삼원색인 빨강^{red}, 초록^{green}, 파랑^{blue}을 이용해서 다양한 색을 표현하는 방식을 전문 용어로 RGB라고 하는데, 대부분의 색상은 RGB로 표현할 수 있습니다. 그런데 아쉽게도 고려청자의 비색은 RGB로 표현하기가 굉장히 어렵습니다. 그린그레이^{GG}와 같

은 회청색인지, 아님 블루그린^{BG}처럼 청록색인지 실물과 배색을 아무리 매칭을 시켜도 표현하기가 쉽지 않습니다. 현재 활동하고 있는 많은 화가들도 이 고려 비색에 관심을 갖고, 자신만의 화풍과 빛깔로 비색을 표현하고 있습니다.

청자 사자형 뚜껑 향로, 고려

2장. 색깔 __ 색깔 구현의 어제와 오늘

청자는 어떻게 만들까?

태토의 조건

청자를 만들기 위해서는 태토, 유약, 불 세 가지와 덧붙여서 물과 땔감인 나무가 필요합니다. 이 중 태토부터 자세히 살펴보겠습니다. 청자 흙은 산꼭대기에 있을까요, 산 아래 논밭 밑에 있을까요? 조선백자와 고려청자가 말씀드린 각각 두 가지 예에 해당합니다. 조선백자를 만들려면 무조건 산꼭대기로 가야 합니다. 조선백자는 바위를 부셔서 만드는 그릇이기 때문입니다. 반면 고려청자는 점토를 이용해 만들기 때문에 논밭으로 가야 합니다. 그런데 아무 흙이나 청자가 될 수는 없습니다. 강진과 부안이 고려시대의 주요 청자 산지입니다. 청자를 제작하기 제일 좋은 원료가 나오는 곳이에요. 강진과 부안 지역의 논밭 1미터 아래에는 세계 최고의 청자 태토가 말 그대로 깔려 있습니다. 그 양이 무척 풍부하여, 앞으로 몇 백 년은 더 사용할 수 있을 정도입니다.

비색 청자가 출토되는 강진과 부안은 지질학적으로 청자를 만들기 너무나 좋은 환경을 갖추고 있습니다. 먼저 좋은 청자를 성형하기 필요한 태토의 점력이 강하고 내화耐火도 좋습니다. 점력이 강한 태토는 물레 성형을 할 때 유리하고, 청자를 높은 온도에서 구울 때 자기의 모양이 변하지 않고 잘 버틸 수 있습니다. 이를 성형강도가 높다고 표현합니다. 그렇기 때문에 다양한 형태의 기형器型이나 조각, 장식이 가능합니다. 또한, 강진과 부안의 태토 안에는

도자기	SiO$_2$	Al$_2$O$_3$	TiO$_2$	Fe$_2$O$_3$	CaO	MgO	K$_2$O	NA$_2$O	MnO
중국 월주요청자1	75.4	17.7	0.8	2.4	0.3	0.6	3.0	0.5	0.03
중국 월주요청자2	77.0	15.8	1.0	3.2	0.3	0.6	2.6	1.0	0.03
중국 월주요청자3	76.6	16.1	0.9	1.6	0.2	0.5	3.0	0.9	0.01
고려청자1	76.0	17.0	0.8	2.1	0.3	0.5	2.5	0.7	-.-
고려청자2	73.0	17.5	0.9	2.8	0.2	0.7	2.6	0.8	-.-
고려청자3	73.0	18.0	1.2	2.5	0.5	0.5	3.4	0.9	-.-

중국 월주요청자와 고려청자의 태토 성분 비교 표

철분이 1~2퍼센트 정도 들어 있는데, 이 비율이 청자의 색상을 내기에 딱 좋은 평균치입니다. 철분은 더 많이 있어도 안 되고, 적게 있어도 안 됩니다. 그리고 부안과 강진은 바닷가와 가까워서 물류 이동에 굉장히 유리한 지역이기도 합니다.

월주요청자와 고려청자로 추정되는 파편 성분을 분석해본 결과, 최고의 색깔을 냈던 월주요 도편陶片의 성분과, 우리나라 고려청자의 성분이 거의 같았습니다. 굳이 차이를 찾자면 월주요 태토에서는 망간이 약간 나오고 우리 쪽에서는 거의 안 나온다는 것뿐입니다.

유약의 비밀

전 세계 모든 유약은 재를 쓰는 것과 납을 쓰는 것, 두 종류로 나뉩니다. 납 유약을 바른 그릇의 경우, 납 성분은 인체에 해롭기 때문에 보통 외부에만 유약이 발라져 있고, 음식물을 담는 그릇 내부에는 유약이 발라져 있지 않습니다. 그런데 우리나라의 청자나 백자는 납 유약이 아닌, 나무 재 유약을 사용합니다.

납 유약은 중국 당나라의 당삼채唐三彩 같은 그릇을 만드는 데 효과적입니다. 당삼채는 백토를 1,000℃ 이상의 고온에서 구운 후, 산화구리(Cu_2O), 산화철(FeO)과 같은 금속 성분이 풍부한 납 유약을 입혀 850℃ 정도에서 다시 구워낸 채색 자기를 말합니다. 자기를 굽는 과정에서 각종 색상이 자연스럽게 흘러내리고 퍼지면서 알록달록한 유색으로 나타나게 됩니다. 원래는 주로 서아시아 지역의 이슬람 문화권에서 유리를 만들 때 많이 사용하던 장식 기법인데, 당시 중국 장인들이 이를 응용하여 그릇으로 만든 것입니다. 이처럼 납 유약은 색깔을 내는 데에는 유리하지만, 납 성분으로 인해 당삼채에 음식물을 오랫동안 담아 먹으면 인체 건강에 이상이 생깁니다. 그래서 주로 무덤의 부장품을 만드는 데 쓰입니다.

반면에 청자는 인체에 무해합니다. 그 대신 납이 아닌 재를 사용하여 높은 온도에서 구워야 하기 때문에 채색을 하기가 어렵습니다. 무슨 나무의 재를 얼마나 섞느냐도 굉장히 중요합니다. 나무마다 성분이 다 다르기 때문에 아무 나무나 쓸 수는 없습니다. 성분 분석 결과 대부분 참나무나 소나무를 사용한 것으로 나타났습니다. 우리나라에도 나무 종류가 많은데, 어떤 것은 철분이 너무 많고 또 어떤 것은 칼슘이 적정량보다 많고 적은 문제들이 있습니다. 대개 유약은 1~2퍼센트의 철분과 15~20퍼센트의 칼슘, 나머

납 유약을 바른 당나라 삼채 그릇   재 유약을 바른 고려시대 청자 향로

지는 규석이나 장석 등을 섞어 넣습니다. 그 비율은 가르쳐주지 않으면 절대 만들 수 없습니다.

중국청자와 고려청자의 유약 성분을 비교해보면 기본적인 이산화규소(SiO_2)나 산화철(Fe_2O_3), 산화칼슘(CaO) 성분 등은 굉장히 비슷하게 나타납니다. 또, 두 자기의 유약에는 칼슘이 10퍼센트 이상 들어가 있습니다. 칼슘 성분이 너무 많으면 청자가 구워질 때 유약이 흘러내려 높은 온도에서 녹기 때문에 칼슘 함유량은 굉장히 중요한 수치입니다. 반면 백자는 태토의 특성상 더 높은 온도에서 구워야 하기 때문에, 칼슘 성분이 더 낮은 유약을 사용해야 합니다.

또, 중국과 한국의 청자 유약에는 산화타이타늄(TiO_2)과 산화망간(MnO) 비율이 조금씩 다르게 나타납니다. 산화망간, 산화타이타늄 등의 화학 성분이 어떻게 결합하는지 그 비율의 차이가 청자의 색상을 결정합니다. 중국의 청자와 고려 비색 청자가 비슷하

유약	SiO_2	Al_2O_3	TiO_2	Fe_2O_3	CaO	MgO	K_2O	NA_2O	MnO	P_2O_5
중국 월주요청자1	60.9	12.1	0.7	3.0	16.5	3.0	1.4	0.8	0.4	1.6
중국 월주요청자2	57.9	13.7	0.6	1.7	19.7	2.4	2.0	0.7	0.9	0.9
중국 월주요청자3	57.4	12.5	0.8	1.8	20.3	3.0	1.3	0.9	0.4	1.5
고려청자1	57.6	12.4	0.1	2.1	17.7	4.2	2.8	0.7	0.3	0.2
고려청자2	58.1	13.9	0.2	1.4	19.9	1.8	2.9	0.5	0.4	0.9
고려청자3	59.6	14.1	0.1	1.4	16.0	2.7	3.8	0.8	0.4	0.7

중국 월주요청자와 고려청자의 유약 성분 비교 표

면서도 다른 이유는 이 성분 비율의 차이 때문입니다. 고려청자 유약에는 산화타이타늄보다 산화망간이 더 많이 들어가고, 중국청자의 유약 안에는 산화망간보다 산화타이타늄 성분이 높습니다. 그래서 중국청자 유약에는 결정이 생길 확률이 높아지고 고려청자는 회청색의 발색 확률이 높아집니다. 이러한 원료의 차이로 두 나라 청자의 색상은 점차 달라지기 시작한 것입니다.

불은 어떻게 땔까?

마지막으로 불을 어떻게 때느냐가 중요합니다. 가장 쉽게 떠올릴 수 있는 것이 캠프파이어를 할 때 불을 때는 방식입니다. 쉽게 말해서 그릇 위에 장작을 놓고 불을 지르면 됩니다. 인류가 처음 불을 사용하기 시작했을 때에는 그런 식으로밖에 불을 피울 수 없었습니다. 그러다가 점차 사람들은 굴을 파서 가마를 만들기 시작합니다. 하지만 아직까지는 가마에 굴뚝이 없습니다. 굴을 파서 가마를 만드는 데까지도 몇 천 년이 걸립니다. 삼국시대에 가면 가마에 굴뚝이 생기기 시작하고, 고려시대에는 아궁이와 굴뚝까지 지상에 설치됩니다. 조선시대에는 열 효율을 극대화시키기 위해 가마 안을 더 세부적으로 나누어 칸을 만들기 시작합니다.

중국 가마와 고려 초기 가마인 강진 가마를 비교해보면 우리 가마 사이즈가 굉장히 작다는 사실을 알 수 있습니다. 우리 것은 길이도 짧은 데다가 높이도 굉장히 낮고, 한 번에 구울 수 있는 양도 훨씬 적습니다. 이와 같은 단점도 있지만, 온도 조절이 보다 용이하고 소성 및 냉각 시간도 단축시킬 수 있어서 색깔을 내는 데 유리합니다. 생산량은 적지만 고급 청자를 소량 생산하기에는 더 적합합니다.

비색의 비밀을 풀기 위해 꼭 알아야 할 것이 산화와 환원입니다. 앞서 말씀드렸듯, 모든 청자의 유약에는 산화철이 들어 있습니다. 산화철에는 FeO, Fe_3O_4, Fe_2O_3 세 가지가 있습니다. 철이 산화되면 산소의 비율이 증가하게 됩니다. 비 오는 날 쇠가 비를 맞아 산화되면 색깔이 벌겋게 혹은 시커멓게 변하고, 반대로 철이 환원되면 산소가 줄면서 색깔이 달라집니다. 즉 모든 금속은 산화와 환원을 겪으며 색깔이 변하는데, 철은 환원되면서 푸른색으로 변합니다. 중국의 장인들은 이 과학적 사실을 고려 장인들보다 1,000년 앞서 알아낸 것입니다.

그릇을 구울 때, 대개 그릇을 가마 안에 집어넣은 후에 장작을 땝니다. 장작이 타면서 탄소(C)가 발생하는데 탄소가 공기 중의

2장. 색깔 __ 색깔 구현의 어제와 오늘

중국 월주요 하화심 가마　　　　　　　　고려 강진 용운리 가마

산소와 결합하면 이산화탄소(CO_2)가 되어 날아갑니다. 공기 중의 산소를 풍부하게 혹은 희소하게 만듦으로써 산화와 환원을 조절할 수 있습니다.

아궁이에 장작을 소량 집어넣고 문을 다 열어 놓습니다. 공기 중의 산소는 먼저 탄소를 만나 결합하고, 남은 산소는 유약 속에 있는 산화철과 결합합니다. 그렇게 되면 산화철 안의 산소 양이 늘어나게 되는데, 이 과정을 산화라고 합니다. 일반적으로 고려청자를 만들 때에는 이런 식으로 불을 때다가, 온도가 900℃쯤으로 오르면 시스템을 확 바꿔버립니다. 장작 양은 세 배 내지 네 배로 늘리고, 문을 꽉 닫아버립니다. 그러면 공기 중의 산소는 희박해지고, 장작이 타면서 탄소는 많이 발생합니다. 탄소는 유약 속에 들어 있는 산소를 빼앗고, 유약 속에 있는 산화철은 자연스레 환원되어 푸른색을 띠게 되는 것입니다. 그 메커니즘을 가르쳐주지 않으면 절대 청자를 만들 수 없습니다. 일본이 17세기가 되어서야 자기를 만들 수 있었던 것도 비슷한 맥락입니다. 전 세계에서 고려 다음으로 청자를 만드는 나라가 베트남이고, 그 다음이 태국입니다. 중국이 기술을 전파하면서 동남아시아 국가들도 독자적인 청자를 만들기 시작했습니다.

그렇다면 고려 장인들은 어떻게 고려청자처럼 아름다운 비색을 낼 수 있었을까요? 고려 장인들은 이를 알아내기 위해 고려 방식으로 이렇게도 구워 보고 저렇게도 구워 보면서 온갖 실험을 해 보았을 겁니다. 실제로도 청자의 색깔 범주는 정말 다양합니다.

수축과 팽창 그리고 균열

그릇은 구우면 당연히 부피가 줄어들게 됩니다. 청자는 15퍼센트, 백자는 20퍼센트 이상 줄어듭니다. 그릇 중에는 금이 가 있는 것들이 정말 많고, 박물관에서도 그런 그릇들을 볼 수 있습니다. 왜 어떤 그릇에는 금이 가고 어떤 그릇은 멀쩡한 걸까요?

모든 물질은 열을 가할 때 고유한 팽창 비율을 가지고 팽창하는데 그 비율을 열팽창계수라고 합니다. 태토와 유약의 열팽창계수가 같으면, 가열할 때 같은 정도로 부피가 팽창하고 냉각될 때에는 똑같이 줄어듭니다. 그렇게 되면 균열이 생기지 않습니다. 그런데 만일 팽창하고 줄어드는 정도가 다르면 태토나 유약 중 한쪽이 잡아당기는 성질로 인해 균열이 생기게 됩니다. 고려시대에는 태토와 유약의 열팽창계수를 맞추기 위해 실험을 반복했을 것입니다. 유약 원료 중 재의 성분을 10~13퍼센트 등 다양하게 넣어 구웠을 때 균열이 생기지 않는 비율을 찾아내는 식입니다.

비색의 비밀

비색 유약의 제조

과연 비색의 유약은 어떻게 만들었을까요? 우선 유약을 만들 때도 빙렬氷裂이 생기지 않아야 합니다. 그러기 위해서는 태토와 유약의 열팽창계수를 맞춰야 하는데 실제로 끊임없는 실험을 통해 그 비율을 찾아내야 합니다. 예를 들어 유약 속의 칼슘 비율을 계속 다르게 반복적으로 만들어 소성해보면서 언제 균열이 발생하지 않는지를 찾아내는 식입니다. 고려시대에는 이렇듯 수많은 시행착오를 반복하며 청자를 만들었습니다. 그래서 훨씬 더 어렵고 대단한 겁니다. 또한 상감청자의 경우는 다른 청자보다 균열을 내지 않는 것이 훨씬 어렵습니다. 왜냐하면 상감청자는 검은색의 흑상감토와 하얀색의 백상감토, 태토, 유약, 네 가지의 열팽창률을 모두 맞추어야 되기 때문입니다. 그래서 박물관에서 소장한 대부분의 고려상감청자에는 균열이 나 있습니다.

고려스타일의 가마

우리나라 고려시대 가마는 중국 것보다 훨씬 좁고 짧아서 온도를 빨리 올리고 식힐 수가 있습니다. 이렇게 하면 급열시키고 급랭했을 때 유약 속에 결정이 잘 생기지 않습니다. 중국청자의 경우 가마가 길고 커서 천천히 냉각시킬 수밖에 없고, 그 과정에서 유

청자 상감모란국화문 참외모양 병, 고려

약 안에 결정이 생깁니다. 태토와 유약의 경계면에 이러한 결정이 많이 생기면 빛이 난반사되어 유약의 색상도 다르게 나타나는 것입니다.

고려청자는 워낙 급열, 급랭 과정을 거치기 때문에 중국청자보다 결정의 숫자가 훨씬 적습니다. 즉, 빛이 난반사되지 않고 태토를 만나 반사됩니다. 그래서 고려청자는 태토와 유약 두 가지가 콤비네이션을 이뤄 색을 냅니다. 이것이 중국청자와의 차이점입니다. 중국청자는 가마 크기와 길이 등 여러 가지 요인으로 인해 유약 안에 생기는 결정의 수가 고려청자보다 훨씬 많습니다. 이 결정들로 인해 난반사가 심해져서 바닥에 있는 태토는 색상에 거의 영향을 미치지 못합니다. 반면 고려청자는 태토의 영향을 많이 받습니다. 고려청자의 주원료인 강진이나 부안의 태토에는 약 1.5퍼센트 정도의 딱 알맞은 철분이 들어 있기 때문에 비색을 내기에 아주 유리합니다.

중국은 오직 유약으로만 색을 냅니다. 그렇다면 고려청자처럼 태토와 유약을 조합시켜서 비색을 내는 게 어려울까요, 오로지 유약으로만 비색을 내는 게 어려울까요? 미국과 유럽의 학자들이 조사한 결과, 고려청자가 훨씬 더 어려운 발색 메커니즘을 갖고 있음

2장. 색깔 __ 색깔 구현의 어제와 오늘

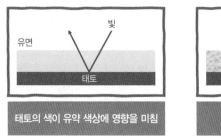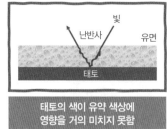

빛의 난반사가 태토에 미치는 영향

에도 비색을 냈다는 사실이 1970년대부터 밝혀지기 시작합니다. 이렇듯 고려청자의 비색은 우리 땅에서 나온 좋은 원료에 끊임없는 노력과 실험이 더해진 결과입니다.

고려청자, 고려만의 디자인으로 피어나다

참외의 모습을 닮은 청자 참외모양 병은 중국 도자기에도 유사한 것이 있습니다. 하지만 고려의 것과는 비례가 다릅니다. 현대 패션 디자이너들에게 두 참외모양 병을 보여준 적이 있는데 그중 90퍼센트 이상이 요즘 기준으로 봐도 고려의 참외모양 병이 훨씬 더 뛰어난 디자인이라고 말했습니다. 나올 데는 나오고 들어갈 데는 들어간, 조형적으로 아름다운 곡선의 참외 모양에 구연부도 기가 막히게 디자인되어 있습니다. 중국의 참외모양 병과는 색이 약간 다르지만, 영향을 아예 받지 않았다고 할 수는 없습니다. 다만,

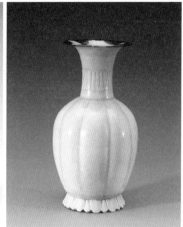

청자 참외모양 병, 고려   백자 참외모양 병, 중국

고려가 짧은 시간 안에 중국의 자기를 고려화해서 이처럼 뛰어난 색상과 디자인을 창출했다는 사실은 정말 대단합니다. 고려 장인들의 끊임없는 실험 분석과 노력의 결과입니다.

다음으로 다완과 매병을 살펴보겠습니다. 고려시대에는 차를 어떻게 마셨을까요? 예전에는 지금처럼 차를 우려서 마시는 방법이 아니고 미숫가루처럼 저어 마셨기 때문에 고려시대의 다완은 항상 구연부가 넓은 모양이었습니다. 그래서 넓은 대접에 차를 많이 담아 마셨습니다.

다음은 고려가 자랑하는 매병입니다. 이처럼 구연부가 좁고 목이 짧고, 어깨가 딱 벌어지고, 굽 부분까지 줄어드는 모양의 병을 매병梅瓶, cherry blossom vase이라고 합니다. 중국 청나라 때 이 병에다 매화 가지를 꽂고 시인이 시를 읊어서 그 이후로 매병이라고 부

청자 연못동자무늬 꽃모양 다완, 고려　　　　청자 음각연화문 매병, 고려

르기 시작했다고 합니다. 우리나라 기록에는 남아 있지 않으나, 이
후에 매병이라는 말은 20세기 하나의 학명學名으로 쓰이기 시작합
니다. 고려시대에는 매병에다가 꿀, 차, 술 같은 액체를 담았던 것
으로 보입니다. 원래는 뚜껑을 닫아 사용했는데, 뚜껑도 남아 있는
유물은 유개매병有蓋梅瓶이라고 합니다.

　　이처럼 뛰어난 조각 실력과 비색을 내는 과학기술을 합쳐서
결국 우리는 고려 비색을 만들어냈습니다. 이 전통의 흐름을 어떻
게 이어나갈 것인지는 우리에게 달려 있다고 생각합니다.

디스플레이

디스플레이,
순간을 복원하다

주병권
고려대학교 전기전자공학부 교수이다. 고려
대학교 대학원에서 전자공학 박사 학위를
받았다. 전 KIST 미래기술연구본부 책임연
구원이었으며, 삼성디스플레이-고려대학교
디스플레이 연구센터의 센터장이다.

디스플레이로 비색을 구현할 수 있을까?

우리는 직접 보고 듣고 만지면서 정보를 얻기도 하지만 텔레비전, 컴퓨터, 스마트폰 등 다양한 매체를 통해 훨씬 더 많은 정보를 접합니다. 이제는 정보통신기기의 디스플레이가 세상을 바라보는 새로운 창이자, 우리와 정보를 연결해주는 핵심적인 기술이 된 것입니다.

〈구글 아트 앤드 컬처Google Arts & Culture〉라는 앱을 이용하면, 세계의 문화유산과 미술 작품들을 온라인으로 감상할 수 있습니다. 즉, 온라인 박물관인 셈입니다. 이를 통하여 우리는 세계의 유명 예술가들과 그들의 작품들을 아주 편하게 감상할 수 있습니다. 그러나 아쉬운 점은 아직 디스플레이 기술이 실물과 정확히 일치하는 영상을 제공하기에 부족하다는 점입니다. 물론 카메라의 성능과 촬영 기법, 영상 신호를 전송하는 통신 과정에서도 일부 불완전성이 있겠지만, 디스플레이 자체가 영상을 완벽히 재현하기에 부족한 점도 분명 있습니다. 디스플레이 영상의 완성도는 표현할 수 있는 색과 섬세함에 달려 있습니다. 하나의 화소pixel(picture elemet의 준말)가 정확한 색을 표시해야 하고, 화소의 크기는 가급적 작아야 부드럽고 매끈한 영상을 만들 수 있습니다.

디스플레이가 예술 작품을 온전히 표현하기 위해서는 화소가 만드는 색의 질을 높이고, 화소의 크기를 작게 함으로써 섬세한 정도를 구현하는 해상도 역시 최대한 높여야 합니다. 청자의 비색은

실물의 섬세함을 똑같이 표현할 수 없는
디스플레이의 한계

클로드 모네Claude Monet,
〈암스테르담의 운하〉

실제 암스테르담의
풍경 사진

2장. 색깔 __ 색깔 구현의 어제와 오늘

신비롭고 오묘한 색이고, 청자의 곡선 또한 오묘한 느낌이 들 만큼 예쁘기 때문에 더욱 까다로운 색 표현 능력과 높은 해상도가 요구됩니다.

우리 눈은 어떻게 색깔을 인식할까?
: 빛의 원리와 색

17세기 영국의 아이작 뉴턴Isaac Newton은 프리즘을 이용해 실내로 들어오는 빛을 여러 가지 색으로 분리하는 데 성공합니다. 프리즘을 통해 태양빛을 굴절시키면 자외선ultraviolet, 가시광선visible light, 적외선infrared light 등 다양한 파장 영역으로 분리됩니다. 이 중 우리가 볼 수 있는 빛이 바로 가시광선입니다. 가시광선 중 짧은 파장의 파란색 빛은 프리즘을 통과하면서 크게 굴절하고, 긴 파장의 빨간색 빛은 비교적 작게 굴절하면서 무지개색이 나타납니다. 비가 내리다 그친 어느날 오후, 대기 중에 남아 있는 무수한 물방울들이 작은 프리즘 역할을 하면서 무지개를 만드는 것도 같은 원리입니다. 이와 같이 여러 색이 혼합된 태양빛은 하얀색 빛이 되어 우리 눈에 도달합니다.

빛을 쬔 물체의 표면이 가시광선을 반사하면 우리 눈으로 들어오고, 빛의 양과 초점 거리가 조절된 후에 눈 안쪽의 망막에 닿게 됩니다. 망막에는 빛의 밝기와 색(파장)을 감지하는 세포들이

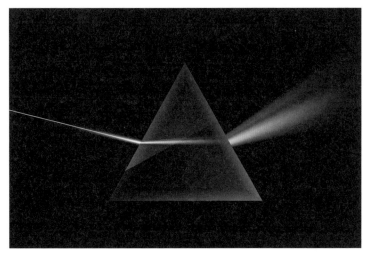

빛의 분리와 프리즘

조르주 쇠라, 〈그랑자르트섬의 일요일 오후〉
19세기에 등장한 회화 양식인 점묘법으로부터 디스플레이에 사용되는 화소의 유래를 찾아볼 수 있다.

2장. 색깔 __ 색깔 구현의 어제와 오늘

배열되어 있습니다. 그 세포들이 각각의 밝기와 색으로부터 얻은 전기신호를 우리 뇌로 전달하면, 뇌에서 영상 처리를 하여 색과 모양을 인지하게 됩니다. 이때, 우리 눈 속의 색 감지 세포들은 빨강, 초록, 파랑의 세 가지 색을 특히 잘 감지하며, 이로부터 빛의 삼원색이 정해집니다. 다른 색들은 이 세 가지 색의 조합으로 인지하게 되지요.

따라서 디스플레이 화면을 구성하는 최소 단위인 화소는 빛의 삼원색인 빨강, 초록, 파랑, 즉 RGB로 이루어지고, 이밖의 다른 색을 만들기 위해서는 이 세가지 색을 조합해야 합니다. 이와 같이 RGB 각각을 만들어 내는 화소를 부화소sub-pixel라고 합니다. 결국 디스플레이는 각 화소별로 빛의 삼원색을 만들어내고, 각 화소들이 서로 독립적인 색과 밝기를 표현하면서 영상을 구현하는 장치라 할 수 있습니다. 인간이 오감을 통해 얻는 정보 중 시각으로 얻는 정보가 70~80퍼센트를 차지한다고 하니, 현대사회에서 디스플레이의 중요성은 실로 큽니다. 프랑스의 화가 조르주 쇠라Georges Pierre Seurat가 개발한 점묘법은 작은 점들을 찍고 세밀하게 터치하면서 그림을 그리는 방식입니다. 디스플레이 역시 이와 같은 방식으로 화소를 이용해 색상을 구현합니다.

디스플레이의 색 구현 방식

앞서 설명했듯이, 한 개의 화소는 각각 세 개의 부화소를 가지고 있고, 부화소들은 각각 빛의 삼원색인 RGB를 만들어냅니다. 그리고 서로 다른 색을 내는 화소들이 모여서 영상을 구성합니다.

그렇다면 RGB 세 개의 부화소로 어떻게 다양한 화소의 색들이 만들어질까요? 바로 부화소에서 표시되는 RGB, 빛의 삼원색의 밝기를 조절해서 만드는 것입니다. 즉, 하얀색이 적당히 짙어지면 회색이 되고 많이 짙어지면 검은색이 되듯이 다른 색들도 어둡고 밝은 정도에 따라 여러 색으로 나뉠 수 있습니다. 색을 나누기 위해서는 색을 만들기 위해 인가되는 에너지 값을 조절해야 하는데, 액정 디스플레이^{Liquid Crystal Display, LCD}에서는 전압값을, 유기 발광 다이오드^{Organic Light Emitting Diode, OLED}(이하 OLED)에서는 전류값을 조절합니다. 색을 잘게 나눌수록 색들의 조합도 늘어나기 때문에 화소는 더 많은 색을 표현할 수 있게 되는 것입니다.

색을 얼마나 잘게 나눌 수 있는가는 색 심도^{color depth}로 표현됩니다. 색 심도란 화소에서 표현할 수 있는 색의 수를 말합니다. RGB 각각에 몇 비트^{bit}가 할당되어 있느냐에 따라 이를 조합하여 만들어낼 수 있는 색의 수가 달라집니다. 1비트로는 0 혹은 1 두 개의 색깔을 표현할 수 있고, 2비트의 경우에는 2의 제곱인 네 개의 색깔을 표현할 수 있습니다. 3비트, 6비트, 8비트는 각각 8개, 64개, 128개의 색깔을 표현할 수 있습니다. 10비트의 데이터로는

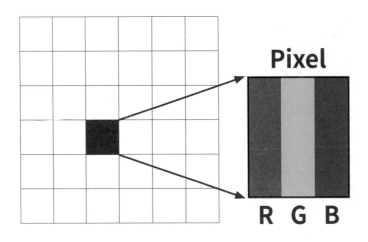

한 가지 색을 1,024개로 나눌 수 있으니 세 가지 색(RGB)을 조합할 경우 만들어낼 수 있는 색의 수는 기하급수적으로 늘어납니다.

세상에 존재하는 모든 색을 만들려면 무한 비트의 데이터를 써야 하는데, 이는 과학적으로 불가능한 일입니다. 결국 자연의 색을 완벽히 구현하기란 기술적으로 불가능한 것이지요. 같은 이유로 디스플레이를 통해 그림의 색상을 실물과 똑같이 표현하기도 어렵습니다. 다만, 우리 눈이 그렇게 느끼도록 구현할 수는 있습니다. 디스플레이 색 영역을 넓혀가다 보면 언젠가는 디스플레이를 통해 고려청자 비색의 온전한 아름다움을 느낄 수 있을 것입니다.

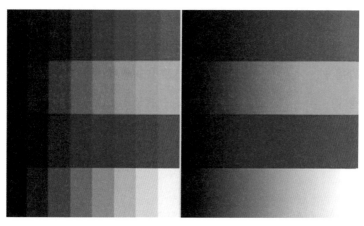

삼원색을 나누고 섞어서 새로운 색 만들기
3비트로 표현한 여덟 단계의 그레이 스케일과 8비트로 표현한 256단계의 그레이 스케일이다.

디스플레이의 섬세함, 해상도

디스플레이에서는 섬세함을 해상도로 표현합니다. 해상도는 화소의 크기와 직결됩니다. 즉, 일정한 크기의 화면 안에서 화소의 크기가 작아질수록, 화소의 개수는 늘어나고 해상도는 높아집니다. 해상도는 화소의 개수에 따라 UHD^ultra high definition, 4K^kilobyte, 8K 등으로 표시됩니다. K라는 단위는 1,000을 의미하니 4K 혹은 8K라 함은 화면의 긴 방향, 즉 가로 방향으로 각각 4,000개와 8,000개의 화소들이 배열된 것으로 이해하면 됩니다. 세로 방향 역시 이에 비례하여 증가하므로 2K에서 4K, 그리고 8K로 해상도가 높아질수록 화소의 수는 2의 제곱, 즉 네 배씩 많아지게 됩니다.

고려청자의 유연한 곡선을 있는 그대로 묘사하려면 화소의 수는 무한개가 되어야 하고, 화소의 크기 역시 0이 되어야 합니다. 그럴 경우 빛을 내는 영역이 없어지므로 결국 이 또한 불가능한 일입니다. 우리 눈의 다소 서투른 변별력에 의존할 수밖에 없습니다.

그래도 디스플레이 기술은 진화합니다. 디스플레이는 OLED에서 양자점quantum dot, QD을 적용하는 양자점 발광 다이오드, QLED로 한 발자국 나아갔습니다. 앞으로도 더 많은 색과 섬세한 영상을 표현할 수 있도록, 언젠가는 휘고 접고 말 수 있는 3차원 형상을 구현할 수 있도록, 빈센트 반 고흐Vincent van Gogh의 〈별 헤는 밤〉도 고려청자의 비색도 온라인 갤러리를 통해 실물과 똑같이 감상할 수 있도록, 디스플레이의 변화는 멈추지 않을 것입니다.

몇 해 전, 노르웨이의 화가 에드바르 뭉크Edvard Munch가 약 100년 전에 사용했던 붓을 재현하여 그 붓으로 사용자들이 직접 그림을 그려볼 수 있는 앱이 소개된 적이 있습니다. 우리가 화가들의 그림에 덧칠을 하고, 그 그림을 편집하면서 함께 그려가는 과정은 또 다른 즐거움을 줄 것입니다.

디스플레이가 발전하고 진화할수록 우리는 더 자극적이고 다양한 콘텐츠를 맘껏 즐길 수 있게 됩니다. 이에 더하여 우리가 예술 작품을 감상하고 그 아름다운 세계로 깊이 빠져드는 즐거움 또한 클 것입니다. 여기에 지난날의 추억과 가보지 못한 곳에 대한 동경, 그리고 예술을 향한 영감과 교감까지 얻을 수 있다면 금상첨화겠지요. '우리가 기억하는 것은 그 날이 아닌 그 순간이다'라는

해상도에 따른 화질의 차이

말처럼, 어쩌면 디스플레이 기술은 아름다웠던 순간을 영원으로 각인시키면서 천천히, 느리게 살아가는 방법이 되어줄 것입니다. 서둘러 달려만 가기에는 세상은 너무 아름다우니까요.

조선백자 ✕ 리소그래피

방병선   김규태

3장

무늬

무늬로 읽는 역사와 과학

3장에서는 조선백자에 새겨진 문양을 통해 당대의 사회적 배경을 읽어본다. 조선백자의 문양과 꼭 닮은 반도체의 리소그래피 기술을 살펴보며, 조선백자에 숨은 과학기술을 만나본다.

백자,
시대의 무늬를
새기다

방병선

고려대학교 문화유산융합학부 교수이다. 서
울대학교 기계설계학과와 동 대학원을 졸업
하고 동국대학교 미술사학과에서 석사 및
박사 학위를 받았다. 현재 한국미술사학회
회장, 세종시 문화재 위원, 간송미술관 연구
위원을 맡고 있다. 고려대학교 인문대학장,
인문정보대학원 원장을 역임했다.

조선백자는 무엇이 다를까?

고려청자의 비색은 당대 가장 과학적이고 아름다운 색이었고, 그 제작 과정에도 많은 비밀이 숨겨져 있었습니다. 조선백자는 어떨까요? 앞에서 설명했듯 고려청자를 만들려면 논밭으로 가야하고, 조선백자를 만들려면 산으로 올라가야 합니다. 백자는 근본적으로 바윗덩어리를 깨서 만든 그릇입니다. 즉, 청자와 백자는 원료에서부터 완전히 다른 그릇입니다. 또 조선백자는 고려백자와도 원료부터 다릅니다. 고려시대에도 백자가 있었지만, 고려백자는 논밭의 흙으로 만들어졌습니다.

고려청자는 한 가지 흙으로 만들어도 되지만, 조선백자는 색상이 백색이어야 하고 굽는 온도도 높아서 한 가지 흙만으로 만들 수가 없습니다. 백자를 만들기 위한 원료로 잘 알려진 것이 고령토입니다. 고령토는 우리나라 경상도의 고령과는 상관이 없습니다. 그 유명한 중국 백자의 고향이라는 경덕진 옆 가오링高岭(고령)산에서 많이 산출되는 백점토입니다. 가오링이라는 지명의 이름을 따서 19세기 이후에는 카올리나이트kaolinite라고 불렸습니다. 고령토 같은 성분의 흙에다가 다른 흙들을 섞어야 높은 열을 견딜 수 있고 성형도 가능합니다.

조선백자를 만들기 위해서는 철분이 적고 성형이 가능한 정도의 점력이 있는 태토가 필요합니다. 이러한 조건을 만족하는 하나의 흙은 없기 때문에, 조선시대에는 여러 지역의 흙을 섞어 백자를 만들었습니다. 각 지역의 흙을 모으기 위해 나라에서 최저 비용을 주고 백성들로 하여금 흙을 파서 운반하게 했습니다. 하지만 백성들은 중간 단계를 거치면서 원래 비용의 3분의 1도 안 되는 돈을 받는 경우가 많았고, 높은 산 위로 올라가서 흙을 캐야 했기 때문에 사고도 많이 났습니다. 7세기 이후에는 경기도 여주·광주, 강원도 양구, 경상도 하동·진주, 충청도 충주·서산으로부터 흙을 제공받았습니다. 고려시대의 주요 청자 생산지인 강진과 부안은 제외되었습니다. 이곳의 태토로는 백자를 만들어낼 수 없었기 때문입니다.

조선백자는 원료의 한계 때문에 높이 30센티미터 이상의 항아리는 윗부분과 아랫부분을 따로 만든 후 붙여서 제작했습니다. 그래서 사진 속 백자를 잘 보면 가운데 몸통 부분에 이어 붙인 흔적

백자 철화운죽문
항아리, 조선

이 남아 있습니다. 지금 우리가 보기에는 완성도가 낮아 보이지만, 역설적으로 오늘날 감정을 할 때에는 붙인 흔적이 남아 있지 않은 백자가 오히려 가짜인 것입니다. 그 시대에 중국이나 일본은 그릇에 흔적을 남기는 것을 용납하지 않습니다. 하지만 조선의 경우 왕실에서 쓰는 그릇에서도 이 흔적을 그대로 발견할 수 있습니다.

조선백자의 가마와 가마터

원래 조선시대 가마는 소성실 가운데 기둥이 있는 구조인데, 나중에는 그 기둥이 벽으로 바뀝니다. 왜 가마 안에 기둥이나 벽을 만들어야 했을까요? 가마에 불을 피우고 온도가 1,200℃ 이상으로 올라가면, 가마 지붕이 이글이글 움직이다가 식는 과정에서 주저앉는 경우가 많습니다. 이를 방지하기 위해서 기둥을 세우고 나중에는 벽까지 치게 된 것입니다. 또한 가마 안의 열을 잘 순환시키기 위해 열이 급속하게 다음 칸으로 빠져나가는 것을 방지하기 위한 목적도 있습니다.

조선시대에는 왕실용 백자 공장을 10년에 한 번씩 주기적으로 옮깁니다. 따라서 출토되는 백자를 통해 당대 시대 상황을 유추해 보기 유리합니다. 경기도 광주 선동리의 한 가마터에서 많은 백자 파편이 출토되었습니다. 지금도 광주 여기저기서 백자 파편을 발견할 수 있습니다. 또 곤지암천이나 한강 지류인 분원강으로 내려

경기도 광주 선동리 가마터

시기별 조선백자의 색상 변화
15~16세기 순백색pure white, 17세기 회백색gray white, 18세기 유백색milky white, 19세기 청백색blue white

가면 하천 바닥에도 많은 파편이 남아 있습니다. 특히, 분원초등학교 운동장과 그 옆 강가에는 19세기 청화백자편들이 몇백 년 동안 제자리를 지키고 있습니다.

백자, 시대를 담다

백자도 청자와 마찬가지로 흙과 유약, 불을 이용해 만듭니다. 조선시대에는 고려시대 때는 없던 새로운 그릇인 청화백자青華白磁, blue and white ware가 제작됩니다. 『조선왕조실록』에는 청화백자의 원료인 코발트cobalt를 발견했다는 기록이 등장하기도 합니다. 하지만 이 기록은 사실이 아닙니다. 안타깝게도 우리 땅에서는 코발트가 나지 않습니다. 조선 사신들이 중국에 방문할 때 화원들이 동행했는데, 이들이 직접 북경(지금의 베이징)에서 코발트를 사왔습니다.

동양에서 코발트가 쓰이기 시작한 것은 중국 원나라 때부터입니다. 강력한 힘으로 동서양을 아우르는 넓은 영토를 제패했던 원나라 집권기는 역사적으로 동서양 간의 문화 교류가 활발하게 이루어진 매우 중요한 시기입니다. 이때 중국이 코발트를 수입하고, 그 후 중국에서 청화백자가 만들어집니다. 이 청화백자가 조선으로 들어오면서 우리 역시 태토를 만들고, 안료로 그림을 그리며 조선만의 청화백자를 만들기 시작합니다.

백자의 색은 조금씩 달라집니다. 좋은 태토가 나오는 양구나

진주, 충주 등지에서도 산꼭대기에 올라가야 좋은 흙을 찾을 수 있는데, 특정한 시기의 사회적 배경과 채굴비 보상 여부에 따라 백성들은 산 중간에 있는 흙을 대충 캐서 보내기도 했습니다. 태토 채굴에 대한 보상이 충분히 이루어졌던 세종이나 영·정조 집권기에는 대체로 백색도brightness가 높은 설백이나 순백색 백자들이 만들어집니다. 백자의 색은 당시 임금이 누구인지, 국가 정세는 어떠했는지를 반영하며 변화했던 것입니다. 임진왜란과 병자호란 이후에는 전쟁으로 인해 도자기 생산에 어려움을 겪습니다. 좋은 흙을 캐서 경기도 광주까지 운반하려면 비용도 많이 들고, 정제하는 데 필요한 인력도 제때 수급되지 않았습니다. 국가 재정도 어려웠고, 백성들의 고충도 컸기 때문입니다. 이 시기에는 검은 빛이 도는 회백색 백자들이 주로 만들어집니다. 물론 색상 자체가 그다지 좋은 편은 아니지만 해학적인 문양으로 전쟁의 아픔을 극복하려 했던

백자 청화운룡문 병,
조선 15세기

백자 병,
조선 15~16세기

백자 달항아리,
조선 18세기

3장. 무늬 __ 무늬로 읽는 역사와 과학

조선만의 지혜로 제작된 백자는 나름의 멋을 자랑합니다. 19세기에는 중국 자기를 선호하던 수요층의 기호 탓에 청백색 백자가 유행했습니다. 또한 이 시기는 중국과 일본의 수입 자기가 넘쳐나는 시기입니다. 일반적으로는 18세기 백자를 최고의 백자로 평가합니다. 말 그대로 백옥 같은 색깔을 갖고 있기 때문입니다.

백자의 기형 역시 시대에 따라 달라지는데, 당대 수요층의 기호를 반영합니다. 예를 들어 운룡문 병과 같은 기형은 14~16세기에 유행했던 형태입니다. 병의 목이 짧고 몸체가 통통하며 구연부가 나팔 모양처럼 밖으로 많이 벌어져서, 소위 옥호춘玉壺春이라고 불리기도 합니다. 순백색 병은 15, 16세기에만 등장합니다. 17세기가 되면 이전 시기에 비해 몸통이 날씬해지고 목이 길어집니다. 18세기에는 동글동글한 달항아리 같은 몸체를 이루다가 19세기가 되면 병의 무게 중심이 전체적으로 내려오면서 목은 더 길어지고

백자 청화철화입산악형 향로,
조선 19세기

백자 청화소상팔
견문 팔각연적,
조선 19세기

백자 청화수복국
화문 소합, 조선
19세기

몸통의 하반부가 풍만해지는 것이 특징입니다. 이 시기에는 병과 같은 기형뿐만 아니라 연적과 같은 다양한 형태의 도자기가 유행합니다.

19세기 청화백자는 그 이전의 청화백자와 비교했을 때, 색깔이 완전히 달라집니다. 이 시기에는 중국뿐만 아니라 일본에서도 청화 안료를 수입해서 사용하고 이전에 볼 수 없었던 백자 양식 또한 나타납니다. 용 문양 역시 이전의 양식을 계승하면서도 세부적으로는 묘사의 생략과 과장, 왜곡이 나타나면서 발톱의 수도 네 개로 줄어듭니다. 또, 수복강녕壽福康寧을 상징하는 길상문이 백자에 가장 많이 그려집니다. 길운을 상징하는 수복자壽福字를 쓰기도 하고, 다산을 상징하는 석류를 그리기도 합니다. 이전 시기에 볼 수 없었던 산 모양 향로를 만드는 등 다양한 문양과 기형이 나타나는 것을 확인할 수 있습니다.

조선만의 특징을 잘 보여주는 것이 순백색의 백자 병입니다. 그런데 만약 중국이나 서양 사람에게 백자 병을 선물하면 이상하게 생각할 수도 있습니다. 조선을 제외한 모든 지역에서 백자라고 하면 보통 청화백자를 의미합니다. 문양이 없는 그릇은 장례식 때 빼고는 쓰지 않기 때문에 아무 말 없이 선물하면 혹시 앙심을 품은 것이 아닐까 하는 의심을 받게 되니 조심해야 합니다.

초벌 항아리, 조선

순백의 백자에 새겨진 시대의 문양
: 청렴결백의 미

초벌구이한 백자의 표면은 평면이 아닌 입체이기 때문에 그림을 그리기 어렵습니다. 또 수분 흡수율이 너무 높아서 붓을 대면 그릇이 수분을 바로 빨아들입니다. 그래서 한 번 그리기 시작하면 붓을 멈추지 말고 바로바로 그려내야 합니다. 잠깐이라도 멈췄다가는 붓이 앞으로 나갈 수 없을 정도로 말라버리기 때문입니다. 하도 안 나가서 붓 끝에 콩기름을 바르기도 합니다. 이렇듯 백자에 그림을 그리는 작업은 무척 까다로운 일이어서 단기간의 연습만으로는 능숙하게 해낼 수 없습니다. 미대에서 회화를 전공한 사람도 5년 안에는 흉내 내지도 못할 정도로 어려운 작업입니다.

또한, 도자기를 구우면 크기가 줄어들면서 그림도 같이 줄어들기 때문에 그것까지 사전에 계산해서 그림을 그려야 합니다. 그림을 그린 후에는 자기를 충분히 건조시키고 한 차례 재벌구이한 후 약 1,250℃의 가마에서 15시간 정도 굽습니다. 그 후 하루나 이틀 식히고 꺼내면 됩니다. 고려청자를 만들던 때와 마찬가지로 그 당시에는 온도계가 없었기 때문에 백자를 굽기 적당한 온도를 알아내기 위해서는 백자 수십 조각을 가마 안에 집어넣은 후, 시간마다 끄집어내어 각각의 색을 확인해야 합니다. 원하는 색이 나오면 불을 끄게 되는데 그때의 온도가 소성 온도입니다. 백자 역시 수많은 시행착오 끝에 탄생하는 것입니다.

조선시대 백자에는 시험을 통해 선발된 조선시대 최고의 화원들이 그림을 그렸습니다. 주로 소나무와 대나무를 잘 그리는 사람을 선발했습니다. 불교와 도교를 중시했던 고려와 달리 조선은 '성리학'의 나라였습니다. 조선은 충효忠孝와 삼강오륜三綱五倫을 내세우며 성리학의 질서로 백성을 다스리고자 했습니다. 그래서 성리학의 이념이자 선비의 덕성을 뜻하는 의리와 절개의 상징인 송죽매, 즉 소나무와 대나무, 매화를 잘 그려야 화원이 될 수 있었습니다. 송죽문 항아리에 그림을 그리기 위해서는 조선백자의 요지인 경기도 광주로 내려가서 꽤 오랜 시간 수련해야 합니다. 송죽문 항아리의 문양을 자세히 보면 소나무 가지들이 유난히 꺾여 있습니다. 당시에는 중국의 화보畫譜를 참조하여 그림을 그렸기 때문에, 이러한 중국식 필법으로 소나무를 그렸습니다.

사실 송죽문 항아리는 아주 특별한 백자입니다. 우리나라 청화백자 중에는 제작 연도가 분명한 게 몇 개 없습니다. 그런데 송

항아리의 구연부 안쪽에는
'弘治'라는 글자가 남아 있다.

**백자 청화'홍치2년'명
송죽문 항아리, 조선**

**백자 청화매조죽문
유개항아리, 조선**

죽문 항아리의 구연부 안쪽에는 '弘治二年'이라는 명나라 홍치제의 연호가 쓰여 있습니다. 이를 통해 홍치 2년, 즉 성종 20년인 1489년에 이 항아리가 제작되었다는 사실을 알 수 있습니다. 지금은 항아리 구연부에 있는 '二年'이 깨져서 잘 보이지 않습니다. 과거에 이 항아리가 도굴을 당했던 적이 있는데, 도굴꾼을 잡아 오던 중에 일부 파손되었다고 합니다.

조선시대에 유행했던 백자 문양 중에는 화조문花鳥紋이 있습니다. 이러한 화조 문양은 조선 전기에 많이 그려집니다. 매조죽문 유개항아리에는 흑두조黑頭鳥가 그려져 있는데, 모두 중국의 새입니다. 이 시기 화원들 역시 중국 화보를 참고해서 따라 그렸기 때문입니다. 하지만 시간이 지나 17세기 이후부터는 백자의 문양 또한 조선만의 스타일로 변화하게 됩니다.

백자로 시대 읽기
: 시기별 문양 변천사

용

백자에 그려진 용 그림을 통해서도 제작 연도를 추측할 수 있습니다. 우리나라 청화백자에 용의 발톱이 세 개로 그려지는 시기는 15, 16세기입니다. 앞에서 살펴본 15세기 운룡문 병에도 발톱이 세 개로 그려져 있습니다. 18세기 용의 발톱은 다섯 개, 19세기

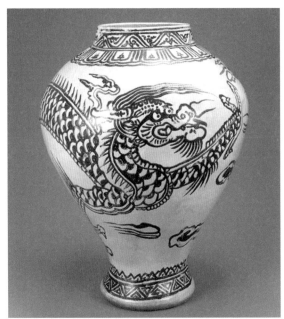

백자 철화운룡문
항아리, 조선 17세기

'함풍년제'명
백자 용무늬 접시,
조선 19세기

에는 발톱이 네 개입니다. 그래서 용의 발톱 숫자만 알아도 제작 시기를 대략적으로 짐작해볼 수 있습니다.

용의 생김새에서도 시기별 특징을 확인할 수 있습니다. 가령 15~17세기 용들은 앞쪽으로 날리는 헤어스타일과 수염을 갖고 있습니다. 마치 무스를 발라서 앞으로 넘긴 듯한 모습입니다. 당대 사람들은 용을 저러한 모습으로 이해한 것입니다. 눈은 마치 안경을 쓴 듯한 모습인데 안경테도 시기에 따라 모양이 달라집니다. 17세기에는 병자호란, 정묘호란 등 전쟁을 겪어서인지 용의 안경테는 뿔테처럼 굵어지고, 표정은 이를 갈고 있는 듯한 모습입니다. 18세기에는 용의 수염과 머리카락이 뒤쪽으로 날리기 시작합니다. 발톱도 다섯 개로 늘어나고 안경테도 백색으로 바뀌면서 세련된 인상을 줍니다.

산수 문양과 〈소상팔경도〉

15~17세기까지 우리나라 백자에는 산수 문양이 등장하지 않습니다. 그 당시까지 왕실에서는 충효, 의리, 절개를 상징하는 소나무와 대나무, 매화, 용 등의 문양만 그리게 합니다. 산수 문양은 언제 그려지기 시작했을까요? 조선시대에는 왕실용 백자를 별도로 제작하는 도자기 공장을 경기도 광주에 설치했습니다. 사옹원[*] 분원에서 380여 명의 장인과 관리, 원료와 연료를 관할하여 자기를 제작

---

[*] 조선시대 임금의 식사와 대궐 안의 식사 공급에 관한 일을 관장하기 위하여 설치되었던 관서이다.

3장. 무늬 __ 무늬로 읽는 역사와 과학

했는데, 17세기 전쟁 이후 경영이 점점 더 어려워지자 조정에서는 장인들에게 하루에 점심 한 끼, 1년에 베 한 필만 제공하기 시작합니다. 그마저도 잘 지급되지 않자, 장인들은 예전처럼 나라에서 불러도 일을 하러 오지 않았고, 와도 열심히 일할 분위기가 조성되지 않았습니다. 결국 숙종 중반 1700년부터 장인들에게 가마 열 칸 중 한 칸의 도자기는 자유롭게 시장에 내다 팔게 하는 사번私燔을 허용합니다. 이제는 왕실뿐만 아니라 사대부와 중인들도 자신들이 원하는 백자를 주문해서 살 수 있게 되면서 이들의 취향을 반영한 산수 문양이 등장하게 된 것입니다.

이때 가장 유행했던 그림이 〈소상팔경도瀟湘八景圖〉입니다. 중국 호남성과 호북성의 경계에 위치한 동정호洞庭湖는 소강과 상강이 만나서 장관을 이루는 아름다운 호수로 일찍부터 중국 시인 묵객들의 단골 주제가 되어 시와 그림으로 표현되었습니다. 동정호의 여덟 가지 경치를 소상팔경이라 하고, 이 경치들을 그린 그림을 〈소상팔경도〉라고 합니다. 조선에서도 널리 알려져서 많은 사대부 화가들이 그림으로 남겼는데, 겸재 정선의 그림이 대표적입니다.

18세기 들어 청화백자에도 〈소상팔경도〉가 나타나기 시작합니다. 백자 청화산수무늬 항아리에는 〈소상팔경도〉 중 동정추월과 산시청람, 두 장면이 그려져 있습니다. 이때 그림에 그려진 물을 통해 화원의 실력을 평가할 수 있습니다. 별 거 아닌 것 같아도 물길의 간격이나 길이를 달리하면서 전부 다르게 표현하기 때문입니다. 노 저어서 가는 배 주변에는 물결을 그리지 않고 비워두는

작자 미상, 〈소성팔경도〉
왼쪽 위에서부터 오른쪽으로 순서대로 산시청람, 원사만종, 어촌석조, 원포귀범. 왼쪽 아래부터 오른쪽으로 소상야우, 동정추월, 평사낙안, 강천모설

백자 청화산수무늬 항아리, 조선
앞면에는 동정추월이, 뒷면에는 산시청람이 그려져 있다.

3장. 무늬 _ 무늬로 읽는 역사와 과학

식으로요. 이렇게 그린 그림이 포인트를 잘 살린 뛰어난 그림입니다. 이 외에도 시의 내용을 그림으로 옮긴 시의도詩意圖와 화보를 참조한 각종 산수인물도山水人物圖가 제작되었습니다.

안료

백자의 안료 역시 시기에 따라 달라집니다. 조선시대에는 청화, 철화, 동화 세 가지 안료, 즉 코발트, 산화철, 산화동red copper을 사용했습니다. 청화 안료는 코발트 또는 회회청回回靑이라고도 불리며 조선시대 전 시기에 걸쳐 백자에 가장 많이 사용된 안료입니다. 청화의 색상은 보조제와 온도에 민감해서 밝은 청색에서 갈색, 검은색에 이르는 다양한 색을 냅니다. 철화는 산화철이 주성분인 석간주石間朱라는 붉은 갈색의 안료입니다. 철화 또한 조선 전기부터 꾸준히 사용되었지만, 17세기 코발트 수입이 어려워지면서 청화백자 제작이 중단되자 그 대체제로 가장 많이 사용됩니다.

조선 후기에 들어서면 산화동이 주원료인 동화도 사용하기 시작합니다. 도자기에 동화로 그림을 그리고 산화동이 환원되면 빨간색 문양이

백자 청화장생무늬 항아리, 조선
동화 안료를 사용해서 빨간색을 표현하고 있다.

117

나옵니다. 중국에서는 빨간색이 길조를 뜻해서 많이 사용되지만, 조선에서는 사치스러운 색으로 여겨졌기 때문에 간략한 선이나 점을 표현하는 데에만 사용했고 많이 쓰이지는 않았습니다. 그래서 17세기 이후에나 잠깐 등장합니다. 이렇듯 안료의 색깔을 통해서도 백자의 제작 시기를 유추할 수 있습니다.

해학과 여유, 욕망

저는 우리나라 최고의 그림이 그려진 백자로 백자 철화매죽문 항아리를 꼽습니다. 지금 아무리 사군자를 잘 그리는 사람을 데려다 매화와 대나무를 그려보라고 해도 저 그림이 나오지 않을 겁니다. 여백을 활용한 구도와 배치, 농담 조절을 위해 힘을 줬다 뺐면서 일필휘지로 그린 죽문이 너무나 아름답습니다. 반면 17세기에는 일명 바보 호랑이라고 불리는 우스꽝스러운 호랑이를 그려 넣은 백자 철화호록문 항아리를 만들기도 했습니다. 이렇게 호랑이를 만만하게 그린 나라도 조선뿐입니다.

앙증맞은 두꺼비 연적은 수요층의 기호에 따라 주문 및 생산되었던 것으로 보입니다. 조선 후기에 들어서면 문방구 생산이 비약적으로 증가함에 따라 18세기 후반에서 19세기 사이에 연적도 크게 유행합니다. 이 시기에 양반의 수가 급격히 늘어나면서, 수입 도포나 갓을 구매하고 비싼 지필묵과 연적 등을 사용함으로써 자신의 신분을 과시하고자 했던 양반들이 많아졌기 때문입니다.

국보 제294호인 백자 청화철채동채초충문 병은 조선시대에

백자 철화매문죽 항아리, 조선

백자 철화호록문 항아리, 조선

백자 청화동채두꺼비모양 연적, 조선

백자 청화연판문문환형 연적, 조선

119

백자 청화철채동채초충문 병, 조선

사용했던 모든 안료를 총동원해 만든 백자 병으로, 백색 표면의 여백과 화려한 색채를 자랑하는, 우리나라 최고의 도자기라고 일컬어지는 작품입니다. 이 병은 코발트, 산화철, 산화동을 기본으로 하는 청화, 철화, 동화 세 가지 안료를 전부 사용해 만들었습니다. 조선백자 중에 세 안료를 모두 이용해 채색한 경우는 매우 드물만큼 기술적으로 상당히 어려운 작업인데, 각각의 발색이 어느 것 하나 빠지지 않으면서도 무척 아름답습니다. 백자에는 겸재 정선의

3장. 무늬 __ 무늬로 읽는 역사와 과학

〈초충도〉를 그대로 그려 넣었습니다. 일제강점기에는 일본인들이 이 병을 간장 병으로 썼다고 하니 참으로 아픈 역사입니다. 해방 후 경매로 판매되었는데 지금 값으로 따지면 100억 이상의 가치를 지녔다고 보면 됩니다.

지금까지 시기에 따라서 백자의 형태와 색상, 제작 기술이 어떻게 변화해 왔는지를 살펴보았습니다. 백자는 원료의 변화와 기술의 발전에 따라 진화하기도 했지만, 무엇보다 당대 사람들의 기호와 취향, 정서와 사상, 시대 양식 등을 반영해 다양한 모습으로 탈바꿈해왔습니다. 소박하고 질박하지만 세련된 아름다움을 잃지 않았고, 원료의 한계를 조선식으로 극복하면서 변화의 길을 걸었습니다. 지금 우리의 첨단기술은 어떤 유산을 만들고 있을까요? 더 이상 '백자'라는 형태는 아니겠지만, 사람들의 소망과 필요, 과학과 시대정신이 만나 한국이 만들어내는 첨단의 '백자'는 여전히 진행 중입니다.

리소그래피

모양의 공학,
색의 과학

: 조선백자에 숨은
기술과 원리

김규태
고려대학교 전기전자공학부 교수이다. 1차
원 형상을 가지면서도 전기가 통하는 소재
를 연구하며 박사 학위를 받았고, 막스플랑
크 고체물리연구소에서 박사 후 연구원을
지냈다. 고려대학교 교수학습개발원, 정보
전산처, 디지털정보처에서 봉사를 하며 교
육환경과 업무환경에도 관심을 갖게 되었
다. 2011년에는 《SCIENCE》에 나노 재료와
관련한 공동연구로 논문을 싣기도 하는 등
지속적으로 연구 활동을 하고 있다.

백자, 경험의 과학

조선백자 속에는 현대인이 봐도 놀라울 정도로 과학적인 기술과 원리가 숨어 있습니다. 조선백자가 만들어지는 과정에서 흙, 가마, 유약, 색채 등이 자주 언급됩니다. 흙은 반도체에 사용하는 실리콘, 산화규소와 같은 무기 재료$^{inorganic\ material}$에 해당하고, 가마는 뜨겁게 가열했다가 식혔다가 하는 온도 조절 기계에 해당합니다. 고려청자와 조선백자의 색채 기술을 과학의 눈으로 바라보다 보면 자연스레 빛의 스펙트럼, 빛의 흡수와 반사 같은 과학적인 해석을 생각하게 됩니다.

백자가 만들어지는 과정을 통해 미^{美}에 대해 다시금 생각해볼 수 있습니다. 완벽한 대칭을 이루는 모양이 아름다운지, 대칭이 완벽하지는 않아도 자연스러운 모양이 더 아름다운지 조선백자가 추구했던 자연미에 대한 정의도 다르게 생각해볼 수 있습니다. 반도체 공정에서는 웨이퍼^{wafer}(기판)에 감광제^{photoresist}를 도포하는 과정에서 대칭적으로, 또 균일하게 막을 입히는 '스핀코팅$^{spin\ coating}$'이라는 과정이 있습니다. 이는 백자를 만들 때 모양을 만들기 위해서 물레를 회전시키는 과정과 유사합니다.

조선백자를 만드는 기술은 이루 헤아릴 수 없는 시행착오와 거기에서 축적된 경험을 통해 터득한 것이었습니다. 가마를 여닫는 과정은 산소를 주입하고 제거하면서 화학반응이 천천히 제대로 일어나도록 하는 과학적인 과정입니다. 가마를 통해 조절하는 산소의 양은 백자가 건조될 때 흙이 갈라지는지의 여부와 백자의 색상에 영향을 미칩니다. 가마를 여닫고 불을 피우고 끄는 것은 산화 및 환원 과정과 온도, 압력에 따라 물질의 상^{phase}이 변하는 것과 관련되어 있습니다. 이는 현대 화학에서 상평형 그림$^{phase\ diagram}$에 따라 물질의 화학반응 과정을 파악하고 분석하는 것과 비교할 수 있습니다. 산소가 부족하거나 온도가 낮아 타지 않고 그을음 형태로 탄소가 남는 불완전연소 또한 산소와 결합되는 정도를 조절하는 것으로 해석할 수 있습니다. 이처럼 과학적인 관점으로 접근해 보면, 체계적인 과학적 지식 없이 경험을 통해서 축적된 조선시대의 백자 제작 공정이 어떻게 이렇듯 최적화된 방식으로 완성되었는지, 또 최고의 품질을 가진 백자를 만들어낼 수 있었는지 놀라울 뿐입니다.

가마의 모양에도 과학적 원리가 숨어 있습니다. 가마는 찜질방 내부와 아주 비슷한 모양입니다. 가마를 작게 만들면서도 찜질방과 비슷한 모습으로 만드는 이유는 가마 안 어디에 도자기를 넣어도 비슷한 온도를 유지하기 위해서입니다. 뜨거운 공기는 위로 올라가고 찬 공기는 내려오는 대류^{對流}, 허공으로 직접 에너지가 전달되는 복사^{輻射}, 접촉에 의해 열이 다른 쪽으로 옮겨 가는 전도^{傳導} 현상이 가마 내 온도를 결정합니다. 가마 내의 모든 도자기가 같은 온도를 유지하도록, 조선시대의 가마에는 가마 내 공기의 흐름, 도자기의 배치, 열을 내뿜는 가마 재료와 구조를 최적화한 경험의 과학이 반영되었을 것입니다.

백자의 모양
: 반도체의 리소그래피

과학자의 입장에서 조선백자의 형^形과 색^色에 대한 화두에 조금 더 깊이 들어가보겠습니다. 첫 번째로는 백자의 모양입니다. 백자의 모양을 만들기 위해서는 흙이 올라간 물레를 얼마나 빨리 돌려야 할까요? 물레를 돌리는 데에는 원심력과 구심력, 돌리는 장치에 쓰이는 줄의 장력 등이 고려되어야 합니다. 또, 만드는 사람의 손이 매끄러운지 혹은 울퉁불퉁한지, 긴지 짧은지, 흙을 만드는 데 들어가는 손의 힘이 균일한지 등 많은 요소가 과학적 변수로 작용할 수 있습니다. 가마에 넣어 굽는 과정에서 발생하는 변형과, 가마를 여닫을 때 공기 조합이 달라지면서 발생하는 화학적 결합의 변화 등 여러 요소를 고려해야 합니다. 이렇게 여러 가지 요소를 고려하면서 일정한 품질 이상의 백자를 반복적으로 생산해왔다는 점을 보면서 저는 과학기술에서 중시하는 재현성을 떠올렸습니다. 과학기술 실험이나 공학에서도 한 번 성공한 공정을 다시 반복적으로 성공시킬 수 있는 재현성이 아주 중요한 요소로 꼽힙니다. 지금부터 설명할 리소그래피^{lithography} 기술 또한 재현성이 아주 중요하게 작용하는 첨단기술 중 하나입니다.

백자에 새겨진 놀랍도록 정밀한 문양을 보면 반도체의 리소그래피 기술이 떠오릅니다. 조선백자는 일종의 판화 기법처럼 음각과 양각으로 문양을 표현했습니다. 재료에 글자나 그림을 오목하게 파서 문양을 나타내는 것을 음각, 도드라지게 새기는 것을 양각이라고 합니다. 만들고자 하는 모양에 따라 음각과 양각을 적절히 섞기도 했습니다. 반도체 소자의 경우 이러한 판화 기술을 이용해서 같은 모양을 대량으로 만들어내고 있습니다. 예를 들어 백자 모양의 USB를 만든다고 하면, 제품 모양의 하자를 방지하기 위해 다양한 형태의 판금, 판화 기술을 이용합니다. 반도체 기술에서는 이를 리소그래피라고 합니다. 이 기술을 사용한 예로 반도체 소자를 분해하면 볼 수 있는 전자소자가 있습니다. 전자소자에는 무수히 많은 가느다란 선이 연결되어 있는데, 이 가느다란 줄을 전자현미경으로 관찰해보면 수많은 선이 모두 같은 모양임을 확인할 수 있습니다. 이를 가능하게 하는 기술이 바로 리소그래피입니다.

리소그래피를 통해 모양을 만들 때는 전자빔electron beam, 빛, 레이저 등을 이용합니다. 각 기술마다 만들 수 있는 소자 크기의 한계가 정해져 있습니다. 전자빔으로는 몇 나노미터에서 수십 나노미터 수준의 반도체 소자도 만들 수 있습니다. 빛을 이용하는 경우에도 그 종류에 따라 만들 수 있는 스케일이 달라집니다.

구체적으로 그 과정을 설명하자면, 빛을 이용해서 특정한 모양을 축소시켜 작게 새기는 것입니다. 특정 부분에만 빛을 통과시키면 음각인 경우 빛이 지나간 부분에는 변성이 일어나 단단해지고, 그렇지 않은 부분은 약해집니다. 약한 부분은 없애버리고 강한 부분만 남기는 식으로 얇은 선을 만들어서 무늬를 새길 수 있습니다. 가느다란 전자빔으로 문양을 그리고 깎고 녹여내는 과정을 거쳐 지름이 나노미터 단위인 아주 얇고 가는 선을 공중에 띄워 3차원 형상을 만들기도 하고, 거울을 사용하여 원하는 형상을 만들기도 하고, 날카로운 침을 통해 전자를 쏘아 모양을 새기기도 합니다. 결국 똑같은 모양을 만들어내는 데 중점을 두고 있음을 알 수 있는데, 이것이 바로 재현성입니다.

백자의 색
:빛으로 이해하는 색채의 원리

다음으로는 색입니다. 앞서 조선시대에는 백자 무늬에 색을 입히기 위해서 산화코발트를 사용했다고 했습니다. 금속이 산소와 결합해서 녹이 슬면 금속산화물metal oxide이 되는데, 원래의 금속과는 성질이 많이 달라집니다. 유럽에 가면 지붕이 녹색으로 변한 건물을 이따금 볼 수 있는데, 구리가 녹이 슬어 마치 녹색 코팅이 된 것처럼 보입니다. 이후에는 더 이상 녹이 슬지 않게 하는 보호막 기능도 갖게 됩니다. 철판도 녹이 슬면 갈색으로 변하는데, 아마 이는 주위에서 많이 봐서 익숙할 것입니다. 모두 금속이 산소와 결합하면서 '녹이 슬 때' 나는 색입니다. 이처럼 어떤 화학결합이 이루어지면 색이 달라집니다. 백자를 구울 때 가마를 여닫으며 산소량을 조절하는 것 역시 일종의 화학결합 과정으로 볼 수 있습니다. 이에 따라 백자의 색이 결정되는 것입니다. 축적된 경험이 과학적 사실과 연결되어 있다는 것을 다시 한 번 실감합니다.

사실 우리 눈에 보이는 사물의 색이란 것은 조명에 따라서 달라지기도 합니다. 가령 순백색의 백자라고 할지라도 빨간색 조명 아래에서는 홍자가 될 것이고, 파란색 조명 아래에서는 청자인 것처럼 보이겠지요. 하지만 그렇다고 해서 조선백자가 고려청자가 되는 것은 아닐 겁니다. 우리가 일반적으로 말하는 사물의 색이라는 것은 빛을 받아들였을 때 그 사물이 어떤 색의 빛을 반사하는가 하는 고유한 성질에 달려 있는 것이기 때문입니다.

과학에서는 색채를 이해할 때, 빛의 스펙트럼을 통해 접근합니다. 사회적으로 많은 생각과 다양한 가치가 섞여 있을 때 스펙트럼이 넓다고 표현합니다. 빛의 스펙트럼은 빛의 에너지, 주파수, 파장과 같은 다른 물리량을 가진 전자기파가 섞여 있는 것을 의미하고, 그 상대적인 비율에 따라 다른 스펙트럼, 즉 다른 색깔로 나타나게 됩니다. 에너지가 큰 쪽이 많은지 상대적으로 작은 쪽이 많은지에 따라 푸른색에서 붉은색 사이의 다양한 색깔이 우리 눈에 도달합니다.

요즘 텔레비전에 가끔 LED 마스크 광고가 나옵니다. 과학적으로 증명되지 않았다는 기사도 많았는데, "대기업에서 만든 거니까 과학적인 실험과 검증은 모두 거친 거겠지"라고 생각하는 사람들이 많습니다. 개인적인 생각으로는 빛의 에너지에 따라 달라지는 효과를 이용하는 것이 아닐까 합니다. 이비인후과에 가면 치료가 끝난 후에 일회용 비닐이 씌워진 LED 기계를 코 안에 비춰줌니다. 따뜻한 붉은색 빛이 코 안을 진정시켜주는 효과가 있습니다. 반면 파란색과 같이 에너지가 큰 빛은 살균 효과가 있습니다. 여름철 야외 활동을 할 때 선크림을 바르는 것도 이와 관련이 있습니다. 너무 강한 자외선은 심지어 사람의 세포까지도 죽일 수 있기 때문입니다. 그래서 푸른빛의 자외선은 칫솔이나 컵 등을 살균하는 장치에 쓰입니다.

이렇듯 에너지가 서로 다른 빛이 섞여 있는 게 바로 색깔입니

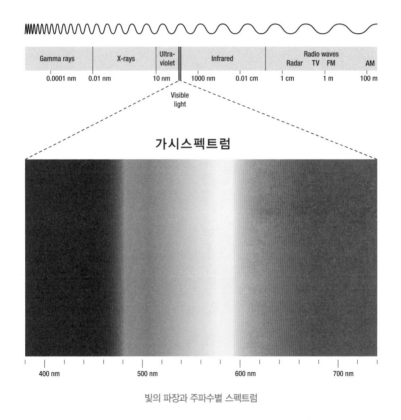

빛의 파장과 주파수별 스펙트럼

다. 빨간색과 파란색이 상대적으로 어떻게 분포되어 있느냐에 따라 짙은 혹은 옅은 빨간색으로 표현되기도 합니다. 저마다 다른 파장과 주파수를 가진 빛이 섞여 만들어지는 색깔의 향연이 바로 무지개입니다. 빨주노초파남보 중에 왜 하필 바깥이 빨간색이고 안쪽이 파란색일까요? 광학에서는 빛의 파장이 길고 짧음에 따라 굴절 정도가 다르기 때문이라고 설명합니다. 빨간 빛은 파장이 0.6~0.7마이크로미터 정도이며, 파란 빛은 파장이 0.4~0.5마이크로미터로 빨간 빛보다 짧습니다. 파장이 길수록 간격이 멀어지며 에너지도 작아지는 반면, 파장이 짧으면 간격도 짧아져서 에너지가 커집니다. 빨주노초파남보에 해당하는 빛의 파장을 길이로 표현하면 0.4~0.8마이크로미터입니다. 머리카락 두께가 대략 10마이크로미터라는 것을 고려해본다면, 다른 색깔을 낸다는 것은 빛의 파장이 머리카락 두께의 50분의 1 정도로 달라진다는 것입니다. 재밌는 것은 실리콘, 게르마늄과 같은 전자소자에 많이 쓰이는 반도체 재료들이 갖는 에너지 갭을 빛의 파장으로 환산해보면 빨주노초파남보와 비슷하다는 것입니다.

마이크로파, 적외선, 엑스레이 등도 모두 빛의 영역에 포함됩니다. 같은 빛이어도, 특정한 파장의 빛만 있는 경우는 단색광이 되고 여러 색깔의 빛이 같이 있으면 다양한 색이 되듯, 섞는 방법에 따라서 빛의 색깔은 무척 다양해집니다. 가시광선과 달리 눈으로 보이지는 않지만 라디오 전파 역시 빛의 한 종류라고 할 수 있습니다. 백열등이나 형광등처럼 집에서 쓰는 조명은 1초에 120번

3장. 무늬 __ 무늬로 읽는 역사와 과학

에서 방식에 따라서는 수천 번까지 깜빡일 수도 있습니다. 물론 사람은 이를 인지하지 못합니다. 라디오 주파수를 이야기할 때 사용하는 단위는 헤르츠hertz, Hz인데, 여기서 헤르츠는 1초 동안 밝고 어두운 정도가 반복되는 횟수를 의미합니다. 또, 옛날에는 집에 '도란스'라고 불리던 장치가 있었습니다. 변압기transformer의 영어 발음을 일본어식으로 읽은 것입니다. 변압기 속에는 자석이 들어 있어서, 이 자석이 당겼다 떼었다 하는 소리가 윙윙 소리로 나타나기도 합니다. 주파수의 차이가 서로 다른 소리로 실현되는 것처럼, 빛은 스펙트럼에 따라 여러 색깔을 표현할 수 있습니다.

4차 산업혁명 시대의 첨단 백자

궁극적으로 조선백자 기술은 과학이 곧 지식과 경험의 총체적 산물이라는 사실을 잘 보여줍니다. 우리 선조들의 경험이 쌓이고 쌓인 조선백자의 제작 기술에는 지금 우리가 봐도 놀라운 과학적 원리가 숨어 있습니다.

백자 중에도 첨단 백자로 분류되는 것들이 있습니다. 무엇을 첨단 백자라고 할 수 있을까요? 뉴스에서는 기존의 백자는 무겁고 잘 깨지는 단점이 있지만 첨단기술을 적용하면 가볍고 잘 깨지지 않는 백자를 만들 수 있다고 합니다. 백자가 무겁고 잘 깨지는 게 문제라면 차라리 가볍고 튼튼한 현대의 플라스틱 그릇을 쓰면 되

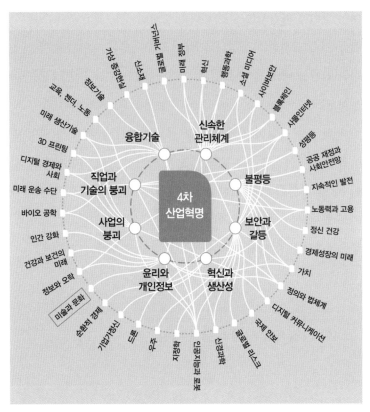

세계경제포럼에서 제시한 4차 산업혁명 키워드 맵

지 않겠냐고 반문도 해볼 수 있을 것입니다. 이처럼 전통기술에 첨단기술을 도입한다고 할 때, 어떤 방향성으로 나아가는 게 바람직할까 하는 문제도 생각해볼 필요가 있습니다.

요즘 첨단기술을 이야기할 때 빠지지 않는 화두가 4차 산업혁명입니다. 세계경제포럼에서는 4차 산업혁명 시대를 맞아 그에 걸맞은 키워드를 제시했습니다. 융합기술, 불평등, 혁신과 생산성 등의 큰 주제들이 보이는데, 여기에 '미술과 문화'라는 키워드도 있습니다. 미술과 문화 그리고 융합기술의 연결성이 4차 산업혁명에서 중요한 역할을 할 것이라고 생각합니다.

4차 산업혁명 시대의 융합기술이 조선백자와 만날 때 어떤 첨단 백자가 탄생할 것인지 상상해보는 것도 흥미로운 일입니다. 최근에 보편화되고 있는 3D 프린터 기술 등을 활용하는 방법도 생각해볼 수 있겠지요. 지금까지 축적된 경험의 과학과 4차 산업혁명 시대의 융합기술이 만나 앞으로는 어떤 첨단기술이 등장할지 기대됩니다.

사인검 기가스틸

이은철   이준호

4장

철기

철기 문화는 어떻게 이어지고 있나

4장에서는 조선의 사인검을 통해 우리나라 전통 제철법을 소개하고, 자타공인 철 강대국으로 인정받고 있는 한국 최첨단의 제철법을 만나본다. 문명의 중심에 섰던 철기 문화는 21세기에 어떻게 이어져오고 있는지, 그 흐름을 짚어 본다.

사인검

조선의 공학,
기술과 정신을 품다

: 우리나라
전통 제철법

이은철

한국전통야철문화연구소 한국백련도검 대
표이다. 1998년부터 지금까지 전통 제철법
과 도검 제조법을 연구하고 있다. 2009년
국가지정 민족고유기능전승자로 선정됐고,
5년 동안 국립중원문화재연구소에서 중원
지역 백제 제철 연구에 자문위원으로 참여
했다. 현재는 조선시대 영남지역 쇠부리기
술 복원 연구 사업에 공동연구원으로 참여
하고 있다.

잃어버린 제철법

저는 경기도 여주에 삽니다. 여주에 정착하게 된 지는 25년 정도 되었습니다. 전통 제철법을 복원하는 일은 넓은 장소를 필요로 합니다. 위험성이 있는 불을 다루고 작업할 때는 시끄러운 소리가 나기 때문에 시골, 그중에서도 산골 마을에서 일하고 있습니다. 지금은 도검장으로 일하고 있지만 한때는 화가를 꿈꾸기도 했습니다. 열심히 그림 공부를 하던 20대 초반, 당시 문화재 전문위원이었던 이종석 선생이 《계간미술》에 기고한 글을 읽고 이 일에 뛰어들 결심을 하게 되었습니다. 이종석 선생은 미술 공예에 정통하신 분으로 전통무기사, 도검류, 총포류를 연구하는 분이었습니다. 그 글에 따르면 우리나라의 제철법은 일제강점기에 말살되어 원천 기술이 전혀 남아 있지 않았습니다. 1978년부터 국가에서 전수조사를 실시한 결과, 용광로 터 유적은 남아 있으나 기술을 구현할 수 있는 인적 자원은 전무한 상황이었습니다. 일본에 남아 있는 원천 기술과 전통 철 소재로 도검을 제작하고 있다는 것이 전부였습니다. 안타까운 마음으로 이 일을 시작하겠다고 작심한 것이 1986년이었으니, 벌써 30년 넘게 이 일에 매달리고 있습니다.

18세기 산업혁명 이후, 전 세계적으로 전통 철 소재는 공장제 근대 강철로 대체되었습니다. 그런데 근대 이후로도 천황제를 유지하고 있는 일본에서는, 전통 철을 사용해 황실 헌상용이나 신사 봉납용 도검을 만드는 기술이 보존되었습니다. 현재까지도 그 전통이 이어져오고 있지요. 그래서 저는 그간 일본을 비교 대상으로 삼고 연구해왔습니다. 중국도 2018년이 되어서야 일본 학자와 함께 제대로 된 공동 학술 연구를 시작했습니다. 우리나라가 본격적으로 학술 연구를 수행한 지는 25년 정도 되었습니다. 그동안 전통 제철법을 많이 복원했습니다. 울산시 북구 지자체의 특별 지원으로 조선시대 중기부터 일제강점기 초기까지의 기술을 복원했고, 문화재청의 주관으로 충주의 국립중원문화재연구소에서 백제 제철을 중심으로 삼국시대의 고대 제철법을 연구하고 있습니다. 고대 제철법을 시대별로 복원하는 작업과 함께 전통 도검 제작 기법도 복원하고 있습니다.

전통 제철법
: 사인검은 어떻게 만들까?

채광

철의 원료인 철광석은 지하나 지표면에 존재하는 광물입니다. 철광석을 캐는 것은 무척 힘든 작업이기 때문에 냇가 또는 바닷가에서 사철이라는, 모래 굵기의 자철석^{magnetite}을 채취합니다. 광석 채취 기술에 대해서는 여전히 더 많은 조사가 필요합니다. 단단한 철광석을 캘 때는 광석 위에 불을 질러 균열을 내고 푸석한 상태가 되면 정이나 망치로 떼어내는 방식으로 채취합니다. 이렇게 모은 원료에는 유황, 인 등 불순물이 함유되어 있어 바로 사용할 수 없기에 불에 한 번 구워 날려버립니다. 그리고 제련 과정에서는 필수적으로 연료가 있어야 하는데, 현대 제철법에서는 석탄이 원료인 코크스^{cokes}를 사용하지만, 전통 제철법에서는 숯(목탄)을 사용합니다.

원료가 준비되면 용광로[*]를 지어야 합니다. 예전에 밀양 제철 지역에서 발굴된 통일신라시대 용광로 터를 재현하여 용광로를 만든 적이 있습니다. 용광로 축조에는 많은 인력이 필요합니다. 용광로 구조는 상부·중부·하부로 구성되어 있고, 내부 구조는 현대 용광로와 매우 유사합니다. 옛 선조들이 공학적 지식을 가지고 있었던 것입니다. 용광로 하부에 습기가 차면 제련이 잘 안 되기 때문에 애초에 지을 때 하부를 충분히 달궈서 잘 건조시키는 것이 중요합니다. 용광로 축조가 끝나면 허드레 나무나 장작으로 불을 피워서 충분히 건조 및 예열시킵니다.

조업: 풀무질, 연료와 원료의 장입

제철 조업^{操業}을 하려면 숯을 연소시켜서 고온을 내는 데 필요한 바람이 제련로 내부로 들어가도록 해야 하는데, 자연적으로는 철을 만들기에 충분한 고온을 낼 수 없습니다. 따라서 '풀무질^{**}'을

---

* 야금^{冶金}의 광의적 의미로서 산화광물의 용해와 화학적 환원이 이루어지는 구조물이다. 제련로와 같은 의미로 쓰인다.

슬래그 유출   조업을 통해 만들어진 괴련철

해서 인위적으로 바람을 불어 넣어야 합니다. 숯을 용광로에 넣고 불을 피운 후, 풀무질로 용광로를 뜨겁게 달궈서 충분히 예열한 뒤에 철광석을 넣습니다.

용광로의 온도가 충분히 높지 않은 상태에서 철광석을 넣으면 용광로의 내부 중간에서 철광석이 식어 굳어버릴 수 있기 때문에, 내부 온도가 1,400℃ 정도로 높아진 다음 철광석을 넣습니다. 풀무질을 계속하면서 5시간 정도 지나면 용융된 산화물인 슬래그slag가 흘러나옵니다.

슬래그가 나오지 않으면 조업이 제대로 이루어지지 않은 것이기 때문에, 슬래그가 나오는 것을 확인하는 것이 몹시 중요합니

** 풀무는 바람 발생 장치로, 가죽이나 나무판자로 만든다. 1인용부터 8인용까지 다양한 크기가 있다. 손으로 작동하는 손풀무, 발로 밟는 디딜풀무가 있으며 이를 작동시키는 일을 풀무질이라고 한다.

*** 제련 과정에서 발생하는 산화물이 용융되어 제철로 밖으로 흘러나온 것을 유출재流出灰, 즉 슬래그라 한다. 유출재는 전통 제철법에서 제련이 잘 이루어지고 있다는 걸 보여주는 지표이므로, 옛 기술을 재현하는 오늘날에도 반드시 흘러나와야 한다.

다. 슬래그의 형상이나 나오는 속도를 보면서 옛 유물의 화학 성분 등을 추정합니다. 조업이 끝난 후, 제련로 앞부분을 헐면 슬래그가 엉켜 있는 잡쇠 덩어리가 형성되어 있습니다. 이 잡쇠 덩어리를 괴련철塊鍊鐵이라 부르는데, 큰 용광로의 경우 너무 뜨거워서 하루나 이틀 정도 식힌 후에 꺼내기도 합니다.

전통 제철법에서는 원통형 용광로를 여러 개 만들어서 번갈아 가면서 조업을 하는 방식으로 생산성을 유지했습니다. 괴련철에는 이물질이 많이 들어 있습니다. 이물질을 제거하기 위해 먼저 괴련철을 정련이 가능한 크기로 분할합니다. 작은 괴련철은 30킬로그램 정도이지만, 큰 것은 100킬로그램까지도 나갑니다. 따라서 큰 것은 다시 가열해서 자르는 공정을 거칩니다. 괴련철은 매우 질기기 때문에 다시 노랗게 달군 후에 도끼를 대고 여럿이서 큰 메로 번갈아가며 힘껏 쳐서 자릅니다. 양손으로 드는 큰 망치를 '메'라고 하고, 메로 두드리는 작업을 '메질'이라고 합니다.

정련 및 꺾어 접기

작게 나눈 괴련철을 정련로에 넣고 철광석을 투입하여 본격적인 정련精鍊을 시작합니다. 철광석을 사용하는 이유는 탄소의 양을 줄이기 위해서는 광석에 들어 있는 산소가 필요하기 때문입니다. 지금이야 순수한 산소를 만들어낼 수 있지만, 옛날에는 인공적으로 산소를 만들 수 없었습니다. 풀무질을 통해 바람을 불어 넣으면 정련로의 온도를 높일 수 있는데, 이때 철광석 안에 들어 있는 산소에 의해 철 속의 탄소가 연소되어 이산화탄소의 형태로 날아갑니다. 그 결과 철 내부의 탄소 함유량이 낮아집니다.

탄소의 농도가 낮아진 철은 연하여 잘 늘어납니다. 이것을 불에 달궈서 메질을 하면 철에 끼어 있던 이물질이 밖으로 빠져 나옵니다. 메질을 하면서 늘어난 철괴를 꺾어 접으며 단착(두드려 접착함)시킵니다. 일종의 용접과 같은 것이죠. 철괴가 완전히 녹지 않을 정도의 적당한 온도(1,400℃)까지 가열해서 접합시키고, 메질을 통해 늘려주기를 반복합니다. 이때 온도가 너무 높으면 침탄浸炭에 의해 철이 완전히 녹게 되므로 세심한 주의가 필요합니다. 철괴를 단착할 때는 잿물과 황톳물을 플럭스flux * 로 사용합니다. 플럭스는 맥석 ** 을 녹여내고 유리질을 만들어 철의 표면이 산화되지 않도록 방지하는 역할을 합니다. 이러한 용융 상태의 유리질 물질이 형성되지 않으면 바로 철 산화막이 생기는데, 이 산화막이 철의 단착을 방해합니다.

이후에는 소재에 잿물을 바르면서 꺾어 접기를 여러 번 반복하고, 장인 한 명에 메질꾼 두세 명이 하나의 조가 되어서 정련된 철괴를 12~15회 정도 꺾고 접어가며 단착합니다. 이 작업을 철의 단련이라고 하고, 이렇게 만든 강철을 옛날부터 백련강百鍊鋼이라고 불렀습니다. 정확히 100번을 두드리고 접었다는 의미가 아니라 무

---

* 금이나 은을 경납땜할 때 사용하는 일종의 용제이다. 철의 단접에 사용하는 볏짚재, 황토, 질흙 등은 용점이 낮아 열에 잘 녹아서 유리질로 된 플럭스를 사용하기도 한다.
** 광맥 속에 섞여 있는 광물 가운데 경제적 가치가 별로 없는 광물을 통틀어 이르는 말이다.

수히 단련해서 만들어낸 고급 강철을 일컫는 말로 이해하면 됩니다. 백련강은 너무 귀하고 비싸기 때문에, 저는 주로 보검寶劍을 만드는 데에만 사용합니다. 전통 도검 제작 기술을 처음 배우는 초보자가 흠잡을 데 없는 백련강을 만들기까지는 7년 정도의 수련이 필요합니다. 몸과 마음이 저절로 움직일 정도가 되어야 높은 품질의 강鋼을 만들어 낼 수 있습니다.

칼의 형태 만들기

'보검' 하면 백제시대에 일본에 보낸 칠지도가 유명합니다. 칠지도에는 '백련강으로 만들어진 검이다'라는 문구가 금으로 새겨져 있습니다. 보검을 만들 때는 백련강 덩어리를 길게 늘려서 원하는 크기로 성형합니다. 지금은 대장간에서 서서 작업하는 경우가 많은데, 옛날에는 앉아서 작업했습니다. 또 요즘은 형태적 특성 때문에 다양한 기능을 사용할 수 있는 일체형 뿔모루(서양 모루쇠) 위에 쇠를 올려 놓고 두드려가면서 일을 하지만, 옛날에는 통모루(원통, 사각 모양의 모루쇠) 위에 놓고 작업했습니다. 통모루의 경우 기능에는 한계가 있지만 간결하게 사용할 수 있었습니다. 칼날은 약 70센티미터 길이로 만들고 단조 작업을 마친 후 깎질˙과 줄질˙˙을 하여 모양을 다듬습니다.

˙ 깎칼이라는 고탄강 날로 된 수공 도구로 칼날을 자르는 작업이다.
˙˙ 줄칼이라는 연삭 위주의 수공 도구로 무수한 스크래치를 내서 경화시키는 작업이다.

담금질

그 후 담금질을 통해서 날을 세웁니다. 칼, 낫, 창 등 날이 있는 모든 도구는 반드시 담금질 과정을 거쳐야 합니다. 담금질은 철을 경화硬化시켜 그 부위를 강하고 단단하게 만드는 열처리의 일종입니다. 탄소량에 따라 정해진 온도로 전체 또는 국소를 가열하고 바로 물이나 기름 등 냉각제에 넣어서 급랭시키면 철의 물리적 조직이 변화합니다. 조선시대 한양 성곽을 만들었을 때도 분명 경도가 단단한 석재를 다듬었을 것입니다. 이를 위해서는 석재를 쪼개고 다듬는 도구인 단단하고 강한 정釘이 어마어마하게 많이 필요했겠지요. 당시 건축 도구인 그 많은 정을 어떻게 만들었는지 밝히는 것도 오늘날의 숙제입니다.

검에 따라 전체를 담금질할 수도 있고, 선택적으로 부분만 할 수도 있습니다. 아라비아나 인도, 유럽에서는 전체를 기름에 담가서 담금질했다지만 우리나라와 중국, 일본에서는 칼날의 특정 부분만을 담금질했습니다. 기름에 넣어 날 전체를 담금질하면 깨지지 않는다는 장점이 있지만, 날을 바짝 세워도 단단하지 않습니다. 우리의 검은 날 쪽에만 담금질을 하는데, 이때 물을 냉각제로 이용합니다. 물의 온도는 탄소 농도에 따라 인체 온도인 36℃에서 40℃ 사이에서 조절합니다. 날을 제외한 부분에 점토를 입히고 단열斷熱시켜서 담금질에 의해 경화되지 않도록 하고, 냉각 과정 중에 생기는 단단한 마르텐사이트martensite 조직을 날 부분에만 생성되도록 합니다. 담금질을 할 때는 잘못하면 바로 깨져버린다는 생각에 팔이 덜덜덜 떨립니다. 칼을 만들기까지 두세 달 이상 걸리는데, 잘못하면 한순간에 칼날이 '탁' 하고 갈라져버립니다. 칼을 만드는 과정이 조금이라도 흐트러지면 완성품에 그대로 나타나기 때문에 조금의 실수도 용납되지 않습니다. 흠이 없는 칼을 만드는 데에는 대단한 정성이 필요합니다.

조각과 입사

사인검의 경우 칼의 형태가 만들어지면 조각 정으로 별자리와 문자를 파내고 그곳에 금을 입혀 장식합니다. 이처럼 글자 모양대로 홈을 파고 거기에 재료를 삽입하는 입사 과정을 상감象嵌이라고 합니다. 상감을 하기 위해서는 마르텐사이트 조직을 원하는 부분에만 생성하는 것이 매우 중요합니다. 현대에는 산소 가스 전용 토치로 날 부분만 가열하고 물속에 냉각시켜서 선택적으로 경화시키지만, 옛날에는 토치를 사용해서 부분적으로 가열하는 기술이 없었습니다. 전통 백련강을 제조할 때는 철 안의 탄소량을 조절하고, 담금질을 통해 경도(재료의 단단한 정도)와 강도(재료가 끊어지지 않고 버티는 강인한 정도)를 갖추는 열처리기술이 매우 중요했습니다.

조각을 하기 위해서는 특수한 조각용 정이 필요합니다. 요즘이야 공구상에 가면 다양한 도구들이 있지만, 옛날에는 정을 직접 만들어서 사용했습니다. 저는 100여 개의 정을 만들어서 번갈아가

---

* 탄소강, 탄소합금강 등을 가열 및 급냉하여 만드는 경화 조직이다. 담금질 후 얻어지는 조직으로 매우 단단하다.

면서 씁니다. 상감 작업 중에 칼이 흔들리면 안 되기 때문에, 밑바탕에 송진과 들기름, 산화철 가루, 토분 등을 섞어서 만든 감탕이라는 접착제를 놓고 그곳에 열을 가한 후 칼 몸체(도신)를 부착하여 고정시킨 다음, 금을 입힙니다.

그런데 사인검은 일반 검과 달리 담금질을 마친 후에는 글자를 다 파내기가 굉장히 어렵습니다. 새겨야 할 부위의 검 표면이 어느 정도 경화되고 단단해지면 정이 계속 미끄러지기 때문입니다. 또, 당시에는 작업할 정을 조달하는 것도 쉽지 않았습니다. 결국 풀림 처리를 해서 완전 소둔燒鈍* 시킨 뒤 다시 새기는 방법을 선택합니다. 이렇듯 사소한 차이이지만, 옛 조상들이 먼저 발견하고 경험한 기술을 지금 이 시대에 다시 공부하는 작업은 정말 흥미롭습니다. 불과 25년 전까지는 실현하지 못했던 전통 방식으로 사인검을 만들 수 있다는 사실에 매번 감회가 새롭습니다.

상감이 끝나면 그 부분을 일정 두께의 단열재로 덮어서 냉각을 지연시킵니다. 즉, 단열 부위의 경화는 방지하고 날 부위만 냉각시켜 단단하게 만듭니다. 매우 까다롭고 어려운 기술입니다. 지금은 상감 부위를 제외한 나머지 부분은 완전 무른 상태를 유지하고, 검의 날 부위만 산소 토치로 선택적 가열을 하여 기름에 넣어 경화시킵니다. 옛날 기술과 현대 기술의 차이입니다.

---

* 탄경화 조직을 불에 달구고 천천히 식혀서 그 성질을 없애주고, 내부응력 등을 제거하기 위해 열풀림을 하는 과정을 의미한다. 완전 소둔을 통해 소재를 무르고 연하게 만들 수 있기 때문에 고탄소 강철, 합금강 등도 절삭하여 가공을 할 수 있다.

　　　　4장. 철기 ＿ 철기 문화는 어떻게 이어지고 있나

사람을 살리는 검, 사인검

사인검은 양기가 가장 왕성해지는 인년^{寅年}, 인월^{寅月}, 인일^{寅日}, 인시^{寅時}에 만든 검으로 귀신을 쫓는 벽사^{辟邪}, 귀신을 베어버리는 참마^{斬魔}, 재앙을 굴복시키는 항요^{降妖}의 목적으로 제작되었습니다. 사인검의 앞면에는 동서남북으로 각기 일곱 개씩 배치된 28수 별자리가 있고, 뒷면에는 검결^{劍訣}이 새겨져 있습니다. 예부터 검결은 27자나 28자로 이루어져 있습니다. 사인검의 종류는 다섯 가지 인데, 고려대학교에 있는 사인검은 벽사의 화신인 귀면^{鬼面}이 장식되어 있고 손잡이 끝에는 방형의 여의두 장식이 있는 유일한 검입니다. 사인검에 적힌 검결은 현재의 형태로 확립되기 이전의 한자 글꼴인 전서체로 입사를 했으며, 그 글귀는 아래와 같습니다.

四寅 斬邪劍 (사인 참사검)
乾降精 坤援靈 日月象 岡澶形 (건강정 곤원령 일월상 강전형)
攄雷電 運玄坐 推山惡 玄斬貞 (휘뢰전 운현좌 추산악 현참정)
하늘의 정^精을 내리시고 땅은 영^靈을 도우시니 해와 달이 모양을 갖추고 산천이 형태 이루며 번개가 몰아치는 도다.
천둥과 번개를 몰아치고 현좌^{玄坐}를 움직여 산천의 악한 것을 물리치고 현묘^{玄妙}한 도리로서 베어 바르게 하라.

북두칠성은 우주의 모든 별자리를 관장합니다. 북두칠성을 기

사인검
별자리의 모습을 확인할 수 있다.

준으로 좌측에는 천무, 우측에는 백호, 북측에는 현무, 남측으로는
주작이 새겨져 있습니다. 검이란 원래 무기입니다. 날이 있는 것이
라 살상용이라고 보면 됩니다. 특히 왕이 하사하는 칼은 권력과 권
위를 상징합니다. 그런데 사인검은 여느 검과는 조금 다릅니다. 사
인검은 살상용이 아닌 사람을 살리고 이롭게 하며, 사악한 것을 물
리치고 의를 이루고자 하는 목적으로 만들어진 검이기 때문입니다.

4장. 철기 __ 철기 문화는 어떻게 이어지고 있나

조선의 철강은 당시 사람들의 경험과 지혜로 이룩한 최첨단의 기술이자, 누군가를 지키고 사악한 것을 물리치려 했던 마음의 표현이기도 했습니다. 이제 한국은 세계적인 철강기술을 자랑하는 나라가 되었습니다. 철의 발전과 진화를 고민하는 것과 함께, 과거의 기술력을 보존하고 우리의 정신을 지키는 움직임에도 많은 관심을 보내주시면 좋겠습니다.

한국 전통 제철법

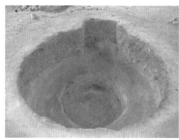

① 용광로 하부 배습 구덩이

② 용광로 축조 과정

③ 용광로 건조 작업

④ 풀무질 작업

⑤ 철광석 장입

⑥ 재와 황토로 불순물을 제거하는 공정

⑦ 꺾기 및 단착 작업

⑧ 완성된 철정(백련강)

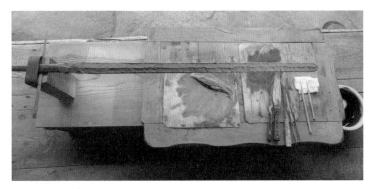
⑨ 단열재 바르기

4장. 철기 __ 철기 문화는 어떻게 이어지고 있나

⑩ 가열

⑪ 담금질

⑫ 뒤틀림 교정

⑬ 삼강 작업

⑭ 사인검 조각 작업

⑮ 사인검 상감 작업

기가스틸

철,
다시 태어나다

: 내진철근에서
 기가스틸까지

이준호
고려대학교 신소재공학부 교수이자 학부장
이다. 도쿄대학교에서 금속공학 박사 학위를
받았다. 포스코 철강 전문교수, 국회철강포
럼 전문위원, 고부가금속 수도권거점센터장
으로 국내 대표적인 철강전문가로 알려져 있
다. 제20회 철의 날 대통령 표창을 수상했다.

철의 나라, 한국

2019년 기준 전 세계 최우수 철강사는 어디일까요? 글로벌 철강 전문 분석 기관인 월드스틸다이나믹스World Steel Dynamics가 발표한 '세계에서 가장 경쟁력 있는 철강사' 순위에서 포스코가 10년 연속 1위를 차지했습니다. 더 놀라운 것은 국내의 또 다른 철강사인 현대제철이 10위에 올랐다는 점입니다. 우리나라의 양대 철강사가 글로벌 철강 순위 10위권 내에 올라 있을 만큼 한국의 철강기술은 전 세계 최고 수준을 자랑합니다.

그렇다면 2017년 기준 1인당 연간 철강 소비량이 가장 높은 국가는 어디일까요? 이 역시도 답은 대한민국입니다. 한국의 1인당 철강 소비량은 다른 나라에 비해 월등히 높습니다. 미국은 1인당 400킬로그램 정도 사용하는 데 비해 한국은 1인당 약 800킬로그램을 사용합니다. 뿐만 아니라 우수한 철강을 전 세계로 수출하고 있는데, 2019년 기준 한국의 철강 수출량은 약 3,000만 톤을 넘어섰습니다. 즉, 한국이 철강을 워낙 잘 만들어서 수출도 많이 하는 국제적 경쟁력을 갖추고 있는 것입니다. 독일과 이탈리아 역시 철강산업에서 두각을 나타내며 철강 제품을 많이 수출하고 있습니다. 일본과 중국 또한 수출량을 늘려가고 있는 반면, 미국은 많은 양의 철강을 수입에 의존하고 있습니다. 미국의 철강 경쟁력은 한국, 일본, 독일보다도 떨어진다고 볼 수 있습니다. 보통 미국의 과학기술이 모든 분야에서 최고라고 생각하지만 전 세계에서 대한민국이 가장 잘하는 기술 중 하나가 철강입니다.

　그렇다면 철강산업은 성숙 산업일까요? 아니면, 성장 산업일까요? 이 질문에 대한 답은 갈리기도 하는데, 다른 통계를 보면 명확히 알 수 있습니다. 월드스틸어소시에이션^{World Steel Association}에서 조사한 전 세계 연도별 철강 생산량 통계를 보면 대략 1980년대 즈음 철강 생산량의 증가 추세가 주춤하는 모습을 보였습니다. 당시 철광산업은 성숙 산업이고 더 이상 성장하지 못할 것이라는 분위기가 팽배했습니다. 여전히 성장 가능성이 크고 전 세계적인 경쟁력을 가지고 있음에도 불구하고 이러한 편견 때문에 철강산업에 대한 인식이 부정적인 것은 아닌가 싶습니다.

　하지만 그 이후에도 철강 생산량은 꾸준히 증가하고 있습니다. 가장 큰 이유는 지속적인 인구 증가가 아닐까 싶습니다. 현재 전 세계 인구는 80억 명을 돌파했고 곧 90억 명에 이를 것으로 보입니다. 인구가 증가하면 많은 사람이 거주할 새로운 도시를 만들 필요가 생기고, 이에 따라 도로, 자동차, 건물, 전기 설비, 철로 등 도시를 구성하는 요소를 만드는 데 어마어마한 양의 철강이 소모됩니다. 약 100억 명까지 인구수가 증가할 것으로 예상됨에 따라 철강 생산량도 같이 증가할 것이라는 견해가 일반적입니다. 단, 단기적으로는 인구의 증가 속도와 도시 및 철강 생산량의 증가 속도가 일치하지 않아 공급과잉의 문제가 있습니다. 최근에는 도시를 스마트시티로 개발하는 경우가 많은데, 스마트시티를 만드는 데에는 고급 철강을 많이 사용합니다.

총, 균, 쇠 그리고 철의 역사

많은 사람이 철에 주목하게 된 것은 『총, 균, 쇠』라는 책의 등장 이후가 아닐까 싶습니다. 이 책의 저자인 재러드 다이아몬드Jared Mason Diamond는 "문명은 DNA가 아닌 주변 환경에 의해 결정된다"라며, 문명을 결정하는 주요 환경 인자로서 총, 균, 쇠 세 가지를 제시합니다. 총과 쇠는 서로 연결되어 있습니다. 쇠를 만들던 사람이 총이라는 무기를 만들고, 무기를 만드는 사람이 자신의 국력을 신장시킬 수 있었습니다.

2012년 런던올림픽을 기억하나요? 마치 한 편의 뮤지컬 같은 올림픽 개막식을 인상 깊게 본 기억이 있습니다. 영국 사람들은 이를 통해 자신들이 산업혁명을 일으킨 주역임을 만천하에 보여 주었습니다. 가장 눈길을 끌었던 장면은 철로 올림픽 오륜을 만드는 모습이었습니다. 철로 만든 오륜이 올림픽 스타디움 위로 올라가 런던 하늘을 수놓는 장면은 지금도 기억 속에 강렬히 남아 있습니다.

17세기에 철을 만드는 작업은 매우 고생스러운 일이었습니다. 화로에 연료와 원료를 넣고 아래에서 불을 태우면서 철을 채취합니다. 많은 철을 생산하기 위해 위에서는 사람들이 계속 연료와 원료를 넣고, 아래에서는 풀무를 사용해서 바람을 불어 넣습니다. 바람을 충분히 불어 넣기 위해서 사람이 아닌 수차水車의 힘을 이용했습니다. 그래서 당시 만들어진 제철소는 대부분 언덕 경사면에 있습니다. 경사면의 위치에너지를 이용하여 수차를 돌리고, 이를 통해 많은 바람을 불어 넣는 것입니다.

근대 제철법에 있어서 어떻게 대량생산을 가능하게 할 것인지가 산업혁명의 핵심이었습니다. 에이브러햄 다비^{Abraham Darby}는 용광로의 크기를 더 키우기 위해 용광로에 들어가는 탄의 강도를 높이는 연구를 합니다. 이전에 사용되지 않았던 코크스를 사용하면서 용광로의 크기를 키우는 데에는 성공했지만, 여기서 다른 문제가 발생합니다. 용광로에서 만든 쇳물은 탄소의 농도가 높아서 이를 제거하기 위해서는 다양한 형태로 산소를 불어 넣어 탄소를 줄이는 공정을 거쳐야 합니다. 그런데 이 과정이 너무 느려서 쇳물 생산량의 증가 추세는 다시금 주춤하게 됩니다.

이 문제를 혁신적으로 해결한 사람이 바로 헨리 베서머^{Henry Bessemer}입니다. 영국 사람들은 철강의 대량생산을 가능하게 한 헨리 베서머와 같은 사람을 산업혁명의 주역으로 여기며 지금까지 기념하고 있습니다. 런던 임피리얼대학교의 재료공학과 입구에 헨리 베서머의 흉상이 세워져 있기도 합니다. 헨리 베서머가 만든 전로를 베서머 전로라고 하는데, 이 전로를 통해 아래쪽에서 산소를 불어 넣어 위에 있는 쇳물을 빠르게 탈탄^{脫炭}* 하는 공정을 완성했습니다. 그래서 이 기념비적인 전로를 철강의 중심인 미국 피츠버그에 전시해놓았습니다.

---

* 쇳물에 녹아 있는 탄소를 산소와 반응시켜 일산화탄소의 형태로 제거하는 반응을 뜻한다.

미국 피츠버그에
전시되어 있는
베세머 전로

고대부터 인간은 어떻게 하면 쇳물을 많이 만들 수 있을지 연구했습니다. 이집트 피라미드의 벽화에서도 이런 흔적을 발견할 수 있습니다. 기원전 1500년경 그려진 벽화에도 풀무질을 하는 사람의 모습이 그려져 있습니다. 그 옆 사람은 화학반응이 잘 일어나도록 막대기로 휘젓고 있습니다. 이와 같이 제련을 통해 금속을 만들어내는 작업은 고대부터 이루어졌습니다.

이집트는 파라오의 왕권이 강력한 나라였습니다. 제련을 하고 금속을 만드는 것은 곧 그 금속을 소유한 사람에게 강력한 무기를 제공하는 과정이었습니다. 금속 중에서도 철은 가장 강력한 무기였습니다. 이 무렵 철기를 직접 제조하는 강력한 나라가 나타났는데, 바로 히타이트입니다. 지금의 터키 남부에 해당하는 아나톨리아 지방을 중심으로 오리엔트 지역에서 위세를 떨쳤던 히타이트는, 당시 지역의 패자였던 이집트와 자웅을 겨루었습니다. 철기의 힘을 빌려, 카데시 전투에서는 일시적으로 람세스 2세가 이끄는 이집트군을 패퇴시키기도 했지요. 카데시 전투에서 히타이트가 우세할 수 있었던 이유에 대해서는 여러 의견이 있지만, 전차 부대의 차이가 결정적이었다는 설이 가장 지배적입니다. 이집트의 전차는 나무로 만들어져 두 명이 탈 수 있었던 반면, 히타이트의 전차는 중요한 부품을 철로 만들어서 훨씬 단단했고, 이로 인해 세 명이 탈 수 있었습니다. 이집트 전차의 경우 한 명이 전차를 몰고, 남은 한 명이 공격과 방어를 모두 맡아야 했다면, 히타이트의 경우 한 명이 공격을, 다른 한 명은 방어를 전담할 수 있었습니다.

그 다음으로 철기 문화를 발전시킨 곳은 로마입니다. 오늘날 우수한 철강기술을 보유한 이탈리아는 고대 로마시대부터 그 우수성을 자랑했습니다. 로마 병정들은 철제 무기 덕분에 숱한 전쟁에서 승리할 수 있었습니다. '글라디우스'라고 불리는 로마의 검은 끝이 뾰족하고 양쪽에 날이 있으며 길이가 짧아 베는 것보다는 찌르는 데 특화된 칼입니다. 즉, 청동기 검을 가지고 있는 적과 만났을 때 검을 부러뜨리고 상대를 찌르는 압도적인 무기가 될 수 있었습니다. 로마가 게르만족의 침입으로 쇠퇴했다는 사실은 잘 알려져 있지만, 그 원인이 작은 철 제품 때문이었다는 것은 비교적 잘 알려져 있지 않습니다. 그것이 바로 말 안장에 매달아 기수의 발을 걸치는 도구인 등자입니다. 게르만족은 등자를 사용해서 말 위에 몸을 고정할 수 있었고, 무기를 자유롭게 사용할 수 있었습니다. 이 작은 차이가 로마를 쇠퇴로 이끈 원인이었던 것입니다.

4장. 철기 __ 철기 문화는 어떻게 이어지고 있나

역사적으로 철기는 근대 이전의 전쟁에서 승패를 좌우하는 결정적 요인이었습니다. 고구려 역시 강력한 철기 문화를 바탕으로 동북아시아를 점령했습니다. 고구려 벽화에는 철 갑옷을 입고 철제 무기를 들고 있는 군인들이 그려져 있습니다. 이들이 전쟁에 나가서 영토를 확장하고 국력을 키우는 데 기여한 것입니다. 과학의 발전에 따라 무기는 칼에서 총과 포로 변화하지만, 철은 여전히 중요한 재료였습니다. 파리의 전쟁기념관에 가보면 전쟁에 사용된 여러 철제 무기를 살펴볼 수 있습니다. 파리 전쟁기념관을 방문했을 때, 제 눈을 끌었던 것이 바로 이 포신이었습니다. 포신의 끝부분을 보면 남자와 여자가 키스하고 있는 모습이 조각되어 있습니다. 상대를 살상하는 무기에 사랑을 표현했다는 것이 아이러니합니다. 전쟁은 누군가의 생명을 앗아가는 비극이기도 하지만 다른 한편으로는 소중한 누군가의 생명을 지키기 위한 어쩔 수 없는 선택이었을지도 모른다는 생각이 듭니다.

고대 제철법에서 현대 제철법으로

한국에는 철강 관련 유물이 많이 남아 있지 않습니다. 일제강점기 때 무기를 만들어 반란을 일으키지 못하도록 일본이 한국의 대장간을 모두 없앴기 때문입니다. 해방 이후 한국의 전통 철기 문화를 다시 복원하기 위한 움직임이 이어져왔지만, 이는 굉장히 어

중세 유럽 기사의
철갑과 방패

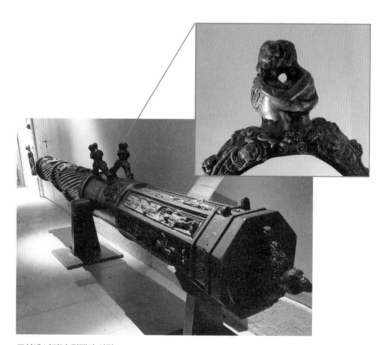

포신에 나타난 전쟁과 사랑

4장. 철기 __ 철기 문화는 어떻게 이어지고 있나

려운 일이었습니다. 나라에서도 많이 지원해준 덕분에 뜻 있는 사람들이 힘을 합쳐 이러한 작업을 진행해왔는데, 그 중심에 이은철 도검장이 있었습니다.

앞서 말한 것처럼 살생을 위해서가 아닌, 의로움을 지키기 위해 만들어진 검이 사인검이라 할 수 있습니다. 그렇다면 현대 제철법에서는 이 정신이 어떻게 이어지고 있을까요?

현대의 고로高爐는 옛날 용광로 형태와 유사합니다. 근대 제철법에서 수차를 이용해 바람을 넣는 것은 고온의 열풍을 취입하는 방식으로 바뀌었고, 사람이 직접 용광로 윗부분으로 연료를 장입하던 것을 이제는 컨베이어 벨트와 원료 낙하 장치인 슈터를 이용해서 자동화했습니다. 고로에서 얻은 쇳물인 용선溶銑에 산소를 취입하여 탈탄 작업을 하는 제강製鋼 공정이나, 불순물을 제거하여 강을 만드는 정련 과정이 모두 유사합니다. 결국 조업 하나하나를 살펴보면 현대 제철법은 수천 년에 걸쳐서 계승 및 발전되어 온 인류의 유산이라 할 수 있습니다.

고대 제철법에서 현대 제철법으로 계승되어 오는 과정에서 한국인의 저력이 두드러집니다. 한국은 예전부터 온돌 문화가 발달해서 열기熱氣를 다스리는 기술이 뛰어났습니다. 그래서인지 한국 사람들은 역사적으로 철을 잘 다루는 민족이었던 것 같습니다. 오늘날 대한민국이 전 세계에서 가장 뛰어난 철강산업 경쟁력을 가지고 있는 것은 우리 민족이 오랫동안 지녀온 철과 불을 다뤄왔던 능력과 무관하지 않다고 생각합니다.

차세대 제철법
: 파이넥스 프로세스

한국은 전 세계 최초로 용광로를 대체할 수 있는 차세대 제철법을 개발했습니다. 포스코에서 개발하여 실제로 상업 생산을 시작한 '파이넥스 프로세스'라는 공법입니다. 파이넥스 프로세스의 등장으로 수백 년 동안 큰 변화가 없던 용광로 형태에도 획기적인 변화가 나타났습니다. 기존의 용광로에는 많은 원료와 연료를 장입하기 때문에 그 하부에 엄청난 하중이 가해지게 됩니다. 용광로 하부를 통해 들어오는 가스의 흐름이 안정적으로 이루어지도록 소결광燒結鑛이나 코크스와 같이 강도가 높은 장입물裝入物*을 사용하고, 덩어리 형태로 사전 처리합니다. 반면 파이넥스는 기존의 용광로를 상부와 하부로 나누어 두 개의 반응로, 즉 유동로流動爐와 용융로熔融爐로 구성합니다. 유동로에서는 용융로에서 발생한 환원가스를 이용해 가루 형태의 철광석을 예비환원철預備還元鐵로 만듭니다. 용융로에서는 예비환원철과 유연탄을 덩어리 형태로 가공하여 상부에서 장입裝入하고 하부에서는 순수한 산소를 불어 넣어 환원가스를 발생시킴과 동시에 환원된 철을 가열하여 녹입니다. 때문에 원료와 연료의 사전 처리가 필요하지 않고, 가루 형태의 저급 철광석과 유연탄을 곧바로 원료로 사용할 수 있습니다. 게다가 공정 전체

---

* 용광로에 쟁여 넣는 원료나 연료 또는 그것들의 혼합물이다.

포스코 제3파이넥스 공장

가 밀폐형 반응 용기로 되어 있어서, 미세먼지와 같은 환경오염물질 발생을 원천적으로 차단합니다. 공기 대신 순수한 산소를 사용하고, 유동로에 석회석을 투입하여 질소산화물(NOx)과 황산화물(SOx)의 발생량도 현저하게 낮추고, 배기가스 중 이산화탄소를 선택적으로 분리 배출하는 능력도 탁월합니다. 또한, 부생가스[•]인 수소와 일산화탄소를 이용한 전기 발전 기술도 갖추고 있습니다. 이러한 여러 가지 장점 덕분에 파이넥스 프로세스는 미래형 제철기술이라 불리며, 환경친화적인 블루 수소를 제조하는 설비로도 주목받고 있습니다. 지금은 파이넥스 프로세스를 기반으로 이산화탄

[•] 제품 생산 공정에서 필요로 하는 화학 원료 외에 부산물로 발생하는 가스를 일컫는 말로, 파이넥스 프로세스에서는 수소와 일산화탄소로 이루어진 부생가스가 발생하여 다른 제철소 공정 또는 발전용 가스로 사용된다.

소 발생을 원천적으로 차단하는 수소 환원 제철 공법을 개발하고 있습니다.

사인검, 내진철근이 되다

한국은 철을 제련하는 능력도 뛰어나지만, 그 철을 사용하여 탁월한 철강 제품을 개발하는 능력도 돋보입니다. 우리가 주변에서 쉽게 볼 수 있는 철강 제품으로 철근이 있습니다. 건설 현장에서 사용되는 철근은 겉보기에는 다 똑같은 것처럼 보이지만, 최근 개발된 철근은 초고강도이면서 동시에 내진 성능을 갖춘 제품입니다. 강도가 높으면 연성이 떨어지는 경향이 있는데, 합금 성분과 공정을 동시에 제어해서 좀 더 저렴하면서도 튼튼한 철근을 개발하는 데 성공했습니다.

이렇게 개발된 철근은 외부와 내부의 조직이 다릅니다. 내진철근의 내부는 연한 페라이트^{ferrite}와 펄라이트^{pearlite} 조직, 외부는 강한 마르텐사이트 조직으로 이루어져 있습니다. 이런 조직의 특성은 우리 조상들이 만들었던 사인검과 비슷합니다. 사인검 역시 내부는 연한 조직으로 되어 있고, 외부는 딱딱하고 강한 조직으로 만들어져 있습니다. 우리 조상들이 사람을 지키려는 마음에서 사인검을 만들었다면, 후손들은 그 기술을 통해 실제로 사람을 지키는 내진철근을 만들었다고 할 수 있습니다. 사인검이 오늘날 내진

철근이 되어 우리 국민들을 지키는 존재가 되었다고 이야기한다면 지나친 비약일까요?

재조합된 철의 유전자
: 기가스틸

최근 바이오 쪽에서 유전자 가위를 통해 유전자를 재조합해서 새로운 물질을 개발하는 연구가 한창입니다. 철강 분야에서도 합금 성분과 공정을 제어하고 원자구조와 미세조직을 변형하여 새로운 제품을 개발하는 연구가 활발하게 진행되고 있습니다.

그 대표적인 예가 기가스틸입니다. 금속은 매우 규칙적인 원자 배열을 갖고 있습니다. 이 금속에 강한 힘을 가하면, 처음에는 현재 배열 상태를 유지하려는 원자의 성질로 인해 힘을 제거하면 금방 원래의 위치로 돌아가는 탄성변형彈性變形이 일어납니다. 하지만 임계값(항복 강도)을 넘어서는 힘이 가해지면 힘을 제거해도 원래의 위치로 돌아가지 않는 영구적인 변형, 즉 소성변형塑性變形이 일어납니다. 마치 테이블 위에 쌓아 놓은 카드를 옆으로 밀어 쓰러뜨리는 것처럼, 원자 단위에도 단차가 생기게 됩니다. 이런 변형이 계속 일어나면 언젠가는 파괴됩니다.

실제로 일반 강재(마일드강)를 잡아당길 때 생기는 변화를 공초점현미경을 통해 살펴보면 탄성 영역에 있어서는 강재에 힘을

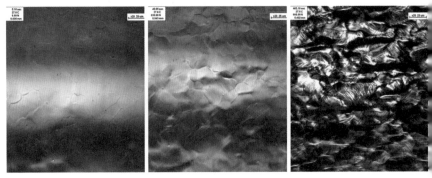

공초점현미경을 통해 살펴본 마일드강

주는 동안 큰 변화를 관찰할 수 없습니다. 하지만 힘을 더 가하면 쓰러진 카드처럼 점차 계단형 조직으로 변형되기 시작합니다. 결국 굉장히 심한 형태로 표면이 변형되는 것을 확인할 수 있습니다.

기가스틸의 한 예인 듀얼 페이즈dual phase 강은 초기 상태부터 엄청나게 미세한 조직들을 갖는다는 특징이 있습니다. 외부에서 힘을 가하면 소성변형 영역에서 검은 부분이 확연히 드러나는 것을 알 수 있습니다. 이 부분을 확대해보면 연한 조직인 페라이트와 강한 조직인 마르텐사이트가 함께 존재하고 있는 것을 확인할 수 있습니다. 안쪽에는 연한 페라이트 조직을, 바깥쪽에는 강한 마르텐사이트 조직을 가진 사인검 및 내진철근과는 달리, 합금 조성과 공정 제어를 통해 내부에도 마르텐사이트가 생성되는 특수한 강재를 개발한 것입니다.

보통 철강 제품은 강도가 높아지면 연신율延伸率이 낮아집니다. 기가스틸은 철의 유전자를 재조합하여 연신율을 그대로 유지하면

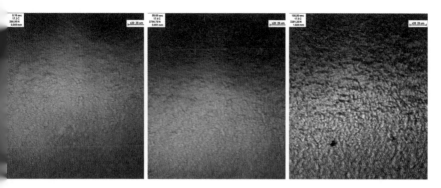

공초점현미경을 통해 살펴본 듀얼 페이즈강

서 강도를 높인 철강 신소재입니다. 자동차의 경우 연비가 매우 중요하기 때문에, 철강사는 자동차에 사용되는 강판의 무게를 줄이려고 노력해왔습니다. 이제는 기가스틸이 자동차용 강판으로 사용되어 사람들의 생명을 지켜주는 데 중요한 역할을 하고 있습니다.

우리나라 철강기술의 경쟁력은 세계 최고 수준입니다. 그리고 국내 철강산업의 발전은 앞으로도 꾸준히 이어질 것으로 보입니다. 사람들이 애정 어린 눈으로 국내 철강산업을 지켜보고, 가장 최첨단의 철강기술을 연구하는 연구자들뿐만 아니라 전통 고대 제철법을 통해 역사적인 사실을 복원하고 있는 장인들에게도 끊임없는 격려를 해준다면 한국의 철강기술은 앞으로도 새로운 역사를 써나갈 수 있을 것입니다.

보성관·보성사 ✕ 인공지능

김성철 김성범

5장

정보

새로운 가치의 탄생

5장에서는 일제강점기에 지식인들이 모여 사람들을 가르치고 당대의 가장 필요한 글을 배포했던 보성관 및 보성사에 이어 디지털 아카이빙 기술을 더해 새로운 공간으로 탈바꿈하고 있는 도서관을 만나본다. 이어서 4차 산업혁명의 중심에 선 인공지능 기술을 살펴보며 앞으로는 정보와 지식이 어떠한 가치로 탄생하게 될지, 질문을 던진다.

아카이브,
지식의 패러다임을
바꾸다

김성철

고려대학교 미디어학부 교수이다. 서울대학
교 경영학과를 졸업하고 동 대학원에서 경
영학 석사 학위를, 미시간주립대학교에서
미디어 전공으로 석사 및 박사 학위를 받았
다. 고려대학교 도서관장, 한국미디어경영
학회 회장, 한국정보사회학회 회장을 역임
했다. 현재 지능정보기술과 사회문제 연구
센터 연구센터장, 온라인 플랫폼 정책포럼
운영위원장, 국가 정보통신전략위원회 위
원, 국무총리 디지털경제 특별보좌관 등을
맡고 있다.

보성사, 지식의 중심에 서다

저는 '디지털 아카이브' 그리고 '인공지능'과 약간의 인연이 있습니다. 지난 4년 동안 고려대학교 도서관장으로 있으면서, 특히 디지털 아카이브 업무를 맡아 지식을 수집하고 저장하고 분석하고 활용하는 일을 해왔기 때문입니다. 또, '지능정보기술과 사회문제 연구센터'를 설립하고 지난 몇 년간 인공지능 등의 지능정보기술이 초래하는 사회문제를 제도적·산업적으로 어떻게 해결할 것인가에 대한 연구를 수행한 경험이 있습니다.

저의 경험에 비추어 고려대학교 도서관을 하나의 축으로 설명하겠습니다. 고려대학교는 아카이브 측면에서 좀 더 나아가 일종의 출판 미디어 분야에서 역사성을 갖고 있습니다. 2019년 11월, 고려대학교에서 3·1운동 100주년 기념 심포지엄이 열렸습니다. 3·1운동 과정에서 고려대학교가 했던 역할을 법, 기술, 제도, 정책, 문화 등 분야별로 조망하는 발표가 이루어졌는데, 여기에서 저는 3·1운동 전후에 고려대학교가 출판 미디어 그룹으로서 어떤 역할을 했는지에 대해서 다루었습니다. 고려대학교의 아카이브는 3·1운동 당시로 거슬러 올라갈 만큼 상당히 역사성이 있고, 그러한 역사성이 현재의 도서관을 포함한 학교 전체 인프라에 반영되고 있습니다.

2015년에 『한글 활자의 탄생』이라는 책이 출간됐습니다. 쓰쿠바기술대학교의 류현국 교수가 쓴 책인데, 일본 사토타이포그래피

연구소의 고미야마 히로시 소장이 쓴 추천하는 글에는 "활자는 그 나라의 정신, 문화, 기술을 나르는 돛단배이다. 활자 하나 하나는 작은 납 합금의 입방체에 불과하다. 그러나 이것들이 모여 문장이 되고, 인쇄되어 사람들의 눈에 닿았을 때 그들의 정신을 빛나게 하고 그 의지나 발언이 큰 힘이 되어 사회에 영향을 주고 그리고 국가마저도 움직일 수 있다"라는 내용이 쓰여 있습니다.

활자가 텍스트가 되고 텍스트가 출판물이 되고 출판물이 지적 자산이 되어 공유된다면, 실질적으로 사회문제를 해결하고 우리 사회를 조금 더 나은 방향으로 바꾸어 나가는 데 도움이 될 수 있습니다. 더 나아가 미래 사회를 이끌어갈 다음 세대의 인재를 양성하는 데에도 기여할 수 있습니다. 또한 아카이빙에 디지털 기술이 접목되고 여기에 인공지능이 더해지면, 기존의 지식을 통해 새로운 가치를 만들어낼 수 있다고 생각합니다.

고려대학교의 전신인 보성전문학교는 단순한 교육기관으로 만들어진 게 아닙니다. 거대한 출판 미디어 그룹으로서 사회에 기여하겠다는 철학에서 출발한 것입니다. 고려대학교 설립 이념은 '교육구국教育救國'입니다. 1905년 고종의 명을 받은 이용익 선생은 황실의 재정을 바탕으로 보성전문학교를 설립했습니다. 그때 이용익 선생은 단순히 가르치는 학교를 넘어, 백성들을 계몽하고 그들에게 지혜를 주어 암울한 시대 문제를 해결할 수 있는 힘을 길러주

류현국, 『한글 활자의 탄생』, 홍시, 2015, p.8

는 학교를 만들어야 한다고 생각했습니다.

　이용익 선생은 보성전문학교와 함께 보성사라는 인쇄소와 보성관이라는 출판사도 만들었습니다. 1906년 7월 9일자《황성신문》에는 '보사설치普社設置'라는 기사가 실렸습니다. 보성사라는 이름은 이 기사에서 처음으로 등장합니다. 교육의 목적을 실현하고 일반 대중의 계몽에 도움이 되는 각종 서적을 인쇄 및 배포하기 위해서 보성전문학교가 위치한 박동(현재의 종로구 수송동) 인근에 보성사라는 기구를 설치한다는 내용이었습니다. 보성사는 독일에서 수입한 활판기 등을 비롯해, 당시 조선인이 경영하는 인쇄소 중에서 가장 좋은 시설을 갖추고 있었습니다. 하지만 일제강점기 때 3·1운동을 위한 '기미독립선언서'를 인쇄했다는 이유로 일제 경찰

수송동 목조 교사 우측 전면에 선 벽돌조 2층 보성사 건물

에 의해 불타버리고 맙니다. 해방 후에 다시 복원되지만 결국은 유명무실한 기관이 되어버렸습니다.

또한 보성관이라는 출판사가 있었습니다. 이곳에서 보성전문학교를 운영하기 위해 필요한 교과서를 편찬하고, 대중을 계몽하기 위한 여러 가지 출판 작업을 진행했습니다. 그중 대표적인 출판물이 《야뢰》라는 잡지였습니다. 이 이름에는 벼락이 치는 듯이 소리를 크게 내어 온 나라를 긴 밤 단꿈 속에서 깨어나게 한다는 뜻이 담겨 있습니다. 일본의 탄압을 받는 상황에서 지식인들의 목소리를 담은 잡지를 정기적으로 발간하면서, 사람들에게 암울한 시대 상황을 이겨내기 위한 저력을 길러주고자 했던 것입니다. 이 보성관이 '계몽민지啓蒙民智'의 철학을 수행하며 일종의 미디어로 기능했습니다. 보성관에는 국채보상연합회의소가 설치되기도 했고, 각종 학회의 모임 장소로도 이용되었습니다. 당시 지식인들은 밤에는 보성전문학교에 와서 직접 학생들을 가르치거나 계몽을 위한 출판물을 기획 및 편찬하고 글을 기고하는 등의 활동을 했는데, 이러한 지식인들의 만남의 장이자 플랫폼 역할을 했던 곳이 바로 보성전문학교, 보성사 그리고 보성관이었습니다.

약 100년 전, 고려대학교는 콘텐츠를 만들어 사람들을 계몽하고, 이를 통해 세상을 바꾸려는 철학에서 시작됐습니다. 지식을 생산하고 저장하고, 나아가 관리하고 공유하는 가장 선구적인 시스템을 가지고 있던 셈입니다. 이렇듯 일종의 출판 미디어이자 지식 플랫폼이었던 보성전문학교를 만들고 그 뜻에 동참했던 사람들이 지식 아카이브의 선구자이며, 이들의 정신이 지금까지 이어져 내려오고 있다고 생각합니다.

누구도 배제하지 않는 지식의 산실, 디지털 아카이브

아카이브는 기본적으로 다양한 자료를 수집·보존·관리하기 위한 저장소 또는 도서관을 말합니다. 아카이브 앞에 디지털이 붙으면 디지털 방식으로 자료를 생성하고 보존하고 관리하고 활용하는 것을 뜻합니다. 디지털 아카이브에는 저널이나 책을 포함한 모든 자료가 디지털 방식으로 전부 기록되어 있어 누구나 쉽게 활용할 수 있습니다.

디지털 아카이브의 기능은 크게 네 가지로 나눌 수 있습니다. 첫째, 디지털 아카이브는 디지털 자료를 생성하고 수집합니다. 예

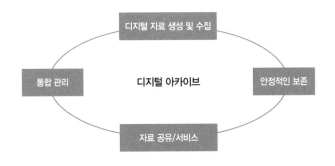

디지털 아카이브 기능 및 역할

를 들어, 디지털로 저장된 학위논문은 디지털 방식으로 검색하고 다운받아서 활용할 수 있습니다. 고려대학교 도서관의 경우는 연구 지원 시스템을 바탕으로 외부의 다양한 출처로부터 데이터를 자동으로 수집해서 맞춤화된 연구 관련 정보를 제공합니다. 둘째, 아카이브에는 안정적인 보존 기능이 있습니다. 1937년에 만들어진 고려대학교 중앙도서관 구관에 가보면 한적실이 있는데, 그곳에는 국보와 보물, 『삼국유사』와 같은 귀중한 고서들이 보존되어 있습니다. 이처럼 고려대학교 도서관이 서울대학교 규장각 다음으로 고서를 제일 많이 보유하고 있지만, 관리 수준은 상당히 떨어집니다. 값으로 따질 수 없는 귀중한 자료들이 보존되어 있는데도 학교나 국가 차원의 관리는 비교적 소홀한 상태입니다. 디지털 아카이브는 이러한 보존의 한계를 뛰어 넘어 원본의 내용을 소실 없이 안정적으로 보관할 수 있습니다.

아카이브는 또한 자료 공유 기능과 통합 관리 기능을 제공합니다. 귀중서의 경우 정해진 시간에 방문한 후 사서에게 직접 요청하여 열람하는 방식으로 제공되고 있었습니다. 이러한 방식으로는 귀중한 자료를 자주 활용할 수 없고, 물리적인 거리가 멀리 떨어져 있는 사람들은 쉽게 정보에 접근할 수 없다는 한계가 있습니다. 한국의 역사에 대해 공부하고 싶은 전 세계 수많은 학자들과 학생들에게 도서관이 소장한 자료를 아날로그 방식으로 제공하는 것은 사실상 불가능합니다. 그래서 도서관이 소장하고 있는 자료들을 디지털화하여 보존하고 관리하는 것이 매우 중요합니다.

5장. 정보 __ 새로운 가치의 탄생

그러나 현재 고려대학교 도서관의 디지털화 작업은 매우 더딥니다. 지금까지는 겨우 이미지로 스캔하는 수준이고 그나마 디지털로 전환된 자료도 일부에 불과합니다. 시간과 사람의 공이 많이 들어가는 일인데도 학교 예산을 배정하는 데 있어 우선순위가 밀려 충분한 지원이 이루어지지 않고 있기 때문입니다. 대학이 귀중한 자료를 갖고 있으면서도 통합적으로 관리하지 못하고, 자료를 제한적으로밖에 활용할 수 없는 환경을 제대로 개선하지 못하고 있다는 점이 무척이나 안타깝습니다. 디지털 아카이빙 시스템에 인공지능 등 새로운 기술이 접목되면 자료 단위로 관리·검색할 수 있게 되고, 다양한 분야에 활용되면서 부가가치가 높아질 것임이 분명한데도 꼭 필요한 투자를 못 하고 있는 것입니다.

아카이빙이 잘 구축된 도서관으로 서울대학교 관정도서관을 꼽을 수 있습니다. 설립 당시 가장 많은 액수의 금액을 기부한 관정 이종환 선생의 아호를 따서 이름 지은 도서관입니다. 이 도서관은 귀중한 자료들을 디지털화해서 일종의 리포지토리repository에 넣어 통합적으로 관리하는 아카이빙 시스템을 운영하고 있습니다. 국립현대미술관 역시 보유하고 있는 중요한 자료들을 전부 디지털 방식으로 전환하여 디지털 아카이브에 담아 서비스하고 있습니다. 서던캘리포니아대학교는 디지털 리포지토리를 구축해서 대학이 보유하고 있는 자료를 전부 디지털화하여 전 세계에 무료로 제공하고 있는데, 이 서비스가 학교의 명성을 높이는 데 크게 기여하고 있습니다.

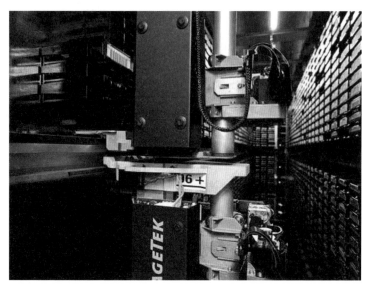

서던캘리포니아대학교의 디지털 리포지토리

    고려대학교를 비롯한 지식 플랫폼이 전 세계적인 지식의 산실로 자리하기 위해서는 한시라도 빨리 디지털 아카이브를 구축해야 합니다. 여기에 조금 더 선진적으로 새로운 기술을 입혀서 차별화된 서비스를 제공한다면 전 세계 모든 사람이 고려대학교의 고객이 될 수 있지 않을까 생각합니다. 국내외의 사람들이 고려대학교가 제공하는 자료를 보고 논문을 쓰고 연구를 하면 그 자료를 다시 교육에 활용하는 등 여러 도움을 받을 수 있을 것입니다. 그렇게 되면 단순히 학교의 평판이 좋아지는 것을 넘어서, 대학이 반드시 존재해야 하는 교육기관으로 자리 잡을 수 있을 것입니다.

    고려대학교 도서관은 350만 권 이상의 장서를 보유하고 있는 국내 최고 수준의 도서관입니다. 그런데 새로운 기술이나 서비스를 도입하는 면에서는 몹시 우수하지만, 과거의 자료를 관리하고 활용하는 측면에 있어서는 사실상 취약합니다. 미래를 향해 빠르게 가고자 하는 욕심에 너무 새로운 것만을 좇다 보니까 가장 본질적인 것에 소홀한 것이 아닌가 하는 생각을 하게 됩니다. 그렇지만 고려대학교 도서관도 여러 가지 디지털 아카이빙 기술을 시도하고 있습니다. 우선 학위논문 디지털 아카이빙 시스템입니다. 학생들이 학위논문을 디지털 파일로 제출하면, 이를 바로 시스템에 올려서 누구나 접근할 수 있도록 하고 있습니다. 귀중서, 고서, 고신문, 고지도 등의 자료도 일부 디지털화해서 제공하고 있습니다. 예를 들어, 오래된 고지도를 모바일 앱으로 검색하고 쪼개 볼 수 있는 시스템을 도서관이 자체적으로 개발해서 잘 활용하고 있습니다.

2015년 기준으로 고려대학교가 보유하고 있는 멀티미디어 자료의 양은 약 21테라바이트^{TB} 정도 됩니다. 디지털로 변환된 자료도 있고 온라인 강의 자료도 있어서 엄청난 자료들이 생성·축적되고 있습니다. 문제는 이 자료들이 여기저기 흩어져 있고, 자료를 담고 있는 기술적인 플랫폼을 관리하는 기관과 자료 자체를 관리하는 기관이 제각기 다르다는 점입니다. 그러다 보니 통합적인 관리가 어렵고, 결과적으로 활용 또한 매우 어렵습니다. 어떻게 보면 귀중한 자료를 헛되이 낭비하고 있는 셈이지요.

디지털 아카이브×인공지능, 지식의 가치를 바꾸다

그렇다면 앞으로는 어떤 방식으로 디지털 아카이브를 구축해야 할까요? 보유 중인 다양한 자료를 디지털화하는 작업이 제일 중요한 것 같습니다. 이 작업을 자료의 효율적인 활용 관점에서만 생각하면 안 됩니다. 보성전문학교는 단순히 교육을 제공하는 기관이 되고자 한 것이 아니라, 출판이나 계몽을 통해서 사회를 바꾸고 구국을 하겠다는 철학을 내세웠습니다. 고려대학교 역시 이러한 정신을 바탕으로 보유한 자료는 물론, 관리 책임과 지적소유권을 갖고 있는 자산을 빠른 시간 안에 디지털화하여 세계의 기술 표준에 기반을 둔 플랫폼에서 이 자료들을 관리하고, 조건 없이 세계 모든 사람에게 제공해야 합니다.

만약 디지털 아카이브 구축에 투자할 내부자원이 여의치 않다면 기업이나 정부 등 사회적 책임이 있는 주체들이 같이 투자하는 협력적인 모델도 필요할 것 같습니다. 예를 들어, 고려대학교는 1905년에 설립됐기 때문에 고려대학교 도서관은 근대 개화기의 자료를 어느 학교 도서관보다 많이 보유하고 있습니다. 이 자료를 조금 더 적극적으로 디지털화하면 고려대학교가 선도하여 이쪽 분야 연구를 효과적으로 추진해나갈 수 있을 거라고 생각합니다.

지금은 고서를 조심스럽게 스캔하는 방식으로 디지털화를 진행하고 있고 일부는 종이에 인쇄되거나 손으로 쓴 문자, 기호, 마크 등을 광학적 수단으로 인식하여 컴퓨터 텍스트로 변환하는 광

학문자인식(OCR)기술을 통해 데이터화하고 있습니다. 여기에 자동 번역이나 텍스트 마이닝text mining 같은 지능형기술이 적용된다면 훨씬 빠른 속도와 적은 비용으로 디지털 아카이브를 구축할 수 있을 거라고 생각합니다. 자료의 디지털화 작업에 인공지능기술이 접목된다면 우리가 가지고 있는 이 엄청난 자료들의 가치는 수백 또는 그 이상이 될 수도 있을 겁니다. 최근 자료들은 저작권자가 따로 있기 때문에 직접 디지털화하기는 어렵지만, 저작권 시효가 지난 옛날 자료들의 경우에는 적극적으로 디지털화하고 아카이빙 시스템을 만들어서 세상에 제공하는 것이 고려대학교의 '교육구국'과 보성관이 보여준 '계몽민지' 철학에 부응하는 일이라고 믿습니다.

결국 디지털 아카이빙 센터는 필요할 것입니다. 특히 지금은 텍스트보다 영상 등 멀티미디어 자료의 중요성이 커지고 있고, 이 자료들의 양 또한 기하급수적으로 늘어나고 있기 때문에 동영상 자료를 아카이빙할 수 있는 플랫폼은 반드시 구축되어야 합니다. 제가 강조하고 싶은 것은 이 플랫폼에 인공지능기술이 적용되어야 한다는 것입니다. 방대한 양의 빅데이터 중에서 무엇이 보석 같은 정보이고 무엇이 쓸모없는 정보인지를 구별해내는 능력, 사료와 자료를 연결하는 능력, 그 자료를 적재적소에 활용하는 능력에 있어서 인간의 한계를 보완하는 인공지능이 반드시 필요합니다. 요즘 도서관 서비스에서 가장 주요한 키워드 중 하나가 큐레이션입니다. 연구자나 이용자의 개별 특성에 따라서 맞춤형으로 필요

고려대학교 도서관
학술 정보 큐레이션
서비스

한 정보나 자료를 제공해주는 것인데, 맞춤형 서비스를 인간 사서
가 감당하는 것은 거의 불가능합니다. 그렇다면 이용자의 특성과
환경을 고려해서 그들에게 맞는 자료를 아카이브 내에서 골라내
는 일은 결국 인공지능이 할 수밖에 없습니다.

　지금까지 대학이나 도서관이 취한 정보 제공 방식은 거미 방
식입니다. 거미는 거미줄을 쳐 놓고 먹이가 걸리기만을 기다리죠.
도서관도 대학교도, 자료와 정보라는 밥상을 차려 놓고 고객이 찾
아오기를 기다리는 수동적인 방식에 머물러 있었습니다. 그런데
문제는 고객이 먼저 먹이를 찾아오지 않는다는 것입니다. 한편 박
쥐는 먹이가 올 때까지 마냥 기다리고만 있지 않습니다. 박쥐는 시
력이 좋지 않은 대신 청력이 발달했는데, 음파를 보내서 먹이가 어
디에 있는지 정확하게 포착한 후 바로 요격해서 먹이를 잡습니다.
지금은 전자상거래·뉴스·음악·영상 등 수많은 서비스가 고객의
니즈를 마치 박쥐처럼 정확하게 잡아내고, 고객의 시간·공간·개

　5장. 정보 __ 새로운 가치의 탄생

인적인 특성에 들어맞는 정보를 제공하는 시스템을 운영하고 있습니다.

이러한 변화를 위한 기본적인 조건이 인공지능의 활용입니다. 모든 자료를 다 모아서 디지털화하고 아카이브를 만들고 그 자료 속에서 보석을 찾아내서 새로운 가치를 만드는 것은 인공지능, 나아가 인공지능을 활용하고 조정하는 사람들이 해야 할 역할입니다. 인공지능이 접목된 디지털 아카이브 추진을 통해 오래전 보성전문학교, 보성사 그리고 보성관이 함께 실현하고자 했던 교육구국과 계몽민지의 사명이, 다가올 미래에는 4차 산업혁명 시대에 걸맞은 새로운 방식으로 실현되기를 기대합니다.

인공지능

21세기
기록의 진화

: 인공지능으로
무엇을 할 것인가

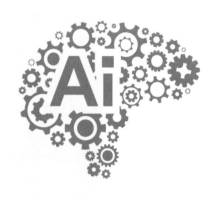

김성범

고려대학교 산업경영공학부 교수이다. 조지
아공과대학교에서 산업시스템공학 석사 및
박사 학위를 받았고, 텍사스주립대학교 산
업공학과에서 교수를 역임하였다. 현재 고
려대학교 공과대학의 대외부학장, 인공지능
공학연구소장, 기업산학연협력센터장으로
재직 중이다. 인공지능 알고리즘을 개발하
고 이를 활용한 제조 및 장비 스마트화에 대
한 연구를 수행 중이다.

인공지능의 핵심
: 데이터 간의 '관계' 찾기

아카이브는 '기록'이라는 뜻입니다. 인공지능이 성공하기 위한 선결 조건이 바로 기록입니다. 기록이 잘 되어 있어야 그 이후에 인공지능기술을 효과적으로 개발할 수 있기 때문입니다. 우리가 보통 접하는 데이터의 형태는 행과 열로 구성되어 있습니다. 행에는 관측지가 담겨 있고, 열에는 그 행을 설명하는 변수들이 있습니다. 설명변수는 원인이 되는 변수와 결과가 되는 변수로 구성됩니다. 통계학에서는 보통 원인이 되는 부분을 X변수로, 결과가 되는 부분을 Y변수로 표기합니다. 즉, X와 Y 사이에는 인과관계가 있다고 보면 됩니다. 현실 세계에서 일어나는 대부분의 현상은 많은 부분 인과관계로 설명할 수 있습니다.

몇 가지 예를 들어 보겠습니다. 고객을 직접 상대하는 이동통신사, 카드사, 백화점에서는 고객의 이탈 여부를 예측하는 것이 매우 중요한 문제입니다. 고객이 이탈할지 아닐지 미리 예측할 수 있다면 그 고객을 붙잡을 수 있기 때문이죠. 여기서 고객의 특성 정보는 이탈 여부와 인과관계가 있습니다. 장비 업체에서 가장 중시하는 문제는 장비가 언제 고장 날지 예측하는 겁니다. 장비의 상태 및 가동 정보와 고장 유무 사이에도 인과관계가 존재합니다. 또한 제조업체에서 가장 중시하는 것은 수요 예측입니다. 다음 분기에 혹은 내년에 몇 개 팔릴지는 과거 판매 패턴과 인과관계가 있습니다. 마지막으로 보험회사의 관심사는 보험금이 청구되었을 때 해당 보험금이 제대로 청구된 것인지 아니면 사기 청구인지 판단하는 일입니다. 청구 내용과 사기 여부 간에는 인과관계가 있습니다. 이 외에도 많은 사회현상을 원인과 결과로 설명할 수 있습니다.

그래서 X변수인 원인과 Y변수인 결과 사이의 관계를 올바르게 찾는 것이 중요합니다. 보통 우리가 관심 있는 것은 Y변수에 담겨 있습니다. X변수는 Y변수를 설명하는 인자들이고 일반적으로 여러 개 존재합니다. 결국 여러 개의 X변수와 Y변수 사이의 관계를 설명할 수 있는 법칙 혹은 룰을 찾는 것이 중요합니다. 두 변수 사이의 관계를 설명하는 방법은 다양합니다. X변수들의 합으로 Y변수를 표현할 수 있고, X변수의 일부는 합으로, 일부는 곱으로 표현할 수도 있습니다. 또한 X변수 앞에 어떤 계수 값을 쓰느냐에 따라 다르게 표현할 수도 있습니다. 따라서 Y변수를 표현하는 X변수들의 조합 방식은 무한개이고 이 중에서 가장 적합한 조합 방식을 찾는 것이 핵심입니다. 조합 방식을 찾는다는 것은 수학의 관점에서 보면 X변수들과 Y변수 사이의 함수식을 찾는 것과 동일합니다.

잠시 초등학교 때로 돌아가볼까요? 보통 초등학교 시절 더하기와 빼기를 처음 배우면서 함수 상자를 접합니다. 특정한 규칙을 가진 함수 상자와 그 상자에 들어갈 숫자를 주고, 이때 상자에서 튀어나오는 값을 묻는 것이지요. 가령 $Y=X+10$이라는 함수 상자가 있다고 가정합시다. X가 22면 Y는 32가 되겠지요.

이 문제는 간단한 함수 문제이지만, 인공지능이 푸는 것들은

　5장. 정보 __ 새로운 가치의 탄생

조금 더 복잡한 문제들입니다. 빅데이터 시대를 맞이한 만큼 X변수와 Y변수에 해당하는 데이터는 무수히 많습니다. 그 사이의 관계를 찾는 것이 인공지능의 목적입니다. 간단한 예를 하나 들어 보겠습니다. X가 0, 1, 2, 3이고 Y가 0, 2, 4, 6이라면 X와 Y의 관계는 어떤 식으로 표현할 수 있을까요? Y=2X로 표현할 수 있습니다. 이런 식으로 X, Y데이터가 주어졌을 때 관계를 찾는 것이 빅데이터 모델링의 핵심입니다. 이번에는 Y를 약간만 바꾸어서 Y가 1, 3, 5, 7이라면, X와 Y사이에는 어떤 관계가 있을까요? 아까보다 조금 복잡하기는 하지만, Y=2X+1이라는 사실을 어렵지 않게 알 수 있습니다. 지금은 직관적인 이해를 위해 네 개의 데이터만 사용했지만 실제로는 수천 개 혹은 수만 개의 데이터가 일반적으로 사용됩니다.

X변수가 두 개씩 있다고 가정해봅시다. 즉, X={(0,2),(1,3),(2,4), (3,5)}이고 Y는 2, 4, 6, 8입니다. X변수와 Y변수 사이에는 어떤 관계가 있을까요? X의 첫 번째 원소와 두 번째 원소를 더하면 Y가 됩니다. 즉, $Y=X_1+X_2$입니다. 만약 X변수와 데이터의 개수가 더 많이 늘어난다면 X변수와 Y변수의 관계를 찾기는 훨씬 더 어렵습니다.

실제 데이터인 중고차 가격 데이터를 분석한다고 가정해봅시다. Y변수는 중고차 가격이고, X변수는 주행거리, 마력, 용량으로 총 세 가지입니다. 하지만 이 세 가지만으로 중고차 가격을 온전히 표현할 수는 없습니다. 즉, 관심 변수인 Y변수는 X변수에 의해 설명되는 부분과 그렇지 않은 부분으로 구성되어 있습니다. X변수에 의해 설명되지 못하는 부분을 통계학에서는 오차[error]라고 부릅니

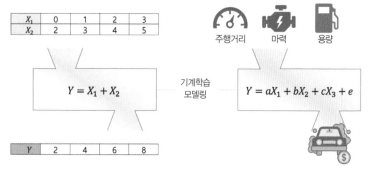

기계학습 모델링 - X변수와 Y변수 사이의 관계 모델링

다. 즉, X변수가 두 개 있는 예제에서는 $Y=aX_1+bX_2+e$로 표현됩니다. 여기서 e가 X변수로 설명될 수 없는 오차 부분입니다.

기계학습의 모델 학습 과정

결국 우리의 관심사는 Y변수를 표현하는 X변수들의 조합입니다. X변수들의 조합 방식은 무수히 많지만 가장 간단한 형태인 선형결합(더하기 빼기 결합)을 예로 들어보겠습니다. X변수가 두 개 있다고 가정하면 $Y=aX_1+bX_2+e$로 표현됩니다. 여기서 X로 설명할 수 없는 부분이 존재하는데 이 부분을 앞서 e로 표현했습니다. 즉, Y변수는 X변수들로 설명할 수 있는 부분(aX_1+bX_2)과 그렇지 못하는 부분(e)으로 나눌 수 있습니다. 이 식에서 우리가 결정할 수 있는 값은 X변수 앞에 있는 숫자 a와 b입니다. 이 a와 b를 모델의 파라미터라고 부릅니다. 혹은 모수母數라고도 부르는데, 어머니와 같이 중요한 역할을 한다고 붙여진 이름입니다. 어떤 분야에서는 파라미터를 X변수와 Y변수 사이의 매개체 역할을 한다고 해서 매개변수媒介變數라고도 합니다. 이 파라미터 값에 따라 해당 식의 예측률이 결정되기 때문에, 몹시 중요한 역할을 합니다.

이렇듯 중요한 파라미터를 어떤 방식으로 결정해야 할까요? $Y=aX_1+bX_2+e$를 e에 대해 정리해보면 $e=Y-(aX_1+bX_2)$로 나타낼 수 있습니다. 즉, 오차 e는 실제 Y값과 X로 표현된 Y값의 차이입니다. 결국 이 둘의 차이가 작으면 작을수록 정확해지기 때문에 e값이 작아지는 파라미터(a와 b)를 찾는 것이 핵심입니다. 가장 이상적인 경우는 e값이 0이 되는 경우지만, 실제로 오차가 발생하지 않는 경우는 거의 없습니다. 오차를 최소화하는 파라미터 값을 찾는 것이 핵심입니다.

오차는 데이터 하나마다 정의되기 때문에 데이터가 100개라면 오찻값 역시 100개가 나옵니다. 이런 오차들을 하나의 값으로 요약하기 위해 모두 더해버리면 0이 됩니다. 오차는 실제 Y값과 X 함수식의 차이인데 실제 Y값이 함수식 값보다 클 경우(양숫값)도 있고 삭을 경우(음숫값)도 있기 때문입니다. 오차가 양수인지 음수인지 그 부호가 중요한 것이 아니라 절대적인 차이가 중요합니다. 따라서 음수인 오찻값을 양수로 바꾸어 주기 위해 제곱을 취하면 모든 오차가 양수가 됩니다. 이를 정리해보면, 데이터가 n개라고 할 때 다음과 같은 수식으로 표현할 수 있습니다. 이 수식이 기계학습에서 비용함수라고 부르는 매우 중요한 식입니다. 결론적으로 비용함수를 최소로 하는 파라미터 a와 b를 찾으면 됩니다.

$$\sum_{i=1}^{n} \big\{ Y_i - \big(aX_{1i} - bX_{2i}\big)\big\}^2$$

기계학습의 비용함수식

비용함수를 최소로 하는 파라미터를 찾는 방법은 최적화optimiza-tion 분야에서 연구하고 있습니다. 수학적 최적화 또는 수리 계획 문제라고도 하며, 어떤 함수가 주어졌을 때 이 함숫값을 최대화 혹은 최소화하는 최적해를 찾아내는 연구 분야입니다. 최적화 기법을 이용하여 비용함수를 최소로 하는 파라미터 값을 찾으면 모델링 단계, 즉 학습 단계가 끝나게 됩니다. 최종적으로는 다음과 같은 식이 얻어집니다. 여기서는 모자hat를 쓴 a와 b가 비용함수를 최소로 하는 파라미터 값입니다. 최적화 문제를 풀기 전 파라미터와 구별하기 위해 위에 모자를 씌웠습니다.

$$f(X) = \hat{a}X_1 + \hat{b}X_2$$

최적화 기법을 통해 찾은 함수식

여태까지는 Y변수를 표현하기 위한 가장 간단한 X변수들의 조합, 즉 더하기 빼기로만 연결한 선형결합 방식에 대해 설명했습니다. 하지만 X변수들의 조합 방식은 무궁무진합니다. 대표적으로

X변수들의 결합에 곱하기와 나누기 등을 포함한 비선형결합이 있습니다. 여기에 지수나 로그 변환까지 포함되면 더욱 복잡한 관계가 됩니다. X변수들의 조합 방식에 따라 모델의 종류가 결정됩니다. 앞에서 말씀드린 X변수의 선형결합으로 Y변수를 표현하는 방식을 선형회귀 모델이라고 부릅니다. 기계학습 모델 중에서 가장 기본적인 형태입니다. 비선형결합 모델로는 로지스틱회귀 모델, 의사결정나무 모델, 뉴럴네트워크 모델, 랜덤포레스트 모델 등이 있습니다.

먼저 데이터가 주어지면 결과가 되는 Y변수와 원인이 되는 X변수로 구분합니다. 이후 X변수들의 조합 방식, 즉 모델을 결정합니다. 모델이 결정되면 모델의 파라미터를 설정해야 합니다. 파라미터는 비용함수를 최소로 하는 값을 찾아 결정합니다. 큰 범위에서는 앞서 설명한 최적화 기법을 이용하지만, 모델마다 파라미터를 찾기 위한 구체적인 방법론이 있습니다. 선형회귀 모델에서는 최소제곱법이라는 방법을, 로지스틱회귀 모델에서는 그라디언트

| 선형회귀 | 의사결정나무 | 뉴럴네트워크 | 랜덤포레스트 |

기계학습 모델링 – X변수와 Y변수 사이의 관계 모델링

를 기반으로 하는 수치최적화 방법을, 뉴럴네트워크 모델에서는 오류역전파^{backpropagation} 방법을 사용합니다. 기계학습에서는 파라미터를 찾는 방법을 보통 알고리즘이라고 부르는데, 각각 최소제곱 알고리즘, 그라디언트 알고리즘, 오류역전파 알고리즘으로 불리기도 합니다. 결론적으로 기계학습 모델을 구축하는 과정은 크게 두 가지로 요약할 수 있습니다. 첫 번째는 어떤 모델을 사용할지 결정하는 '모델 결정' 단계이고, 두 번째는 해당 모델의 파라미터를 결정하는 '파라미터 결정' 단계입니다. 보통 이 두 단계를 합쳐서 '모델을 학습한다'라고 합니다.

모델을 결정하기 위해서는 다양한 모델 종류를 알아야 합니다. 데이터마이닝이나 기계학습 수업을 들으면 다양한 모델에 대해 배울 수 있습니다. 모델의 특징을 잘 이해하고 장단점을 파악해야 데이터가 주어졌을 때 적합한 모델을 선택할 수 있습니다. 모델을 선택한 후 모수 결정을 위한 알고리즘은 직관적으로 이해하기 쉬운 것도 있고 그렇지 않은 것도 있습니다. 비교적 깊은 수학적 지식이 필요한 알고리즘도 있습니다. 예를 들어, 복잡한 뉴럴네크워크 구조는 딥러닝 모델이라고 부릅니다. 딥러닝 모델도 기본적으로는 오류역전파 알고리즘을 사용하지만, 네트워크가 복잡해서 생기는 여러 가지 문제를 해결하기 위해 다양한 방법이 개발되고 있습니다.

데이터가 주어졌을 때 모델을 학습하는 것이 기계학습의 핵심입니다. 그런데 인간의 뇌는 데이터로 학습한 인공지능 모델과는 비교할 수 없을 정도로 정교한 모델입니다. 모델 형식도 우리가 상상할 수 없을 만큼 복잡하고 파라미터의 개수도 셀 수 없을 정도로 많습니다. 아직 인간의 뇌를 능가하는 인공지능 모델은 없다고 볼 수 있습니다. 물론 몇몇 분야에서 인간의 뇌 성능에 근접한 인공지능 모델이 등장하고 있습니다. 하지만 대부분의 인공지능 모델은 한 가지 작업에는 뛰어나지만, 인간의 뇌처럼 모든 일을 다 잘하지는 못합니다. 모든 분야에서 인간의 뇌를 능가하는 인공지능 모델은 아마 영원히 사람들의 상상 속에서만 존재할 것 같습니다.

기계학습과 인공지능

이제까지 기계학습과 인공지능, 이 두 용어를 혼용해서 설명했는데, 사실 이 두 가지는 서로 약간 다릅니다. 기계학습은 인간이 개발한 알고리즘을 컴퓨터 언어를 통해 기계(컴퓨터)에 학습시키는 일련의 행위를 의미합니다. 인공지능은 기계학습으로 얻어진 결과가 자동차, 냉장고, 스피커 등 기존의 실체와 결합된 결과물이라고 보면 됩니다. 보통 인공지능을 기계학습을 포함하는 보나 큰 개념으로 봅니다. 하지만 실제 현장에서는 이러한 구분이 큰 의미가 없는 경우가 많습니다. 전달하고자 하는 본질이 중요하지, 용어 자체의 정확한 구분이 중요한 것은 아니기 때문입니다.

기계학습과 인공지능을 이용한 다양한 기술이 상용화되고 있습니다. 인공지능 이야기를 하면 빠지지 않는 사례가 바로 바둑입니다. 알파고^{AlphaGo}와 인간 기사의 바둑 대결을 통해서, 인공지능이라는 화두에 대한 관심이 폭발했지요. 바둑은 기본적으로 상대편이 수를 두었을 때 그에 대항하여 어디에 나의 수를 둬야 하는지 그 액션을 결정하는 게임입니다. 최근까지 '기보'라고 불리는 바둑 플레이 데이터가 디지털 형태로 많이 저장되어 왔습니다. 구글의 자회사인 딥마인드는 이 데이터를 이용하여 바둑의 승률을 최대화하는 기계학습 모델을 만들었습니다. 이 기계학습이 컴퓨터라는 실체와 결합하여 탄생한 것이 우리가 익히 아는 바둑 인공지능, 알파고입니다.

자동차를 운전할 때 창문 밖의 이미지를 보고 핸들과 브레이크를 조종합니다. 이와 마찬가지로, 도로의 상태를 찍은 수많은 이미지와 운전에 필요한 결정 사항들을 학습하면 사람의 관여 없이 운전할 수 있는 기계학습 모델이 만들어집니다. 이 모델을 자동차에 결합하면 인공지능 자동차, 즉 자율주행차가 되는 겁니다.

의사들은 환자의 질병을 어떻게 진단할까요? 엑스레이나 MRI 이미지를 보고 질병 유무와 정도를 판단합니다. 환자의 의료 영상 정보와 해당 질병과의 관계를 학습하면 의사 없이도 환자의 질병 유무와 정도를 파악할 수 있는 기계학습 모델이 만들어집니다. 이 모델을 컴퓨터에 결합하면 인공지능 의사가 탄생하는 것입니다. IBM 왓슨이 대표적인 인공지능 의사입니다.

보험회사나 카드회사에서는 고객의 전화를 하루에도 수백 통씩 받는데 단순 문의일 경우에는 실제 상담사 대신 로봇이 응대하면 훨씬 더 효율적입니다. 상담사와 고객 간의 대화 내용을 기계학습으로 모델링하고 이를 콜센터에 결합하면 인공지능 채팅 상담사인 챗봇이 됩니다.

인공지능 시대의 새로운 고민

인공지능과 빅데이터 시대에는 간과할 수 없는 새로운 문제가 있습니다. 바로 개인정보 유출 문제입니다. 빅데이터는 방대한 양의 데이터를 수집·저장·분석하는 기술이기 때문에 해당 데이터가 사생활, 산업기술 기밀, 안보 기밀 등 오용될 여지가 있는 정보일 경우에는 세심하게 주의하여 다룰 필요가 있습니다. 예를 들어, 이동통신사는 개개인의 휴대폰 위치 추적 기능을 통해 고객의 이동 경로가 담긴 위치 정보를 언제든 확보할 수 있습니다. 개인의 동선을 파악할 수 있는 위치 정보는 악용될 가능성이 큽니다. 간혹 카드사나 온라인 쇼핑몰 등을 통해서 개인정보가 무더기로 유출되면서 사회적으로 큰 문제가 불거지고는 합니다. 고객 데이터뿐 아니라 제품의 핵심 기술이나 국가 기밀이 담겨 있는 정보가 유출된다면 그 피해는 가히 상상할 수 없을 만큼 막대할 것입니다.

개인, 기업 그리고 국가가 데이터를 수집하고 기록하는 궁극적인 목적은 이윤 증대, 공공복지 증진 등 국가경제 및 사람들에게 긍정적인 이익을 가져다주기 위함입니다. 그렇다면 과연 위에서 언급한 몇몇 악용 사례를 피하기 위해 데이터 수집과 분석을 축소하거나 하지 말아야 할까요? 이러한 주장은 마치 비행기 사고가 나면 엄청난 인명 피해가 있을 수 있으니 비행기 운행을 중단하자고 주장하는 것과 같습니다. 갑자기 비행기 운행을 중단해버리면 이로 인한 불편함과 피해는 엄청날 것입니다. 비행기 사고는 비행기 운행을 중단해서 해결할 문제가 아니라 조종사 교육, 설비 및 보수 강화 등 본질적인 해법을 통해 해결해야 합니다. 비슷한 맥락으로 몇몇 악기능의 가능성을 피하기 위해 빅데이터 수집 및 분석 자체를 축소하거나 금지해야 한다는 논리는 시대에 맞지 않습니다. 그것은 빅데이터를 통해 얻을 수 있는 이익과 혜택을 그대로 내다 버리자는 얘기입니다. 그보다는 데이터의 외부 유출을 막기 위한 여러 기술적·제도적·윤리적 보완 장치를 마련함으로써 해결하는 것이 현명합니다.

인공지능의 핵심 키워드를 묻는다면 저는 '기록'이라고 대답하겠습니다. 인류가 문자를 만들어 역사를 기록하기 시작하였고, 서기 100년경 채륜이 발명한 종이와 14세기 우리나라에서 최초로 발명한 금속활자를 통해 역사는 더욱 풍부하게 기록되었습니다. 이후 기록을 위한 기술은 눈부신 발전을 거듭했고, 최근에는 하드카피의 소프트카피화, 즉 기록의 디지털화로 인해 다량의 정보가 많은 사람에게 더욱 빠르게 전달되고 있습니다. 디지털 기록 없이는 인공지능도 불가능합니다. 인공지능은 이제 거스를 수 없는 흐름입니다. 인류에게 꼭 필요한 인공지능을 개발하기 위해 '올바른 기록'의 중요성이 더욱 강조되는 시기입니다.

대동여지도 ✕ 자율주행차

김종혁   한민홍

6장

지도

수단에서 주체로

6장에서는 지도 최초로 링크와 노드를 도입하며 도로 교통망 모델을 제시했던 『대동여지도』와 사람의 개입 없이 도로 위를 달리는 자율주행차를 살펴본다. 길을 찾는 수단이었던 지도가 어떻게 주체가 되어 새로운 기술들을 만들어내고 있는지 그 일대기를 살핀다.

대동여지도

직선의 지도,
내비게이션을 꿈꾸다

: 『대동여지도』의
  지도학적 특성과
  도로 이야기

김종혁

고려대학교 미래국토연구소 연구교수를 역
임했다. 고려대학교 사범대학 지리교육과를
졸업하고 동 대학원에서 지리학 석사 및 박
사 학위를 받았다. 최근 10년간 HGIS^{Historical}
Geographic Information System 방법론에 기반한
역사지도 제작에 몰두하였다. 2009~2011
년에 동북아역사지도팀에 참여하였고,
2011~2014년에는 일제시기 역사지도를 제
작하였다. 2014~2020년까지는 조선 전 시
기에 걸친 행정구역을 군·면 단위까지 복원
하고, 이에 기반하여 다양한 역사주제도를
제작하였다.

김정호의 꿈

한국 사람 가운데 김정호를 모르는 사람이 얼마나 있을까요? 그럼에도 우리는 그에 대해 알고 있는 사실이 그리 많지 않습니다. 우리는 그가 1804년경 태어나 1866년 언저리에 죽은 것으로 추정할 뿐, 언제 태어나고 죽었는지 정확히 알지 못합니다. 이 대목은 김정호의 신분이 높지 않았음을 알려주기도 합니다. 그럼에도 김정호는 위인의 반열에 올랐습니다. 무엇보다 『대동여지도大東輿地圖』가 있었기 때문입니다. 김정호 기념주화를 발행했던 것을 보면, 북한에서도 김정호라는 인물을 높이 평가하고 있는 것으로 보입니다.

1861년 『대동여지도』를 완성했을 때 김정호는 60대 노인이었습니다. 그의 거의 마지막 작품인 『대동여지도』는 평생의 성과를 집대성한 지도로 평가됩니다. 『대동여지도』를 이해하는 키워드 중의 하나는 목판본입니다. 아마도 눈이 침침했을 나이에 김정호는 일반인도 편하고 쉽게 사용할 수 있는 지도를 만들고 싶어 했고, 어렵지 않게 '대량생산'이라는 결론을 도출했습니다. 분야를 막론하고 대기大家들이 말년에 보이는 경향 중의 하나가 '대중화'인데, 김정호도 예외가 아니었던 것입니다. 『대동여지도』는 대중화에 대한 의지의 발로이자 결과물입니다.

2005년 북한에서 발행된
김정호 기념주화

김정호라는 사람에 대해 애정을 갖고 있는 사람들은 『대동여지도』를 그의 여러 업적 가운데 하나에 불과하다고 생각하기도 합니다. 이에 못지 않은 성과가 더 있다는 이야기입니다. 『대동여지도』를 만들기 30여 년 전인 1834년, 김정호는 30대 중반의 나이로 이미 『청구도青邱圖』를 제작했고, 1859년에는 지도학적으로 『청구도』보다 한층 발전한 『동여도東輿圖』를 완성했습니다.

고지도 전문가들은 『동여도』가 『청구도』의 수정본이고, 『대동여지도』는 『동여도』를 저본底本(문서의 초고)으로 삼아 판각板刻한 것으로 추정합니다. 이 점에서 『대동여지도』는 1~2년 만에 끌과 칼로 뚝딱뚝딱 만든 지도가 아니라 30년 이상 축적한 성과를 망라한 지도의 최종 보고서입니다.

김정호가 단순히 지도 제작자가 아니라 지리학자로도 간주되는 이유는 『동여도지東輿圖志』, 『여도비지輿圖備志』, 『대동지지大東地志』라는 세 종의 지리지를 편찬했기 때문입니다. 각각의 지리지는 위 3대 지도의 해설서라고 이해하면 쉽습니다. 김정호는 전국의 군현 정보를 지도만으로 전달할 수 없음을 안타까워하면서 지지地誌 편찬을 결심합니다. 그는 지도와 지리지의 진정한 의미는 이 두 가지가 짝pair으로 존재하는 것에 있다고 생각했습니다. 『대동여지도』가 김정호 지도의 최종본이라면, 『대동지지』는 김정호 지지의 최종본인 셈입니다.

『대동지지』는 모두 32권, 요즘 식으로 말하면 32장으로 구성되어 있습니다. 1장이 경도(서울)이고, 2장부터 24장까지는 8도의 군현이 기술되어 있습니다. 여기까지가 전체 분량의 약 6분의 5를 차지합니다. 목차에 25장「산수고山水考」와 26장「변방고邊防考」가 올라 있지만 무슨 사연인지 전해지지 않습니다.「산수고」에는 조선의 산줄기와 물줄기가 계통적으로 정리되었을 것이고,「변방고」는 중국과의 접경지인 압록강·두만강 연안의 이야기였을 것입니다. 27~28장이「정리고程里考」이고, 29~32장이「방여총지方輿總志」입니다.「정리고」에는 조선의 각종 도로가 기술되어 있습니다. 이 가운데 전국의 도로망을 10개의 대로로 구분하고 각 노선의 본선과 지선을 체계적으로 정리한 것이 핵심입니다.「방여총지」에는 간단한 연혁과 함께 단군조선부터 고려까지의 영역이 그려져 있습니

오도양계전도
(「방여총지」)

다. 전형적인 역사지도歷史地圖, historical map인 셈입니다. 비록 손바닥만 한 크기의 소축척 지도이지만,「방여총지」는 역사지도에 대한 김정호의 이해와 욕망을 잘 보여줍니다.

『대동지지』 서두에는 총목總目과 문목門目이 있습니다. 총목은 전체 내용을 목차로써 나열한 것이고, 문목은 각 조목條目(항목)을 설명한 글입니다. 요즘 식으로 말하면 문목은 '일러두기' 정도에 해당합니다. 『대동여지도』에서 '지도표'를 두어 지도 안에서 사용된 기호가 무엇을 가리키는지를 알려주듯이, 『대동지지』에서는 문목을 통해 이 책에서 각 조목이 무엇에 대해 기술하고 있는지를 먼저 알려줍니다. 지도표와 문목은 『대동여지도』와 『대동지지』가 짝으로 기획되었음을 잘 보여줍니다.

누구의 신화인가?

저는 『대동여지도』를 30여 년 이상 들여다보고 있습니다. 그럼에도 전에는 몰랐던 새로운 사실 하나가 느닷없이 눈에 들어올 때가 있습니다. 그런 순간에는 '아! 그래서 김정호가 이렇게 그렸구나…' 하면서 무릎을 탁 칩니다. 그래서 저는 김정호를 '내가 알고 있는 모든 것을 알고 있던 사람'으로 소개하곤 합니다. 김정호는 어리숙한 사람이 아닙니다. 매우 사색적이고 치밀한 성격의 소유자였을 것입니다. 그의 업적에서 볼 수 있듯, 지리학에 대한 그

6장. 지도 __ 수단에서 주체로

의 애착과 정열 또한 남다릅니다. 그 시대에 중인中人의 신분으로 평생 자신의 뜻을 관철해온 것은 경이로운 일입니다. 김정호가 지금은 남아 있지 않은 또 다른 지도나 지구본까지 만들었다는 기록도 있습니다. 그는 이 분야에서 당대뿐만 아니라 유사 이래 최고의 전문가였습니다.

김정호가 『대동여지도』를 만들기 위해 백두산을 몇 번을 올라가고, 해안을 몇 바퀴를 돌고, 결국 국가 기밀을 누설하여 옥사하였다는 설이 있습니다. 하지만 이는 모두 믿기 어려운 낭설입니다. 이 이야기는 얼핏 김정호의 위대함을 찬양하는 것처럼 들리지만, 부끄러울 정도로 김정호를 모독하는 말이기도 합니다. 김정호는 우선, 산을 올라가고 해안을 걸어서는 절대 지도를 만들 수 없다는 것을 너무나 잘 아는 사람이었습니다. 그와 같이 철저한 전문가가 이렇게 간단한 것을 몰랐을 리가 없습니다. 실제로 백두산이나 지리산 정상에 올라가더라도 먼 곳까지 바라보는 것은 쉽지 않은 일입니다. 고산지대는 기상이 불안정하여 시계視界가 온전하게 확보되는 날이 거의 없습니다. 물론 김정호가 백두산을 등반한 경험이 있을 수는 있지만, 그 경험에 의존해 지도를 제작하지는 않았을 것입니다.

지형 조건상 해안선 전체를 걸어서 돌아볼 수도 없거니와, 돈다 하더라도 굴곡과 고도 변화 때문에 해안선을 제대로 그려낼 수 없습니다. 우리가 살고 있는 동네, 그게 힘들다면 아파트 단지 외곽만이라도 걸어서 그 경계를 직접 그려내는 게 가능할까요? 어떤 이는 실제로 가능하다고 생각해서 직접 걸어볼지도 모르겠지만, 막상 실행해보면 이 방식이 얼마나 무모한 짓인지를 금방 깨닫게 될 것입니다. 바둑 격언에 고수는 악수를 착수하기 전에 알고, 하수는 착수하고도 모른다는 말이 있습니다. 천하의 고수 김정호가 걸어서 해안선을 따겠다는 악수를 두었을까요?

마지막으로 옥사설에 대해 설명하겠습니다. 김정호는 지리지 세 권을 펴냈습니다. 원본 『대동지지』의 분량은 600쪽이 넘습니다. 국문으로 번역하면 2,000쪽 가량에 달하는 방대한 내용입니다. 이 안에는 군현 단위로 연혁, 면 현황, 도로망, 산줄기, 물줄기, 호구, 토지 면적 등의 기본 지리 정보가 20여 조목으로 나뉘어 기술되어 있고, 이 밖에 「정리고」 등의 특수 지리 정보도 수록되어 있습니다. 김정호는 이런 책을 세 권이나 만들어냈습니다. 그는 이러한 정보에 어떻게 접근할 수 있었을까요? 330개 군을 모두 방문했을까요? 방문한다고 해서 원하는 정보를 얻어낼 수 있었을까요? 앞서 이야기했듯, 그럴 리가 만무합니다.

정확한 연락선은 알 수 없지만 김정호는 중앙의 관련 부서로부터 관련 자료와 문헌을 제공받았을 것입니다. 그렇지 않고서는 신분도 관직도 없는 한 개인이 전국의 지역 정보에 접근할 방도가 없습니다. 지금도 그렇지만 당시로서는 더더욱 불가능한 일입니다. 이 점에서 김정호의 국가 기밀 누설죄와 옥사설은 별로 설득력이 없습니다. 정부는 『대동여지도』 작업을 익히 알고 있었습니다. 상상의 나래를 좀 더 펼쳐보면 『대동여지도』 판각과 『대동지지』

편찬은 문화체육관광부에서 발주한 용역 사업이고, 이를 김정호가 맡아 수행한 것이었다고 생각해볼 수도 있지 않을까요?

이러한 터무니없는 김정호 신화는 1934년판 『조선어독본』에서 기원합니다. 『조선어독본』은 당시 보통학교(지금의 초등학교에 해당) 학생들을 교육하기 위해 만들어진 한국어 교과서입니다. 이 안에 에이포 용지 한 장도 안 되는 분량으로 백두산, 해안선, 옥사 이야기가 모두 실려 있습니다. 이 낭설들은 이후 교과서, 라디오, 텔레비전, 영화 분야에서 무비판적으로 답습되었습니다. 오류투성이 낭설이 이렇게 오랫동안 전해지는 것으로, 김정호 신화만 한 것도 없지 않을까 싶습니다.

지도를 목판본에 새기다

저는 『대동여지도』를 이해하는 핵심 키워드로 목판본과 편집도 두 가지를 꼽습니다. 목판본 지도는 필사본 지도와, 편집도는 실측도와 대비되는 개념입니다. 『대동여지도』가 목판본이라는 사실은 보급용으로 만들었음을 의미합니다. 김정호는 사신이 만든 지도가 일부 관공서나 권력층에서만 소비되는 것을 아쉬워했습니다. 목판으로 찍어낼 수만 있다면 전국적 유통이 가능할 것이라 믿었습니다. 그렇게 가로 3.8미터 세로 6.7미터에 달하는 대형지도, 『대동여지도』가 만들어졌습니다.

판각을 누가 했는지도 정확히 알려진 바 없습니다. 제 생각으로는 각수刻手 역시 성격상 김정호가 자처했을 것입니다. 한지에 그려진 지도를 목판에 뒤집어 붙인 다음, 아무것도 그려져 있지 않은 빈 공간을 파내 보여주고 싶은 내용을 도드라지게 양각하여 만든 지도가 『대동여지도』입니다. 목판본 지도는 나무를 끌과 칼로 파고 도려내어 제작하기 때문에 문자나 기호가 차지하는 공간 자체가 필사본 지도보다 큽니다. 따라서 동일한 축척의 목판본 지도와 필사본 지도를 비교하면, 목판본은 필사본에 비해 표현이 세밀하지 못하고, 정보량도 적습니다. 『대동여지도』 지명에 유독 약자가 많고 범례가 다양한 것은 이 때문입니다.

『대동여지도』의 백미는 지도표, 즉 범례에 있다고 생각합니다. 그 전에도 범례를 사용하긴 했지만, 이처럼 다양하고 세련된 범례는 『대동여지도』가 단연 압권입니다. 지도표는 '지도를 널리 보급하되, 목판본이라고 해서 정보량 결손이 커서는 안 된다'라는 강한 신념의 발로입니다. 김정호의 기질이 또 한 번 드러나는 대목입니다.

『대동여지도』의 저본은 『동여도』로 알려져 있습니다. 『동여도』가 아니더라도 저본으로 삼은 지도는 『동여도』 계열에서 벗어나지 않습니다. 『동여도』 안에 수록된 지명 수는 1만 8,000여 개이고 『대동여지도』에는 1만 2,000여 개의 지명이 실려 있습니다. 6,000개 정도의 지명이 사라진 것입니다. 비록 이름을 기록할 수는 없지만 존재까지 지울 수는 없었기에 마련한 것이 바로 범례입니다. 여기서 또 한 가지 의문이 생깁니다. 김정호가 『대동여지도』

6장. 지도 __ 수단에서 주체로

에서 지명 6,000개를 지울 때 세운 기준은 무엇이었을까요?

사실 너무 어려운 문제라서 지금 당장 답을 제시할 수는 없습니다. 다만, 상상의 나래를 아까보다 좀 더 펼쳐보겠습니다. 김정호는 이미 구축해놓은 조선 지명 데이터베이스를 갖고 있었고, 지명 표출에 대한 기준도 마련해놓았습니다. 지도의 축척과 중요도에 따라 지명은 취사선택되기 마련입니다. 지도를 만들 때 항상 고민하는 것 중의 하나가 어떤 지명을 올리고, 어떤 지명을 버릴 것인지에 대한, 이른바 표출 위상도의 문제입니다.『대동여지도』를 만들기 약 30년 전,『청구도』를 제작할 때 김정호는 이미 이 문제를 심각하게 고민했습니다. 그는 이때 이를 해결하고자 전국의 지명을 수합하고, 유형과 소속, 변천 과정 등 필요한 속성 정보를 입력함으로써 조선 지명 데이터베이스를 구축했고 이후 업데이트도 게을리하지 않았을 것입니다.

김정호는 기존 지리지에서 지명 합집합을 구했고, 각 지명에 표출 위상도도 부여했습니다. 표출 위상도를 어떻게 부여하고 지도에 어떻게 적용했는지는 알 수 없지만, 김정호는 이 데이터베이스를 통해『대동여지도』에서 6,000개의 지명을 추려냈고, 탈락된 지명은 범례로 보완하는 쪽으로 가닥을 잡았습니다.『대동여지도』의 지도표가 조선 최고의 범례로 평가받는 데에는 이러한 사연이 숨어 있습니다.

『대동여지도』의 두 번째 키워드, 편집도에 대해 좀 더 알아보겠습니다. '측량' 여부는 지도를 구분하는 여러 기준 가운데 하나입니다. 실제 측량을 해서 만든 지도가 실측도이고, 실측도에 기반하여 만든 지도가 편집도입니다. 1:50,000 지형도는 실측도이고 1:250,000 지세도는 이를 기반으로 만든 편집도입니다. 소축척 세계지도나 전국지도, 1:100,000 도로교통지도, 지리부도 등이 모두 편집도에 해당합니다.『대동여지도』를 실측도로 알고 있는 사람이 적지 않습니다. 이 또한 김정호 신화의 폐해입니다. 김정호는 전국을 답사하지도 않았지만, 답사와 측량은 완전히 다른 문제이기도 합니다. 장비가 구비되었더라도 측량은 개인이 할 수 있는 영역의 일이 아닙니다.『대동여지도』목판 중에는 일부를 파낸 다음 바로 그 자리에 다른 조각을 끼워 넣은 흔적이 보입니다.『대동여지도』를 판각하는 과정에서 목각 실수가 있었거나 지도를 편집하는 과정에서 발견된 오류를 수정한 것입니다. 이처럼『대동여지도』는 실측해서 만든 지도가 아니라, 최선의 지도를 저본으로 삼아 만든 편집도인 것입니다.

지도표에 숨겨진 고뇌들

먼저 지도표 용어에 대해 알아봅시다. 영아營衙는 상급 군사시설을, 읍치邑治는 부·목·군·현의 중심지(현 시·군청 소재지)를, 성지城地는 산성이나 성벽을, 진보鎭堡는 영아 하위의 군사시설을 의미합니다. 또, 역참驛站은 문서 수발 등의 업무를 담당하는 역과 참을, 목

210   6장. 지도 __ 수단에서 주체로

소牧所는 목장을, 능침陵寢은 능이나 묘를 뜻합니다. 방리坊里는 지금의 읍과 면인 면·방·사를, 고현·고진보·고산성은 조선 이전에 설치된 읍치·진보·산성을 가리키는 말입니다.

『대동여지도』의 지도표는 모두 14종으로 구성됩니다. 이 가운데 읍치·성지·진보·창고·고현·고진보 6종은 성이 있는 경우와 없는 경우를 나누어 표시하므로 실질적으로 12종이고, 영아·목소·능침 3종 역시 조건에 따라 달리 표시되므로 엄밀히 따지면 6종입니다. 역참·봉수·방리·고산성·도로 5종은 각각 단일한 기호로 표시합니다. 한편 고현에서 '성이 있는 구읍터'에 별도의 기호를 부여하므로, 전체 기호의 수는 24개가 됩니다. 기호는 대체로 실제 형상을 이미지화하여 디자인하였고, 도로를 제외하면 모두 점 기호라는 공통점이 있습니다. 목소 중 속장屬場의 경우 문자 '牧'을 사용하고 있지만 넓은 의미에서 점 기호 이미지로 분류할 수 있습니다.

『대동여지도』에서 두 지점을 연결하는 도로는 직선입니다. 실제는 절대 그럴 수 없을진대, 매우 과감합니다. 중간에 다른 도로

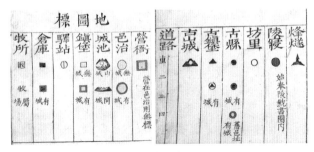

「대동여지도」 지도표

가 다양한 각도로 합류·분기 또는 교차하지만, 구간 단위로 보면 도로는 모두 직선으로 표현되어 있습니다. 김정호는 하천 동안東岸에 있는 나루와 서안西岸에 있는 나루를 구분하여 표시 위치를 잡았고, 도로선이 산봉의 서쪽을 넘는지 동쪽을 넘는지 또한 구분하였습니다. 이 원칙은 도로선을 직선으로 표현한다는 원칙보다 우선한 듯합니다. 가끔 도로선이 부드럽게 휘어 있는 경우가 있는데, 이러한 우선순위에 따른 것으로 보입니다.

도로선 위에는 작은 눈금이 있습니다. 지도표는 이 눈금 한 칸의 거리가 10리임을 알려줍니다. 두 지점 사이의 도로가 직선으로 연결되어 있지만, 그 거리는 경위도 좌표 간 직선 거리가 아니라 도보상의 물리적 이동 거리입니다. 눈금 수를 세면 두 지점의 거리를 쉽게 알 수 있기 때문에, 사용자 입장에서 현재의 도로교통지도나 지형도보다 훨씬 편하게 거리 정보를 얻을 수 있습니다. 거리를 눈금 수로 표출하겠다는 발상은 지금 봐도 탁월합니다.

『대동여지도』의 도로선은 진짜 도로일까?

읍치·산성·역참·창고 등의 지역 정보를 어떻게 하면 가능한 많이, 그러면서도 간결하게 표현할 수 있을까를 고민하다가 고안한 것이 지도표의 포인트 기호입니다. 이 고민은 포인트에서 그치지 않습니다. 김정호는 라인을 어떻게 표현할 것인지 고민하기 시

6장. 지도 __ 수단에서 주체로

작합니다. 라인 정보의 대표격은 하천과 산맥 그리고 도로입니다. 물줄기와 산줄기는 실제 지표상에서 요철凹凸의 관계로 짝을 이루고 있기 때문에 두 요소를 동일한 타입으로 처리하는 것은 어쩌면 당연해 보입니다.

도로망 역시 물줄기 및 산줄기와 밀접한 관계가 있습니다. 고도 변화가 적고 일정한 폭이 유지되는 하천 연안은 오래전부터 자연스레 도로로 이용되었습니다. 따라서 도로와 물줄기가 나란히 배치된 지역이 많습니다. 그런데『대동여지도』에서 도로는 물줄기 및 산줄기와 다르게 표현되었습니다. 물줄기와 산줄기가 곡선으로 그려진 반면 도로만큼은 직선입니다. 실제로 우리가 보는 물줄기, 산줄기, 도로는 모두 의심할 바 없이 곡선입니다. 그런데 정확성과 사실성에 그토록 엄격했던 김정호가 왜 도로는 실제와 달리 직선으로 그렸을까요?

쉽게 추측할 수 있는 첫 번째 이유는 지도의 가독성 때문입니다. 이는『청구도』와 비교해보면 이해가 쉽습니다.『청구도』는 도로가 곡선으로 그려진 대신 산줄기 라인이 없습니다. 산줄기는 포인트(산봉)로 처리했습니다. 이 때문에『청구도』에서는 도로를 곡선으로 그릴 수 있었습니다. 그런데 어떤 이유인지 알 수 없지만『동여도』부터는 산줄기가 곡선으로, 도로는 직선으로 그려졌습니다. 동일 지도 안에서 곡선 기호를 두 개 이상 넣지 않는 원칙을 정했던 것이 아닐까 싶습니다.

지도의 가독성을 높이는 가장 좋은 방법 중의 하나가 채색입니다. 1910년대에 제작된 1:50,000 지형도는 처음에 5색으로 제작 되다가, 비용 등의 문제로 나중에는 검정색과 하늘색으로만 이루 어진 2색 지도로 발행되었습니다. 마지막까지 살아남은 하늘색은 하천을 표현하는 데 사용됐습니다. 가독성을 위해 끝까지 지켰던 요소가 바로 도로와 하천이었던 것입니다. 이 지형도의 영인본이 1970년대에 흑백으로 간행되었습니다. 이를 살펴보다 보면 등고 선, 하천, 도로, 행정 경계 등의 곡선이 복잡하게 얽혀 있어 아무리 집중해도 구분이 잘 안 되는 지점을 종종 만납니다. 『대동여지도』 의 인쇄본은 기본적으로 단색입니다. 물줄기·산줄기·도로가 모두 곡선일 때, 특히 나란히 놓여 있는 경우가 많은 물줄기와 도로선 사이에서 가독성이 떨어지는 것을 피하기는 어려워 보입니다. 도 로선을 직선으로 처리한 것은 이를 해결하기 위해 김정호가 선택 한 최선의 방안이었습니다.

조선에는 지도 제작 시 도면 내 여백에 이러저러한 지역 정보 를 기입하는 전통이 있었습니다. 특히 군현도에는 지지와 크게 다 르지 않을 정도로 수록된 정보가 많습니다. 이 전통은 『청구도』에 서도 나타납니다. 그런데 『대동여지도』에는 이런 내용을 기입할 공간이 없습니다. 채워야 할 정보가 이미 차고 넘치기도 했거니와, 그게 아니더라도 목판본에는 가뜩이나 공간이 부족했기 때문입니 다. 더 원하는 지역 정보가 있다면, 지리지에서 찾아볼 수 있도록 『대동지지』를 펴냈던 것입니다.

이 즈음에서 도로를 직선으로 그린 두 번째 이유를 추론해보

6장. 지도 __ 수단에서 주체로

겠습니다. 물줄기·산줄기·도로를 모두 곡선으로 처리하면 가독성이 떨어지는 것은 쉽게 이해됩니다. 그렇다면 이 세 요소 가운데 왜 하필 도로선을 직선으로 처리했을까요? 지도의 가독성을 해치지 않는 선에서 지리 정보를 하나라도 더 넣는 것이『대동여지도』제작의 기본 원칙이었습니다. 김정호는『대동여지도』안에 지점 간 떨어진 거리 정보까지 넣고 싶어 했습니다. 당시 두 지점 간의 거리 정보는 매우 손쉽게 얻을 수 있었습니다. 늦어도 18세기부터는 이른바『정리표程里表』라는 책으로 전국의 군현 간 거리를 일목요연하게 정리해왔기 때문입니다. 그러나『대동여지도』안에 이 표가 들어갈 공간은 없습니다.

　뒤의 표는 강원도 내 모든 군현 간 거리를 알려줍니다. 강원도에서 가장 멀리 떨어진 두 군은 이천과 평해이고 거리는 1,035리입니다. 홍천에서 가장 가까운 군은 70리 떨어진 횡성이고, 가장 먼 군은 630리 떨어진 평해입니다. 그런데 홍천에서 금강산까지는 몇 리나 될까요? 또는 홍천에서 금강산으로 가기 위해서는 어떤 노선을 따라가야 할까요?『정리표』는 이 질문에 답을 주지 못합니다. 또한『정리표』는 대체로 도 단위로 편집되었기 때문에 강원도 홍천과 경기도 가평 사이의 거리 역시 알 수 없습니다. 이를 단박에 보여주는 것이『대동여지도』입니다.『대동여지도』는 거리를 표가 아니라 도로선 위의 눈금으로 알려줍니다. 직선으로 표현한 이상 두 지점 간의 거리는 왜곡될 수밖에 없는데, 이를 보정해주는 장치가 바로 눈금입니다.

경리표(강원도) — 강원도 지역 간 거리표(삼각형 형태의 경리표)

	원주	강릉	춘천	화양	철원	삼척	양양	영월	평해	간성	고성	통천	정선	평창	울진	금성	홍천	인제	횡성	양구	양구	낭천	이천	평강	김화
강릉	300																								
춘천	200	480																							
화양	475	440	505																						
철원	560	360	120	350																					
삼척	290	355	120	260	360																				
양양	150	680	480	355	640	720																			
영월	715	240	440	920	350	360	460																		
평해	240	475	580	260	325	410	460	480																	
간성	280	240	920	350	210	310	370	180	240																
고성	480	460	240	520	460	440	300	180	300	330															
통천	570	470	90	350	210	310	300	300	340	190	100														
정선	100	670	620	190	460	560	290	560	340	420	130														
평창	130	800	720	320	290	120	570	150	90	230	370														
울진	620	490	90	300	300	380	530	80	300	300	470														
금성	80	610	720	470	80	300	640	870	840	640	280	460	300	240											
홍천	390	310	530	160	400	540	425	350	675	590	395	330	485	400	230	330									
인제	835	490	180	260	410	915	710	155	300	245	485	400	565	795	750	665	660								
횡성	180	530	30	160	830	360	200	300	245	280	40	270	280	335	555	415	555	510							
양구	470	700	440	520	630	570	430	725	315	290	270	110	280	565	795	665	795	660	510						
양구	200	390	190	250	170	370	370	40	295	290	630	40	445	270	600	450	370	510	240						
낭천	230	90	130	320	220	315	300	270	295	805	270	80	675	585	535	670	560	240							
이천	160	80	230	400	110	290	805	280	500	590	110	190	310	220	170	310	195								
평강	160	80	310	300	180	90	945	500	550	270	150	100	150	250	370										
김화	230	140	300	260	50	865	520	470	610	230	60	80	250												
원주	90	140	150	450	240	955	815	470	640	510	60	310													
마(馬)	50	150	170	400	30	810	380	610	440	555	795	660	400	510											
마	240	250	260	390	300	320	470	240	370	470	810	380	640	440	530	975	135	400	660	240					

현대 지도는 도로를 곡선으로 그린 다음, 압정이나 깃발 모양의 기호로 구간을 나누어 그 사이의 거리를 숫자로 기입합니다. 임의의 두 지점 간 거리는 각각의 구간 거리를 더해 구할 수 있습니다. A지점과 B지점 간 이동 가능한 도로선이 복수일 때, 최단 거리 노선을 선택하기 위해서는 각 도로선의 구간 거리를 모두 합산해야 합니다. 현대 지도는 도로가 곡선으로 그려져 있어서 쉽게 거리를 비교할 수 있을 것 같지만, 육안으로 곡선의 길이를 판별하는 것 자체가 쉽지 않습니다. 더구나 정확한 정보를 획득하기 위해서는 등고선을 통해 파악한 지세를 계산하여 실제 거리를 알아내야 하는데, 이는 사실 불가능에 가깝습니다.

지도 안에서 두 지점 간 거리를 효율적으로 알려주려면 어떻게 해야 할까요? 우선 두 지점을 선으로 연결하고, 여기에 눈금을 덧붙여 거리 정보를 포함하는 방식이 김정호의 최종 결론이었습니다. 여기까지 생각이 미치면 두 지점을 연결하는 선이 굳이 곡선

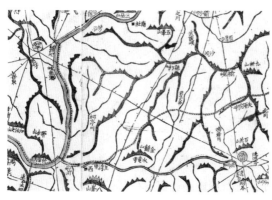

『대동여지도』에
그려진 홍천 – 가평
사이의 도로선

일 필요가 없습니다. 필요가 없는 정도가 아니라 직선이 정답입니다. 연결망과 거리를 동시에 표현해 놓고 보니, 『대동여지도』는 홍천에서 금강산으로 가기 위한 최적의 이동 경로를 한눈에 보여줍니다. 텍스트(『정리표』)가 하지 못한 것을 이미지(『대동여지도』)가 간단하게 해결했습니다. 이것이 바로 지도가 장착하고 있는 매우 강력한 무기입니다.

한 가지 더 언급할 것은 『대동여지도』에는 두 지점 사이에 길이 없음에도 도로선이 그려진 곳이 있다는 사실입니다. 예컨대 『대동여지도』에는 홍천과 가평 사이에 최단거리의 도로선이 있습니다. 눈금을 세어보니 두 군 사이의 거리가 80리입니다. 오늘날 카카오 내비게이션이 추천한 최단거리는 53킬로미터입니다. 10리를 5킬로미터로 환산하더라도 80리와는 차이가 크고 경로도 많이 다릅니다. 결국 『대동여지도』에 그려진 이 선은 실재하지 않는 도로라는 것입니다. 홍천과 가평 사이에 일직선의 도로가 없는 것은 그때나 지금이나 마찬가지입니다. 그럼에도 김정호는 왜 홍천과 가평 사이에 도로선을 그었던 걸까요?

김정호, '대동여비게이션'을 꿈꾸다

이처럼 『대동여지도』의 도로 기호 중에는 실제 도로가 아닌 것도 있습니다. 김정호는 도로 기호를 통해 실재하는 도로뿐 아니

6장. 지도 __ 수단에서 주체로

라 두 지역 사이의 관계망도 보여주고 싶어 했을 겁니다. 도로선을 표출하는 데 있어서 가장 기본적인 기준은, 인접한 군현을 모두 연결하는 것이었습니다. 예를 들어, 『대동여지도』는 홍천과 접경하고 있는 모든 군현, 즉 인제·평창(정선·강릉)·횡성·지평(양근)·가평을 직선으로 연결하고 각 거리를 알려줍니다. 홍천과 가평 간 실재하지 않는 도로선은 지역 간 네트워크를 표현한 것으로 이해할 수 있습니다.

직선은 곡선에 비해 정량화하기 유리하며, 지점간 거리와 함께 최적의 경로를 제시해주는 데에도 유리합니다. 오늘날 내비게이션은 최단시간, 최단거리, 최소비용 등을 주요 옵션으로 두 지점 간 이동 경로를 복수로 제시해줍니다. 김정호는 『대동여지도』에 내비게이션 기능을 탑재함으로써 통합 모델로서의 '대동여비게이션'을 만들고 싶어 했는지도 모르겠습니다. 『대동여지도』는 도로선을 통해 링크와 노드link and node 방식을 처음 도입한 조선시대 교통망 모델이기도 합니다. 한국에서도 상당히 높은 수준까지 개발이 진행된 자율주행기술에서는 내 차의 위치를 제어하는 것이 핵심이고, 이는 도로선을 포함하여 도로 상황 전반에 대한 거리와 각도, 고도 정보를 정량화함으로써 실현 가능합니다. 『대동여지도』는 기존의 어떤 지도와 달리 도로를 직선으로 표현하였습니다. 김정호는 아마 여기까지 생각하지 못했을 테지만, 그가 만든 『대동여지도』는 지도의 정량화를 꿈꾸며 그 첫발을 내딛은 지도로도 평가할 수 있습니다.

자율주행차

자동차는 주체다

: 선택하고 판단하여
길을 찾기까지

한민홍

주식회사 첨단차 대표이사이다. 조지아공과
대학교에서 산업공학 박사 학위를 받고, 텍
사스주립대학교 교수, 포스텍 교수, 고려대
학교 산업공학부 교수를 역임했다. AI 연구
의 선구자로 세계최초 도심 자율주행 및 고
속도로 자율주행을 시연했고, 제1회 고공영
웅으로 선발되었다.

자율주행차, 세계 최초로 서울을 달리다

요즘에는 신문이나 방송을 통해 자율주행차를 비교적 흔히 접할 수 있습니다. 사람의 개입 없이 스스로 판단하고 운전하는 자율주행차는 이제 먼 미래의 공상과학기술이 아닙니다. 최근 반자율주행 기능을 탑재한 승용차들이 시중에 출시되고 있고, 자율주행차 안전기준이 제정되고 자동차손해배상보장법이 개정되기도 했습니다. 자율주행차의 본격적인 상용화를 위한 법적 기반이 마련되고 있습니다.

자율주행차는 초기에 무인 자동차라는 이름으로 알려졌는데, 저는 세계 최초로 무인 자동차를 타고 도로를 주행하는 데 성공했습니다. 1992년 고려대학교 공과대학 운동장에서 처음 자율주행

2020년 제1회 고공영웅으로 선발된 한민홍 교수 부부(가운데, 오른쪽)와 김중훈 공과대학장(왼쪽)

기술에 대해 발표했습니다. 당시 반응이 꽤나 커서, 학회에서 발표했을 때는 해외에서 많은 문의가 오기도 했습니다.

1993년 도로 자율주행기술을 공공도로에서 처음 시연했습니다. 고려대학교에서 한남대교를 거쳐 63빌딩까지 시속 70킬로미터 정도의 주행속도로 오갔습니다. 그 당시 미국의 카네기멜론대학교에서 개발하던 자율주행차는 교정에서 운행이 가능한 수준이었고, 도로 주행에 먼저 성공한 것은 저희 팀이었습니다. 당시에도 현재 기술과 거의 유사한 정도의 GPS 기술력을 가지고 있어서, 운전대에 손을 전혀 대지 않고 뒷자리에 앉아서 주행하는 데 성공할 수 있었습니다.

당시 국제학술대회에서 발표를 하면 질문이 쏟아져 나왔습니다. 첫 번째 질문은 저런 미친 짓을 왜 했냐는 것이었고, 두 번째 질문은 보험은 얼마나 들었냐는 것이었지요. 마지막 질문은 당신 부인은 지금 당신이 이런 짓을 하고 있다는 사실을 알고 있냐는 것이었습니다. 놀라움과 부러움의 표현이었지요. 이 모든 기술은 저 혼자만의 능력으로 개발한 것이 아니라 당시 학생들과 함께 연구하여 얻어낸 결과입니다. 약 27년 전의 기술이었지만 요즘 개발되는 자율주행차에 전혀 뒤처지지 않았습니다.

자율주행기술은 레벨 0부터 5까지로 나눕니다. 비자동화인 0단계부터 운전자가 직접 운전하되 특정 주행 모드에서는 시스템이 조향 및 감·가속을 수행하는 레벨1과 레벨2, 시스템이 차량을 전부 제어하되 위험 발생 시 운전자가 개입하는 레벨3, 특정 주행

모드에서는 운전자의 개입이 완전히 불필요한 레벨4, 모든 주행 상황에서 시스템이 차량 제어를 전부 수행하는 단계가 레벨5입니다. 당시 기술은 레벨4 정도까지 발전한 상태였습니다. 제가 교수 직에서 퇴직한 후, 주식회사 첨단차를 설립하며 적용한 자율주행 기술은 이보다는 안전성과 편리성을 갖춘 기술입니다.

자율주행을 구성하는 기술

자율주행은 무인 자동차, 셀프 드라이빙 등 여러 가지 이름으로 불립니다. 최근에는 주로 오토노머스 드라이빙autonomous driving, 즉 자율주행이라고 합니다. 만약 사람이 자동차를 운전하고 있는데 앞차가 갑자기 속도를 늦춘다면 어떻게 반응할까요? 일단 엑셀에서 발을 뗄 겁니다. 그런데 발을 뗐는데도 앞차와 부딪힐 것 같으면 브레이크를 밟겠지요. 여전히 위험하다면 거기에서 브레이크를 더 밟을 것이고요. 그러다가 앞차가 다시 속도를 올려 멀어지기 시작한다면 무의식적이든 의식적이든 브레이크에서 발을 뗄 겁니다. 차는 조금씩 움직이지만 속도는 나지 않고, 앞차는 점점 멀어집니다. 그렇게 되면 사람들은 다시 엑셀을 밟을 겁니다.

이러한 판단과 동작을 사람이 아닌 컴퓨터가 하도록 하는 기술이 바로 ACCautonomous cruise control입니다. 사람이 눈으로 앞에 있는 차를 보듯, 컴퓨터는 카메라 등의 센서를 이용해 앞에 있는 물

자율주행차의 기술 구성

체를 감지합니다. 예전에는 초음파를 사용하기도 했습니다. 이러한 ACC 기능은 비교적 상용화가 잘 되어 있어서, 주로 앞차와의 거리를 인식하는 데 사용됩니다. 예전에는 앞차와 거리를 조절하면서 일정한 속도로 달릴 수 있도록 하는 기술이 전부였다면, 요즘은 브레이크 기능까지 합쳐져서 작동하고 있습니다.

자율주행차를 구성하는 두 번째 기술은 스티어링Steering입니다. 운전자가 원하는 방향으로 차를 오른쪽이나 왼쪽, 혹은 곧바로 가도록 핸들을 조작하는 것을 스티어링이라고 합니다. 스티어링을 위한 기술에는 여러 가지가 있습니다.

먼저 WPNWay Point Navigation입니다. 저는 『헨젤과 그레텔』이 WPN의 초기 모델이라고 생각합니다. 너무 가난한 탓에 먹을 것이 부족해지자, 부모는 두 아이를 깊은 숲속에다 버리려고 합니다. 이를 눈치챈 헨젤과 그레텔은 하얀 조약돌을 주워두었다가 몰래 숲길 중간중간에 놓아두었고, 이를 따라 무사히 집으로 돌아올 수 있었습니다. WPN에서는 하얀 조약돌 대신 GPS를 이용해서 그 경로를 점으로 기록합니다. 그리고 다시 돌아갈 때에는 GPS에 기록

6장. 지도 _ 수단에서 주체로

된 점과 실제 자신의 위치를 비교하면서 경로를 찾는 방식입니다.

우리가 흔히 쓰는 일반 내비게이션에는 WPN기술이 탑재되지 않은 것이 많습니다. 일반 내비게이션은 사용자의 위치를 무조건 도로 위로 설정합니다. 이렇듯 대략적으로 위치를 가정하기 때문에 차선 변경과 같은 상세한 안내를 제공하기 어렵습니다. 반면 WPN방식의 내비게이션은 내가 원래 가야 할 도로에서 벗어났는지 아닌지, 몇 차로를 달리고 있는지를 정확히 반영하기 때문에 이를 통해 핸들을 사용해서 방향을 조정할 수 있습니다. 예를 들어 내가 있는 자리보다 차선이 왼쪽에 있으면, 핸들을 왼쪽으로 트는 식입니다.

WPN을 이용하는 데에는 GPS와 지도가 절대적으로 중요합니다. 조선시대에는 『대동여지도』면 충분했지만, 지금처럼 차량의 내비게이션을 사용하기 위해서는 전자지도가 필요합니다. 예전에는 미터 단위의 오차를 허용했을지 모르지만, 자율주행기술로 차를 운행하려면 센티미터 단위의 오차도 용납될 수 없습니다. GPS도 그만큼 정밀하게 제어될 필요가 있습니다. 사방이 눈으로 덮여서 길이 어디인지 모를 때, 비포장도로를 달릴 때, 터널 속을 지나게 될 때 등 여러 상황에서 WPN은 매우 중요한 역할을 합니다. 1995년 이러한 기술을 바탕으로 한국 최초로 내비게이션을 선보인 것 역시 저희 팀이었습니다.

스티어링을 위해서는 카메라를 통해 차선을 검출하는 것도 매우 중요합니다. 차선 검출에 있어서는 영상인식기술이 핵심입

영상처리기술을 이용한
자율주행기술의 발전

1. 자율주행 속도 증가

2. 급커브 주행 가능

3. 터널 주행 가능

니다. 최근에는 인공지능을 이용하는 방법을 개발하고 있습니다. 2012년, 구글은 5년 후인 2017년에는 지구상의 모든 차를 자율주행차로 바꾸겠다고 선언했습니다. 하지만 그렇게 되지 않았죠. 거

6장. 지도 __ 수단에서 주체로

기에 질세라, 2015년에 한국의 모 자동차 회사도 2020년까지 레벨 4 자율주행차를 판매하겠다고 선언했습니다. 역시나 아직까지 그런 차는 팔리고 있지 않습니다. 자율주행차를 개발하는 것은 쉬운 일이 아닙니다.

이외에도 스티어링을 위한 기술에는 바퀴가 회전한 횟수로 자기 위치를 유추하는 DR$^{dead\ reckoning}$, 사진 정보와 카메라로 관찰한 정보를 비교하며 위치를 파악하는 SLAM$^{simultaneous\ localizing\ and}$ ^{mapping} 기술이 있습니다. 그런데 아직은 둘 다 완벽하지 않아서, 완전히 상용화하기는 어려운 상황입니다. 이 두 가지 기술의 상용화는 카메라와 컴퓨터가 사람의 인지 능력을 얼마나 잘 모방할 수 있느냐에 달려 있습니다. 인공지능이 시간을 앞당겨줄 것으로 기대하고 있습니다.

자율주행에서는 영상인식기술이 굉장히 중요합니다. 영상인식기술은 사람의 눈에 해당합니다. 지금까지는 로직 기반의 소프트웨어$^{logic\ based\ software}$를 활용했는데, 앞으로는 인공지능 기반의 소프트웨어$^{AI\ based\ software}$를 통해 개선될 것이라고 생각합니다. 또, 인공지능기술만큼이나 기존 도메인^{domain} 영역의 기반 기술 역시 뒷받침되어야 합니다. 따라서, 앞으로 자율주행기술은 로직 기반과 인공지능 기반의 소프트웨어를 결합한 하이브리드형 소프트웨어^{hybrid} ^{software}를 개발하는 국가나 기업이 주도할 것으로 보입니다.

자율주행기술의 한계

자율주행기술에는 어떤 한계가 있을까요? 자율주행차가 가장 무서워하는 환경이 비 오는 날 밤입니다. 사람은 무엇이 조명이고 그림자인지 판단할 수 있습니다. 그런데 카메라로는 이 판단을 잘 해낼 수 없습니다. 앞으로 인공지능을 통해 이런 것을 구분해낼 수 있어야 합니다. 차를 운전하는 일에는 타는 사람의 목숨이 달려 있기 때문에, 이 분야에서는 정말 고도의 신뢰를 요합니다. 열에 아홉 안전한 것으로는 정말 '안전'하다고 말할 수 없는 것이지요. 인간의 판단 능력을 그대로 흉내 내는 것이 쉬운 일은 아닙니다. 여러 분야의 전문가들이 협력해서 이 문제를 풀어내야 한다고 생각합니다.

자율주행의 다른 한계로 GPS의 신호 단절이 있습니다. 터널 혹은 건물, 산 등의 지형에 따라 신호가 단절되어 자율주행이 불가능해질 때가 있는데, 이럴 때 어떻게 대처할 것인가 하는 문제도 여전히 남아 있습니다.

첨단차의 기술경쟁력

교수로 재직하던 시절 제 연구실 이름이 '첨단차 연구실'이었습니다. 퇴직한 뒤에도 이 이름을 버리기가 너무 아까워서 작업할 수 있는 공간을 따로 만들고, 그곳에 첨단차라는 회사를 차렸습니다. 그렇게 설립한 첨단차에서 개발한 자율주행차는 2015년 경부고속도로를 통해 서울과 대구 사이를 자율주행하는 데 성공했습니다. 자율주행차는 고속도로와 시내 도로에서 각기 다른 성능을 요구받습니다. 고속도로를 주행하는 차량들은 빠른 속도로 한 방향을 향해 달리는 반면, 시내를 주행하는 차량들은 속도가 느리지만 중간에 끼어드는 차량이나 돌발 장애물이 많습니다. 따라서 고속도로와 시내 도로를 연속 주행하는 자율주행차는 매우 높은 수준의 기술을 갖추어야 합니다. 1993년 정릉 터널과 홍지문 터널에서 자율주행에 성공한 영상을 보고 벤츠나 폭스바겐 등 유럽 기업에서도 직접 찾아 왔습니다. 그 당시에는 낮에도 자율주행이 쉽지 않았는데, 야간에도 달릴 수 있고 뒤에 사람을 태울 수 있다는 사실이 많은 사람의 이목을 끌었습니다.

차가 도로를 따라 달리려면 앞의 장애물을 감지할 수 있어야 합니다. 또 급커브를 주행할 수 있어야 하고, 터널을 나올 때 빛이 환해지는 상황에서도 안전하게 주행할 수 있어야 합니다. 그 당시에 이런 모든 상황을 해결할 수 있는 기술을 개발했다는 것에 자부심을 갖고 있습니다.

2018년에 저희 회사에서 인턴으로 근무한 한 학생이 인공지능을 적용한 기술을 짧은 시간 안에 개발해서 저를 깜짝 놀라게 했습니다. 인공지능이 접목된 차선 검출기술, 주간 장애물 검출기술은 물론 야간 장애물 검출기술을 개발했습니다. 심지어는 제가 실

자율주행기술의 다양한
검출 기술 사례

1. 차선 검출

2. 주간 장애물 검출

3. 야간 장애물 검출

수한 부분도 세심하게 찾아내는 모습을 보였습니다. 단, 이 학생이
개발한 프로그램을 사용하기 위해서는 높은 사양의 컴퓨터가 필
요하다는 제약이 있습니다. 자동차에 장착할 수 있는 컴퓨터의 사
양을 그러한 수준으로 높일 수 있을지가 앞으로의 숙제입니다.

6장. 지도 __ 수단에서 주체로

기술의 발판은 교육이다

요즘에는 많은 학생에게 어떤 활동을 지원할 수 있을지 고민하고 있습니다. 언젠가 제가 학교에서 따뜻한 지지를 받았던 것처럼, 학교에서 학생들을 지원해주고 격려해준다면 여러 가지 놀라운 일을 해낼 수 있다고 확신합니다. 인공지능 기반의 ADAS, 드론을 이용한 학내 우편 배달, 이모빌리티$^{E-mobility}$, 무인 잠수정, 비행 자동차 등 첨단기술을 이용한 장치들을 동아리에서 만들어볼 수 있는 프로그램이 생기면 좋을 것 같습니다.

즉, 다양한 기술이 발전하기 위해서는 무엇보다 교육의 장을 마련하는 것이 중요합니다. 학부 시절, 더 나아가 중고등학교 때부터 첨단기술을 고민하고 직접 실험해볼 수 있다면 우리 젊은이들은 세상이 깜짝 놀랄만한 일들을 해낼 것입니다. 자율주행기술의 과거가 그랬듯, 차세대 주역들을 중심으로 그 미래 역시 한국이 주도적으로 선도할 수 있습니다.

고려대학교에 전시되어 있는
우리나라 자율주행차 1호

수선전도 ✕ 스마트시티

류성룡   오다니엘

7장

공간

인간의 도시를 넘어서

7장에서는 지리 정보를 넘어 당대 사람들의 도시에 대한 인식을 담고 있는 『수선전도』와 세계 최초의 스마트시티인 인천 송도를 중심으로, 사용자 중심의 정보가 첨단기술을 만나 앞으로 어떤 도시를 만들어낼지 그 미래를 조망해본다.

수선전도

지도,
인식을 그리다

류성룡

고려대학교 건축학과 교수이다. 고려대학교
건축공학과 및 동 대학원 건축사연구실에서
석사 및 박사 학위를 받았다. 2007년 대한건
축학회 논문상, 2016년 동 학회의 학술상
(남파상)을 수상했다. 2018년 산사山寺 세계
유산 등재 공로로 대한불교조계종 표창을
받았고, 2019년 건축의 날 기념 문화체육관
광부장관 표창을 받았다. 현재 고려대학교
대학원 도시재생협동과정 주임교수, 대한건
축학회 건축교육혁신원장, 한국건축역사학
회 수석부회장 및 논문편집위원장 등을 맡
고 있다.

『수선전도』, 한양을 담다

『수선전도首善全圖』는 조선 후기 한양의 모습을 그린 지도입니다. 고려대학교 박물관은 『수선전도』를 찍어낼 수 있는 목판을 소장하고 있습니다. 보물 제853호로 지정되어 있는 수선전도 목판首善全圖木板은 가로 67.5센티미터 세로 82.5센티미터의 크기로, 김정호의 작품입니다. 김정호는 『청구도』, 『동여도』를 비롯하여 『대동여지도』를 제작한 조선 후기 지리학자로서 한국의 지리학 발전에 굉장히 큰 기여를 한 인물입니다.

'수선首善'이란 한 나라의 수도를 말하고 '전도全圖'는 전체 지도를 뜻하니 수선전도는 도성 전체를 그린 지도라는 뜻입니다. 조선시대 수도의 공식 명칭은 한양漢陽이었는데 백성들은 수도를 뜻하는 고유어인 '서울'이라고 부르기도 했습니다. 이 이름이 현재 대한민국의 수도인 서울로 이어진 것입니다. 『수선전도』에서 서울은 성곽 안쪽뿐만 아니라 성곽 바깥으로 10리(약 4킬로미터)에 이르는 범위를 포함합니다. 당시에는 성곽 바깥의 십 리 반경을 성저십리城底十里라고 불렀습니다. 여기에는 금표禁標가 설치되어 있어서 일반인들이 벌목하고 묘를 쓰는 등의 개발 행위를 막기 위해 엄격하게 관리되었습니다. 조선시대의 그린벨트 제도라고 할 수 있겠지요.

『수선전도』는 1846년(헌종 12년)에서 1849년(철종 즉위년) 사이에 제작된 것으로 추정됩니다. 총융청摠戎廳이라는 군사 기관의 이름이 총신영摠新營으로 바뀐 시기를 살펴본 결과입니다. 1624년

수선전도 목판

(인조 2년) 경기 방어를 위해 총융청이 만들어진 이후, 1747년(영조 23년)에는 경리청^{經理廳}으로, 1846년에는 총위영^{摠衛營}으로 바뀌었다가 1849년 다시 총융청이 되었습니다. 『수선전도』에는 '신영'이라고 쓰여 있어서 기존의 경리청에서 총위영이라는 새로운 이름을 붙인 1846년부터 1849년 사이에 제작되었다고 추정하는 것입니다. 다만 옛날 지도를 볼 때는 정보를 취득한 시기와 제작한 시기

가 얼마든지 다를 수 있다는 점을 고려해야 합니다.

지금은 자동차에 기계를 탑재하고 돌아다니면서 도로와 주변 건물을 자동으로 기록하고 그것을 바탕으로 지도를 만들 수 있지만, 과거에는 그러한 기술이 없었습니다. 김정호가 지도를 만들던 때에는 지금 같으면 상상할 수 없는 엄청난 노력을 기울였을 것입니다.

『수선전도』는 워낙 잘 만들어졌기 때문에 이후로도 꾸준히 사용되었습니다. 특히 목판을 기반으로 손으로 베껴서 그린 필사본들이 많습니다. 연세대학교 박물관에서 소장하고 있는『수선전도』(서울시유형문화재 제296호)는 1892년 제작된 것으로 추정되는데, 서양 선교사들이 만들어 사용했다고 합니다. 서울을 이해하는 데 김정호의『수선전도』를 따라서 그려보는 것만큼 좋은 방법이 없었던 것입니다.

계획도시, 한양

당시의 한양을 살펴보겠습니다. 한양을 둘러싸고 있는 성곽은 길이가 9,950보^步였고 높이는 40척^尺2촌^寸이었습니다. 1보가 6척이니 성곽 전체의 길이는 5만 9,700척입니다. 1척의 길이는 시대에 따라 조금씩 다른데, 조선시대 전기에 사용된 영조척을 확인해보면 311~312밀리미터 정도입니다. 이를 기준으로 현대에 측정한 서울 성곽 길이와 당시 측정했던 성곽의 길이를 비교해보면 오차가 단 1~6미터밖에 나지 않습니다. 여러 가지 변수를 생각하면 대단히 정확한 수준입니다. 이를 통해 처음 성곽이 건설되었던 때부터 공사가 계획적으로 이루어졌음을 알 수 있습니다.

성곽 전체는 97개 구간으로 나뉘어 시공 관리가 이루어졌는데, 백악을 기준으로 동쪽부터 서쪽까지 천자문의 첫 글자인 천天으로 시작해서 97번째 글자인 조弔로 끝나도록 구간을 나누었습니다. 이 97개의 구간을, 전국 각지에서 올라온 사람들의 수를 감안해서 각 도道별로 나누어 배정하였습니다. 각 구간의 담당 책임자를 정했고 그 이름을 각자에 새겨서 책임 시공이 가능하도록 하였습니다. 또, 공사 후에도 관리 감독을 엄격하게 하였습니다. 지금도 성곽에 새긴 각자가 남아 있어서 건축 당시의 상황을 알 수 있습니다. 각자를 새기는 전통은 후대에까지 이어져 성곽을 수리하거나 관리하는 데 활용되었습니다. 이 덕분에 19세기 중반 김정호

세종 때 각자. 경산시면慶山始面이라고 쓰여 있다. 세종 대 경북 경산의 주민이 축성을 담당하였다는 사실을 알 수 있다.

순조 때 각자. 패장牌將(조장) 오재민, 감관監官(감리) 이동한, 변수邊首(기술자) 용성휘 등 직책과 이름을 확인할 수 있다.

7장. 공간 __ 인간의 도시를 넘어서

역시 정확성이 뛰어난 『수선전도』를 그릴 수 있었던 것입니다.

성곽은 북쪽 백악에서부터 휴암^{鵂岩}, 응봉^{鷹峯}을 거쳐 타락산^{駝駱}^山(낙산)을 돌아서 넓게 펼쳐진 목멱산^{木覓山}(남산)을 지나도록 설치되었습니다. 성곽은 다시 봉대^{烽臺}와 잠두^{蠶頭}를 거쳐 서쪽의 인왕산^{仁王山}에 이르러 마침내 다시 백악으로 연결됩니다. 자연 지세를 파악하여 높은 산을 성곽으로 이용하고 낮은 곳에는 직접 성곽을 쌓아서 빈틈이 없도록 하였습니다.

성곽을 통과하기 위해서는 반드시 문을 지나야만 했는데, 남쪽의 정문인 숭례문부터 동쪽으로 광희문, 흥인지문, 혜화문, 숙정문, 창의문, 돈의문, 소의문까지 총 여덟 개의 문이 있었습니다. 도성의 낮은 지세를 보강하기 위해 흥인지문에만 유일하게 옹성을 쌓았고, 그 옆에는 물길이 흘러나가는 오간수문^{五間水門}과 이간수문^{二間水門}을 설치했습니다.

성문 관리는 철저하게 이루어졌습니다. 밤 10시경에는 성문을 닫고 종을 28번 쳐서 통행금지를 알리는 인정^{人定}이 있었고, 새벽 4시경에는 성문을 연 후 종을 33번 쳐서 통행금지 해제를 알리는 파루^{罷漏}가 있었습니다. 인정과 파루 사이에는 성문이 굳게 닫혀 있었고 출입은 일절 허락되지 않았습니다. 수문에는 철책^{鐵柵}을 설치해서 물이 흘러나가는 것을 가능하게 하면서도 외부에서 침입자가 들어오는 것은 방지했습니다.

지리에 인식을 더하다

도성 안쪽은 동·서·남·북·중의 오부五部로 나누고 다시 방坊으로 세분해서 관리했습니다. 당시에는 동부 12방, 서부 8방, 중부 8방, 남부 11방, 북부 10방으로 총 49방이 있었습니다.『수선전도』를 자세히 들여다보면 도성 안의 중요 건축은 두 줄 테두리 선으로 구획되어 있는데, 문이 있는 경우와 문이 생략된 경우로 나눌 수 있습니다. 문이 있는 경우는 규모가 큰 것으로 경복궁, 창덕궁·창경궁·태묘, 경희궁 등의 궁궐과 사직 등이 있습니다. 비교적 중요도가 낮은 함춘원含春苑, 상림원上林苑, 선혜창宣惠倉, 신선혜창新宣惠倉 등의 외곽에는 담장만 그리고 문은 생략했습니다. 또, 다소 위계가 낮은 건축은 단선 테두리로 윤곽선을 표시했습니다. 영희전永禧殿, 균역창均役倉, 남별궁南別宮 등이 그렇습니다. 이처럼 『수선전도』는 담장의 굵기, 문의 표현 등으로 도성 안 건물의 위계를 표현하였습니다.

경복궁에는 광화문光化門과 신무문神武門이 그려져 있고 동문인 건춘문建春門과 서문인 영춘문迎秋門은 자리만 표시되어 있습니다. 광화문의 동쪽과 서쪽 끝에 위치해 있는 성상소城上所인 동십자각과 서십자각 자리가 표현되어 있습니다. 궁 안에는 어떤 건물도 남아 있지 않습니다. 경복궁은 임진왜란 당시 소실된 이후, 1865년(고종 2년)이 되어서야 비로소 중건되었기 때문입니다. 건물터 중앙에는 푸른색 사각형만 그려져 있는데, 경회루가 있던 방지方池를 표현한

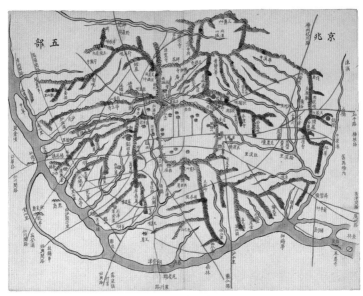

『경조오부도京兆五部圖』

도심권

도봉구
강북구 노원구

서북권 은평구

서대문구 종로구 성북구 중랑구
동북권
동대문구

강서구 마포구 중구

성동구 광진구 강동구

양천구 영등포구 용산구

구로구 동작구 송파구

금천구 관악구 서초구 강남구

서남권 동남권

현재 서울 5권역

241

것으로 보입니다. 담장 안에 가득한 쌀 모양 붓 터치와 같은 끝 자국들이 나무를 묘사하고 있습니다. 건물 대신 가득찬 나무들이 그 쓸쓸함을 잘 보여줍니다.

오른쪽에는 창덕궁과 창경궁이 그려져 있습니다. 외곽을 감싼 담장이 남쪽의 태묘까지 이어집니다. 창덕궁의 정문인 돈화문 앞에는 주원^{廚院}에서 좌포^{左捕}에 이르는 돈화문로가 경복궁 앞길보다 길게 뻗어 종로에 이릅니다. 그렇지만 육조로 대표되는 중앙관청은 경복궁 앞 주작대로에 도열하고 있습니다. 동쪽으로는 의정부, 이조, 한성부, 호조가, 서쪽으로는 예조, 중추부, 사헌부, 병조, 형조, 공조가 육조 거리를 이루고 있습니다.

경복궁을 중심으로 동쪽에 위치한 창덕궁과 창경궁의 궁장^{宮牆} 안 건물들은 모두 남향으로 그려져 있습니다. 창경궁 정전인 명정전 일곽이 동향으로 설치되어 있는 실제 모습과는 다릅니다. 또 서궐의 경희궁은 궁장 안 건물들이 모두 동향한 모습으로 그려져 있는데, 실제로는 남향을 향해 배치되어 있습니다. 지도를 제작한 김정호를 포함하여 당대 사람들은 궁궐 안쪽 사정에 밝지 않았던 것으로 보입니다. 이처럼 『수선전도』는 지리적 정보뿐만 아니라 19세기 사람들의 사회 인식을 보여준다는 점에서 흥미롭습니다.

태묘와 사직단 역시 담장으로 둘러싸여 있고, 진입을 위한 문이 그려져 있습니다. 태묘에는 건물과 나무가 함께 그려져 있는데, 사직단에는 건물을 그려 넣지 않았습니다. 땅과 곡신의 신에게 제사를 지내는 '단^壇'의 기능을 중시한 것으로 보입니다. 이와 비교하

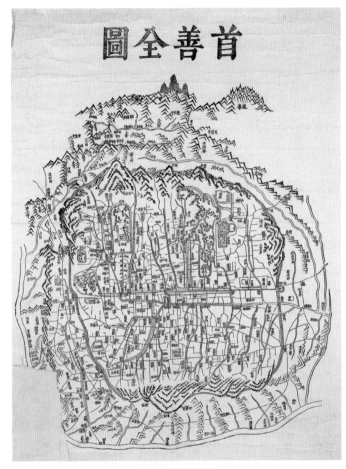

首善全圖

수선전도 목판 인쇄본

면 문묘·성균관은 마당에 나무를 표현하지 않는 방법으로 교육 기능을 강조하고 있습니다. 이처럼 『수선전도』는 건물의 기능과 관련된 의미 있는 정보를 단순하고도 정확하게 전달할 수 있도록 고안된 지도였습니다.

김정호의 투쟁
: 온고지신의 지도들

앞에서 설명한 표현 방식이 모두 독창적인 것은 아닙니다. 김정호의 『도성도^{都城圖}』에는 옛것을 존중하는 온고^{溫故}의 태도가 곳곳에서 발견됩니다. 『도성도』는 1788년(정조 12년)경 한양도성과 그 주변을 그린 지도입니다. 후기 도성도의 전형을 보여주는 지도이면서, 한양을 그린 지도 가운데 회화성이 높은 작품으로 인정받고 있습니다. 도성 안쪽과 달리 바깥쪽, 특히 삼각산과 능선은 말 그대로 산수화처럼 보입니다. 목멱산 일대의 토산을 표현하는 데에는 동양화의 준법^{皴法}인 미점준^{米點皴}*, 피마준^{披麻皴}** 등이 사용되었습니다. 이는 모두 중국 남종화에서 두드러지는 특징입니다. 또한 丁자형 소나무 표현은 겸재 정선의 진경산수화에 영향을 받은 것입니다.

『도성도』와 비교하면 『수선전도』는 지도의 기능에 적합하도록 표현을 간소화했다는 점에서 진일보한 지도로 평가할 수 있습니다. 회화적 요소를 간략화하면서도 목판에 적합한 기존의 붓 터치 방식을 나무를 새기는 끌 작업에 응용한 것은 매우 독창적입니

---

* 중국 송나라 미米씨 집안에서 그림 그릴 때 많이 썼던 붓 터치 방식으로 점을 여러 개 찍어서 산수의 풍경을 표현하는 방식이다.

** 마麻의 올을 풀어서 늘어놓은 듯한 표현 방식이다.

다. 이처럼 옛것을 바탕으로 창의성을 접목하는 지신知新의 태도 역시 곳곳에서 확인됩니다.

사실 김정호는 20대부터 지리지를 편찬하였고 필사본 지도와 목판본 지도를 제작하였습니다. 일련의 작업에서 얻은 아이디어는 새로운 시도를 가능하게 했고, 그 덕분에 점점 더 발전된 성과물을 만들어낼 수 있었습니다. 지지를 바탕으로 종합적 정보를 지도에 표현하는 작업을 시도하였고, 목판본 작업과 필사본 작업을 교차로 진행하면서 단점을 보완하였습니다. 한 가지 작업에 몰두하는 것보다 훨씬 더 어려운 일이었지만, 그 덕분에 상호보완이 가능한 방식을 생각해낼 수 있었습니다.

김정호는 목판으로 만든『수선전도』이전에 필사본 지도인 『청구도』를 제작한 적이 있습니다.『청구도』는 이용자가 정보를 찾아보기에 편리한 지도책이라는 평가를 받습니다. 전국을 두 권의 지도책에 담아 쉽게 휴대할 수 있도록 하였고, 모든 페이지에 10리 간격의 축척 표시를 해주었습니다. 또, 지도책 앞에는 고을 이름을 색인으로 만들어 쉽게 찾을 수 있도록 했습니다. 수요자의 요구를 파악하고 그 개선 방안을 반영해서 만든 지도였습니다.

끊임없는 보완 작업이 계속됩니다. 이번에는 조선 팔도로 범위를 확대한『대동여지도』를 만들게 됩니다. 숙종 재위 시기에 제작된『경성오부京都五部 북한산성부北漢山城附』처럼 도성과 주변을 연결해서 그린 지도를『대동여지도』제작에 이용합니다. 이를 응용하여 조선 팔도의『동여도』와 한양의『도성도』를 연결하여 제작하였고 『청구요람靑邱要覽』의 일부로 『도성전도都城全圖』를 마련하였으며 『대동여지도』의 일부가 되는 『경조오부도』를 제작하였습니다. 시대의 흐름을 정확하게 파악하고 끊임없이 반영한 결과물입니다.

책자 형태의 필사본 지도인 『청구도』를 바탕으로 대동여지도 목판본을 만들게 되는데, 찍어낸 지도는 접을 수 있도록 만들어서 휴대가 용이하도록 했습니다. 원하는 크기만큼 선택적으로 펼쳐서 볼 수 있는 지도를 만든 것입니다. 목판이기 때문에 필요할 때면 얼마든지 보급할 수 있었고, 수요가 많은 도성 지도는 축척을 크게 하여 따로 수록하였습니다. 현대에서 말하는 수요 공급의 법칙과 다르지 않습니다.

『수선전도』로 바라본 스마트시티

사람들은 자신이 살고 있는 곳이 똑똑한 도시가 되기를 원합니다. 수많은 정보를 첨단기술로 가공할 수 있게 된다면 20세기부터 도시 문제로 대두된 교통, 주거, 시설, 공간 사용의 비효율성 등 여러 가지 고질적인 문제들을 해결할 수 있다고 믿습니다. 궁극적으로 우리는 편리하고 쾌적한 삶을 누리고 싶어 합니다. 이를 위해서는 기술도 필요하고, 그 기술을 사용하는 방향 역시 올바르게 설정해야 합니다.

김정호는 한정된 크기의 지도에 많은 정보를 효율적으로 나타내기 위하여 끊임없이 탐구하였습니다. 이전에 만들었던 결과물에 결코 안주하지 않고, 필사본 지도와 목판본 지도의 제작 방식을 교차하여 연구했습니다. 수선전도 목판의 가치는 일반 백성들이 쉽고 편리하게 사용할 수 있도록 하면서도 일관되고 정확한 정보를 전달하는 것에 있습니다. 필요할 때마다 손으로 베껴서 만들어야 하는 필사본 지도는 정보를 전달하는 데 일관성이 부족하다는 단점이 있습니다. 또 한 번에 많은 양을 제작할 수 없기 때문에 많은 사람에게 보급하는 데에도 어려움이 있었습니다. 이를 해결하기 위한 최선의 대안이 목판을 제작하는 것이었습니다. 이처럼 김정호는 효과적으로 대중에게 정보를 보급하는 방법을 고민했습니다. 건축과 장소의 특징을 일정하게 표현하는 방법, 색인을 이용하는 방법 등을 시도했고, 나아가 서울 한양과 조선 팔도를 입체적으로 이해하는 방법을 연구한 것도 그 일환이었습니다.

가급적 많고 정확한 정보, 지위 고하를 막론하고 공평하게 전달되는 정보, 수요자 중심의 정보 등 김정호가 그의 지도에서 구축하고자 했던 정보 전달 체계에 담긴 목표는 4차 산업혁명 시대의 미래 도시로 주목 받고 있는 스마트시티의 방향과 크게 다르지 않습니다. 김정호의 신념은 스마트시티에서 어떻게 계승·발전되고 있을까요?『수선전도』에 담긴 김정호의 신념을 읽어내는 작업은 스마트시티의 발전 방향에 많은 시사점을 줄 것입니다.

스마트시티

인간과 기술의
공동체를 꿈꾸다

: 지속 가능한 도시,
　지속 가능한 미래

오다니엘
고려대학교 건축학과 교수이다. 버클리대학
교와 하버드대학교에서 도시계획학과 조경
건축학을 전공하고 뉴욕, 홍콩, 바레인, 런던
등에서 도시 설계 실무를 하였다. 미국도시
계획사(AICP)와 미국친환경 평가사(LEED
AP)를 소지하고 있고, 현재 고려대학교 스
마트도시학과 주임과 도시재생 교육센터장
등의 보직을 맡고 있다.

최초의 스마트시티, 송도

현대 도시는 100년이 조금 넘은 인간의 창조물로, 끊임없이 변화와 진화를 거듭해왔습니다. 2020년 전 세계를 혼돈과 공포로 빠트린 팬데믹의 중심에는 도시라는 공간이 있었습니다. 이 사건을 통해 새롭게 변화하는 미래 도시에 대한 관심이 높아지면서 이제 도시는 더욱 더 빠르고 커다란 변화를 맞이하고 있습니다.

요즘은 여러 매체를 통해 스마트시티에 대한 이야기를 쉽게 접할 수 있습니다. 자율주행차 같은 첨단기술을 도입한 스마트시티도 있고, 지속 가능한 도시 환경을 만들기 위해 고안된 스마트시티도 있습니다. 스마트시티라는 개념이 정립된 지 오랜 시간이 지나지 않은 만큼, 다양한 첨단기술들이 빠른 속도로 접목되고 있습니다. 즉, 스마트시티는 에너지 관리부터 건축·기후변화대응·민원·교통 등 도시와 관련된 기존의 여러 학문과 첨단기술이 매우 빠른 속도로 융합되고 있는 분야라고 할 수 있습니다. 굉장히 많은 사항들이 얽혀 있는 만큼 기술적으로나 제도적으로 풀어야 하는 숙제가 많이 남아 있기도 합니다.

전 세계가 공인하는 최초의 스마트시티가 한국에 있다는 것을 전문가들 외에는 잘 모릅니다. 인천시 송도가 바로 교통과 안전을 비롯한 도시 기반 시설을 첨단기술로 통제·관리하는 세계 최초의 스마트시티입니다. 하지만 이제 "송도 스마트시티는 그렇게 스마트하지 않다"라는 농담이 있을 정도로, 스마트시티의 개념과 기술

세계 최초의 스마트시티인 인천시 송도

은 매우 빠른 속도로 진화하고 있습니다.

스마트시티를 두고 많은 비판들이 제기됐습니다. 그중에서도 가장 큰 비중을 차지하는 것이, 사용자인 시민이 스마트시티와 기존 도시의 차이점을 체감하기 어렵다는 점입니다. 실제로 송도에 직접 방문해봐도 한국의 다른 신도시와 별다른 차이점을 느끼기 어렵습니다. 사실 이것은 도시 기반 시설의 본질적인 특징이기도 합니다. 기반 시설은 우리의 삶을 편리하게 해주지만, 정작 거기에 문제가 생기기 전에는 이를 체감하기 어렵습니다.

송도가 스마트시티라는 것을 실감하기 위해서는 스마트시티 운영센터에 방문해야 합니다. 송도의 모든 에너지 사용 및 교통 현황, CCTV 등을 운영센터에서 확인할 수 있습니다. 이곳에서 도시의 모든 정보를 수집 및 분석하고, 이를 기반으로 시스템을 관리합

모든 도시의 데이터를 한눈으로 확인할 수 있는 도시의 두뇌와 같은, IFEZ 스마트시티 운영센터 내부의 모습

니다. 영화의 한 장면처럼 범죄가 일어나는 순간 경찰과 구급차가 출동하여 시민을 보호하려면, 이러한 운영센터에서 공간 정보와 인간의 행태 정보를 수집해야 합니다. 또한 분석한 정보를 통신 네트워크를 통해 빠르게 전송하여 자동적으로 대응할 수 있어야 합니다. 결국 스마트시티는 정보, 즉 데이터를 기반으로 운영되는 도시인 것입니다.

스마트시티, 시공간의 정보화

『수선전도』는 서울의 지리를 정보화한 지도입니다. 김정호는 인공위성이나 항공사진 없이 정확한 지리 정보를 전달하기 위해 노력했습니다. 수많은 지도 중에서도 특히 『수선전도』에 주목하는 이유는 필사본 지도가 아니라, 목판본 지도라는 점 때문입니다. 이로써 완전히 동일한 지도를 복제하여 많은 사람들에게 일관성 있는 정보를 전달할 수 있었습니다. 조선시대에는 하나하나 그림처럼 그려내는 필사본 지도가 대부분이었습니다. 하지만 그런 지도는 그리는 사람에 따라 지도에 대한 시선이나 생각, 표현 등이 달라져서 정확성을 유지하기 어려웠습니다. 더군다나 그런 사견을 최대한 배제하더라도 사람 손으로 그리는 지도가 완전히 똑같을 수는 없는 노릇이기도 합니다.

『수선전도』가 공간을 정보화한 것이라면, 스마트시티는 시공간을 정보화하는 것이라고 이야기할 수 있습니다. 스마트시티는 우리의 공간적인 구조뿐만 아니라 시공간을 포함한 개개인의 모든 행태를 정보화합니다. 예를 들면, 컴퓨터는 사람이 스마트폰으로 마음에 드는 식당을 검색하고, 스마트폰에 탑재된 지도를 보고 그 식당을 찾아가는 모든 과정을 정보화합니다. 이러한 정보를 여러 번 학습하면, 인간 행태의 패턴을 이해하게 됩니다. 이를 통해 해당 지역을 찾는 소비자층이 어떻게 구성되는지 파악할 수 있으며, 이 정보를 기반으로 사업자들의 투자를 유치할 수 있습니다. 또한 비슷한 취향과 관심사를 가진 소비자들에게 정보를 제공하여 이 지역에 더 많은 사람을 모을 수 있습니다. 우리가 무의식중에 사용하는 서비스들이 정보화되어 궁극적으로 도시 공간을 변화시키는 것입니다. 더욱이 최근에는 인공지능을 활용하여 사람들의 행동을 예측하고 이에 대처하는 스마트시티 기술도 개발되고 있습니다.

현재 거대 글로벌 기업들이 스마트시티 개발에 뛰어들고 있습니다. 연구개발research and development. R&D을 통해 핵심적인 기술을 자체 개발하거나 합병을 통해 기술을 선점하려는 경쟁이 치열합니다. 도시의 또 다른 개발 주체인 국가 역시 수많은 정보를 어떻게 활용할 수 있을지 여러 고민을 하고 있습니다.

이처럼 스마트시티 기술을 개발하는 주체들은 스마트시티가 우리 삶의 질을 높일 뿐만 아니라, 지속 가능한 미래를 구축할 수 있다고 주장합니다. 하지만 정말 그럴까요? 자유경제 사회에서 정보가 가진 무한한 가치가 주목받기 시작하면서 정보를 활용하기 위한 치열한 기술 경쟁이 이루어지는 반면, 정보를 어떻게 활용할지에 대한 논의는 매우 부족한 실정입니다. 만약 정보를 공공복리에 부합하는 방향으로 활용하지 않는다면, 우리의 삶은 특정 기업이나 국가에 의해 통제될지도 모릅니다.

하버드대학교 생물학과 교수인 에드워드 윌슨E.O. Wilson은 "우리는 정보에 둘러싸여 있으나, 지혜에 허덕이고 있다"라고 말했습니다. 그의 말처럼 우리는 스마트시티를 만들기 위한 다양한 기술과 정보에 둘러싸여 있습니다. 급속도로 발전하는 첨단기술들은 우리에게 더욱 편리하고 밝은 미래를 약속해주는 것처럼 보이지만, 장기적으로 우리의 삶과 지구 환경의 지속 가능성에 도움이 될지는 미지수입니다.

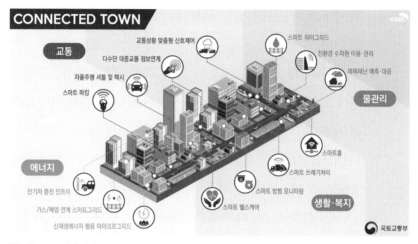

한국형 스마트시티 개념도

　　다행히도 스마트시티 개발은 현재 진행 중입니다. 스마트시티의 이용자들은 어떤 정보를 어떻게 사용할지, 어떤 목적과 용도로 활용할지를 인지하고 적극적으로 개입할 필요가 있습니다. 그렇지 않으면 거대한 자본이나 막대한 기술을 가진 기업에서 정보를 활용하여 개인의 자유를 빼앗을 수 있기 때문입니다. 『수선전도』역시 나라를 지키거나 백성들을 위해 만들어진 것으로 알려져 있지만, 실제로는 백성들로부터 세금을 걷는 데 사용되기도 했습니다. 정보라는 도구는 언제나 양날의 칼이며, 누가 어떻게 활용하느냐에 따라 득이 되기도 하고 해가 되기도 한다는 사실을 알 수 있습니다.

미래의 불확실성 속에서 '더 나은 미래'를 위하여

　20세기 말, 선진국을 중심으로 급속도로 진행되는 도시화에 대한 불안감이 커지기 시작했습니다. 1987년 브룬틀란 위원회Brundtland Commission에서는《우리들 공동의 미래(브룬틀란 보고서)》를 발표하며, '지속 가능한 발전'이라는 개념을 처음으로 정의했습니다. 유엔총회에서는 이를 환경 파괴와 자연 자원 고갈의 해결책으로 전 세계 각국에 제시하였고, 1990년대에 들어서면서 모든 분야의 지속 가능성을 강조하기 시작했습니다. 특히 현재의 도시화와 도시 개발의 비효율성이 환경에 어떤 악영향을 미치는지가 중요한 문제로 대두되었습니다. 2019년 미시간대학교의 지속 가능한 시스템을 위한 센터에서 발표한 바에 따르면 만약 전 세계 사람들이 모두 미국인처럼 생활한다고 하면, 다섯 개의 지구가 더 필요

미국 캘리포니아주 로스앤젤레스 항공사진. 전 세계적으로 도시화는 자연환경의 파괴를 유발한다. 탄소 배출로 인한 지구온난화와 해수면 상승이 대표적이다.

하다고 합니다. 현대 인류가 생활하는 도시는 그만큼 지구의 환경을 망가뜨리면서 조성된 공간인 것입니다.

2006년 개봉한 다큐멘터리 영화 〈불편한 진실An Inconvenient Truth〉에서 미국의 전 부통령이자 환경운동가인 앨 고어Al Gore는, 우리의 삶을 편리하게 해주는 도시 환경은 지구온난화를 일으켜 인류의 생명과 지구의 안위를 위협할 것이라고 경고했습니다. 그간 외면해왔던 '불편한 진실'은 다큐멘터리를 통해 사람들의 경각심을 일깨웠습니다. 그보다 앞선 1890년 저널리스트 제이컵 리스Jacob Riis는 『세상의 절반은 어떻게 사는가』라는 책을 출간했습니다. 뉴욕의 산업혁명 이후 도시 환경이 어떻게 슬럼화되었는지를 사진으로 기록한 책입니다. 정말 많은 사람들이 이루 말할 수 없을 정도로 비참한 주거 환경 속에서 생활하고 있다는 사실은 독자들에게 엄청난 충격을 주었습니다. 이후 과밀 주거와 상하수도 기반 시설에 대한 공공의 개입이 필요하다는 공감대가 형성되었고, 이에 따라 도시 계획의 법적인 근거를 마련할 수 있었습니다.

1900년대 초반에는 건축가와 도시 계획가를 필두로 미래 도시를 고민하기 시작했습니다. 당시의 첨단기술로 고층 건물을 짓고 많은 공원을 설립하기로 계획했습니다. 건축가 르코르뷔지에Le Corbusier가 1935년에 저서 『빛나는 도시La Ville radieuse』에서 제시한 미래 도시의 모습은 우리가 사는 분당이나 일산, 시흥 같은 신도시를 연상하게 합니다. 어떻게 보면 우리는 그 당시 상상했던 미래 도시의 모습 속에 이미 살고 있는 것입니다.

르코르뷔지에의 미래 도시와 닮은 경기도 시흥 배곧 신도시

    도시 공간을 조성하고 규제하는 법적 근거이자 틀인 도시 계획은, 이처럼 사회적 위기가 찾아올 때마다 그에 맞춰 반응하면서 변화해왔습니다. 스마트시티 또한 그 일환으로 출발했습니다. 근현대 도시 환경이 자연의 훼손과 자원의 고갈을 초래했고, 전체 지구의 지속 가능성이 곧 도시의 지속 가능성과 직접적으로 연관된다는 사회적 공감대에서 시작된 것입니다.

    '지금보다 조금 더 나은 환경'을 목표로 계획된 스마트시티에서는 정보통신기술ICT로 모든 사물과 공간을 연결할 수 있게 되었고, 이를 통해 도시를 통제하고 관리하여 효율성을 높일 수 있었습니다. 또한 스마트폰이 빠른 속도로 널리 보급되면서 이용자 개개인의 행태를 정보화하여 무엇이 필요하고 무엇이 부족한지를 파악할 수 있게 되었습니다. 이에 따라 개개인에게 맞춤 서비스를 제공하는 것이 가능해졌습니다. 데이터를 모으고 공유하는 시스템이 매우 빠르게 발전한 것입니다. 보편적으로 도시 계획은 수 년에 한 번 이루어지는 인구조사^{census}에 기반합니다. 대한민국의 경우, 5년에 한 번씩 인구주택총조사를 시행하고 있지요. 이런 기존의 조사 방법으로 정보를 모으는 데에는 긴 시간이 필요하기 때문에, 도시 계획은 구성원의 수요에 빠르게 대응하기 어려웠습니다. 하지만 스마트시티는 개인의 데이터를 자동으로 모을 수 있고, 수요를 측정한 후 거의 실시간으로 대응할 수 있다는 엄청난 장점이 있습니다. 위기에 훨씬 더 빠르고 조직적으로 반응하면서 더 나은 도시 환경을 조성할 수 있는 가능성이, 스마트시티에 있는 것입니다.

스마트시티를 만드는 가치

하지만 현실적으로 모든 도시 거주민의 특성 하나하나를 전부 고려하여 서비스를 제공할 수는 없습니다. 거기에는 막대한 자본이 필요하기 때문입니다. 따라서 우선순위를 매겨, 서비스를 먼저 제공할 분야나 집단을 선별하게 되는데, 이 과정에서 정보의 편차 문제가 일어날 수 있습니다. 도시 서비스는 모든 시민에게 공정하게 제공되어야 하지만, 정보가 편중되어 일부 구성원에게 서비스가 도달하지 못하는 문제점이 발생하는 것입니다. 예를 들면, 사회 구성원 모두에게 인터넷과 핸드폰의 접근성이 보장되지 않는 환경을 생각해봅시다. 여기에서 정보는 인터넷과 핸드폰이라고 하는

7장. 공간 __ 인간의 도시를 넘어서

물적 조건을 갖춘, 일정 기준 이상의 사회적·경제적 지위를 가진 사람들의 삶의 행태만을 보여주게 됩니다. 어떻게 보면 여력이 있는 사람들이 먼저 서비스를 구매해가는 셈입니다. 이러한 환경에서 도시가 발전하면, 소외 계층은 계속해서 소외될 뿐입니다. 단순히 정보만 가지고 도시를 계획하고 운영한다고 할 때는 이러한 한계가 존재합니다. 따라서 정보를 수집하고 활용하는 관점에서 어떠한 목적으로 정보를 이용해야 하는지, 어떻게 활용할 것인지는 도시 계획의 최종 목표인 공공복리에 부합해야 합니다.

도시에는 정말 다양한 사람들이 거주하고 있어서, 자연스레 여러 가치가 충돌하곤 합니다. 특히 개개인의 특성과 정보가 중시되는 스마트시티에서 각기 다른 개인의 가치와 욕구가 충돌할 때, 어떤 가치를 우선순위에 둘 것인지는 굉장히 중요한 문제입니다. 앞서 말했다시피 우선순위의 설정은 곧 스마트시티의 환경 조성과 서비스 제공에 직결되는 문제이기 때문입니다. 스마트시티를 설계할 때, 어떤 가치들이 고려되어야 할까요? 세 가지의 키워드를 토대로 이를 고민해보고자 합니다.

첫 번째는 편리함과 나태함입니다. 현대 도시민은 꽤 편리한 환경에 살고 있습니다. 대부분의 건물에는 에어컨이 작동되고 있고, 언제든 깨끗한 물을 마실 수 있으며, 대중교통은 규칙적인 계획에 맞춰 움직이기에 별 어려움 없이 이동 계획을 짜고 움직일 수 있습니다. 이 편리함은 팬데믹 사태 이후 그 진가를 발휘했습니다. 마트나 음식점에 갈 수 없는 사람들은 집에서 모든 것을 해결할 수 있었습니다. 스마트폰으로 음식을 주문하고, 생필품을 구매했습니다.

하지만 이런 편리함의 이면에는 우리가 쉽게 인식하지 못하는 문제들이 숨어 있습니다. 아이들에게 가장 많이 발병하는 정신질환 중 하나가 주의력결핍 과잉행동장애^{ADHD}(이하 ADHD)입니다. 리처드 루브^{Richard Louv}가 저서 『자연에서 멀어진 아이들』에서 밝힌 바에 의하면, 미세먼지나 코로나 같은 환경적인 요인으로 인해 아이들이 바깥 생활을 자제하고 실내에만 머무르게 되면 ADHD에 걸릴 확률이 높아진다고 합니다. 그래서 ADHD 치료 시에는 약물 치료뿐만 아니라, 밖에 나가 자연과 교류하거나 사람들을 만나 자연스럽게 대화를 하는 등 다양한 행동 치료를 병행해서 처방합니다. 때로는 편리한 생활환경이 인간의 몸에 부정적인 영향을 주기도 하는 것입니다. 건강상의 이유로 요양원이나 재활원에 머무는 사람들은 좋은 환경에서 치료를 받으면서 편안한 생활을 하기도 하지만, 오히려 몸의 기능이 떨어지는 경우도 있습니다. 마찬가지로 도시에서 제공하는 편리함만 추구하다 보면, 분명 그에 따른 부작용 역시 나타날 것입니다.

두 번째는 개인과 공동체입니다. 공동체는 개개인이라는 각기 다른 주체가 모여 이루어지는 것입니다. 그러면 도시 공간을 조성할 때, 개인과 공동체 중 어느 쪽을 위한 도시를 만들어야 하는 것일까요? 저는 2019년에 열린 '스마트 포용 도시 포럼'에 토론자로 참석했습니다. 처음 참석 요청을 받았을 때는 무척 혼란스러웠습니다. '포용 도시'라는 용어는 2018년 즈음부터 국내에서도 부상하기 시작한 개념으로, 성별·장애·인종·성적 지향 등 다양한 차이를 인정하고 모든 사회 구성원을 수용하는 도시를 말합니다. 이 용어에는 다양성을 추구하는 도시가 행복하고 좋은 도시라는 의미가 내포되어 있습니다. 여기에 '스마트'라는 단어를 덧붙여서 새로운 개념처럼 사용하고 있지만, 이 표현에는 근본적인 한계가 있습니다.

포용 도시를 설계할 때 중시되는 것은 다양성 존중, 공동체 의식, 이웃에 대한 관심과 손길 등입니다. 이에 맞춰서 정책 또한 만들어집니다. 반면에 스마트시티는 개인의 역량이나 편의에 초점을 맞춰, 수치화된 통계 정보를 토대로 도시 계획을 수립합니다. 그렇다면 두 가지 용어가 뒤섞인 '스마트 포용 도시'의 도시 계획은 어떻게 수립되어야 하는지 그 방향성이 모호하다는 생각이 듭니다. 사람이 해야 하는 일을 기술에 전가하는 것일까요, 아니면 기술의 힘을 빌리되 결국 사람이 사람과 함께 일을 해야 하는 것일까요?

스마트시티는 첨단기술을 기반으로 하는 도시입니다. 기술은 사람을 인격체로 파악하는 것이 아니라, 비인간화된 하나의 정보로서 파악하고 이해하려는 경향이 있습니다. 그렇기 때문에 공동체와 사회를 위한 도시를 만들기 위해서는 도시의 효율성과 편의성 이전에, 사람과 환경을 염두에 둘 필요가 있습니다. 이런 움직임이 학계나 사회단체 사이에서는 논의되고 있으나, 실제로 기술을 개발하고 그 기술을 규제하는 정부와는 많은 공감대를 형성하지 못하고 있습니다. 기술이라는 것은 독자적으로 존재할 수 있는 것이 아닙니다. 결국 기술은 사람이 살아가는 사회를 더 낫게 만들기 위해 존재하는 것이기 때문에 사람과 환경에 가까워질 필요가 있습니다. 어디까지나 기술을 활용하는 주체는 우리 인간이 되어야 하며, 기술의 활용에 있어 공동체를 고려하여 도시가 추구할 가치와 나아갈 방향을 결정해야 합니다.

세 번째는 효율성과 행복입니다. 과연 기술의 효율성이 높아져서 삶이 편리해진다면, 인간의 삶은 그만큼 행복해질까요? 오카도Ocado는 영국의 아마존이라고 불릴 만큼 뛰어난 물류 시스템을 갖춘 온라인 식료품 유통 기업입니다. 오카도는 오프라인 매장을 전혀 운영하지 않고 모든 주문과 배송 등을 기계나 로봇이 대체하고 있습니다. 이로 인해 슈퍼마켓은 점차 줄어들었고, 저소득층은 일자리를 잃어 거리에 나앉게 되었습니다. 도시는 근본적으로 사람들의 활동을 도모하는 공간으로, 주거 공간·노동 공간·교육 공간·상업 공간·여가 공간 등으로 이루어져 있습니다. 기술이 사람의 노동을 대체하여 일자리도 없어지고, 일자리를 가질 필요성도 없어지면 같은 지역에 모여 살 이유도 사라집니다. 상업 공간 역시 점점 없어져서 도심 외곽 고속도로 옆에 온라인 쇼핑을 위한 물류 센터만 늘어나게 될 것입니다. 이러한 현상은 당장은 나와 관련이 없어 보여도 결국에는 분명 나와 내 가족에게도 영향을 미칠 것입니다. 편리함만을 좇아 기술 발전에만 힘을 쏟다 보면, 특정한 계층의 사람들은 소외되어 가난·차별 등의 사회문제는 가속화될 것입니다. 모두가 행복한 스마트시티를 만들기 위해서는 효율성과 행복 중 어느 쪽에 방점을 찍어야 하는지 고민해야 합니다.

사람과 환경을 위한 미래도시, 우리가 만들어야 한다

결국 이 모든 고민의 중심에는 기술과 사람 중 어느 것을 더 중요하게 생각할 것이냐는 질문이 있습니다. 옥스퍼드대학교의 경제학자 칼 베네딕트 프레이^{Carl Benedikt Frey}가 발표한 연구에 따르면, 현존하는 직업 가운데 47퍼센트가 25년 이내에 사라진다고 합니다. 그렇게 되면 사람에게 필요한 기술을 만드는 게 아니라, 첨단 기술에 사람을 맞추게 될지도 모릅니다. 현재 구글에서 운영하는 데이터센터에서는 이미 데이터 애널리스트나 엔지니어를 대신해 인공지능이 대부분의 정보를 예측하고 처리하고 있습니다. 이 정보들을 바탕으로 도시가 계획되고 운영된다면, 나아가 모든 분야에서 이러한 일련의 변화를 겪다 보면, 최악의 경우 인간은 기계에 종속되는 것에 그치지 않고 기계의 일부가 되어버릴지도 모릅니다. 기술과 사람 중 하나를 선택해야 하는 것이 아니라, 기술과 사람 사이에 조화를 이루는 것이 중요합니다.

스마트시티를 만들어내는 기술의 중심에는 개개인의 특성과 정보가 있습니다. 이 정보를 어떻게 활용하여 어떤 도시를 만들고 어떤 사회적 가치를 구현할 것인지에는 정보의 주인이기도 한 시민들의 목소리가 반영되어야 합니다. 우리가 살고 있는, 그리고 앞으로 살아갈 미래에는 우리 개개인이 정보를 제공하는 주체이자, 사용자입니다. 기업이나 기술자만이 스마트시티 기술을 만든다고 생각하지 말고, 정보의 주체로서 이 기술에 관심을 가져야 합니다. 무

낮은 교체 가능성
고임금 일자리

낮은 교체 가능성
저임금 일자리

높은 교체 가능성
고임금 일자리

높은 교체 가능성
저임금 일자리

높은 교체 가능성
저임금 일자리

일자리의 자동화 가능성 확률

10% 20% 30% 40% 50% 60% 70% 80% 90%

- 치과의사
- 컴퓨터 및 정부 시스템 관리자
- 변호사
- 고용 관리
- 뷰티 케어사
- 사회복지사
- 회사 중역
- 의료 지원
- 건강인
- 컴퓨터 프로그래머
- 판사
- 경제학자
- 고객 관리 및 서비스
- 교육 도우미
- 자산 관리사
- 컴퓨터 도움 서비스
- 성적 매니저
- 가사 도우미
- 치과 보조원
- 서비스 매니저
- 비서
- 트럭 운전사
- 영업 사원
- 회계사 및 감사
- 신용대출 감정사
- 상점 판매원
- 대출 분석가
- 판매원
- 계산원
- 산업인
- 유치력 선생님
- 지역력 선생님
- 고객 해택 관리사

엇보다 이 기술이 어떻게 활용되고 있는지 인지하는 것이 중요합니다. 지금 한국에서는 첨단기술을 앞세운 여러 스마트시티를 준비하고 있습니다. 결국 도시에서 사는 것은 다수의 시민이기에 특정한 기술을 만드는 도시가 아닌, 시민 개개인이 주도하는 스마트시티가 만들어져야 합니다. 또한 도시의 외관에만 집중하는 것이 아니라 사람이 중심이 된 스마트시티 환경을 구축해야 합니다.

이미 스마트시티의 맹점은 잘 알려져 있습니다. 스마트시티는 모든 사람의 행복과 지구 환경의 지속 가능성을 보장해주지 않습니다. 오히려 우리의 삶을 감시하고 통제하기에 최적화된 공간이 될 수도 있습니다. 어쩌면 조지 오웰George Orwell의 『1984』가 30년 늦게 현실화될지도 모르겠습니다. 도시의 미래는 기술개발자나 정치가, 도시계획가가 아닌 우리에게 달려 있습니다. 모두가 함께 참여하고, 치열하게 논의하고, 함께 건설하는 미래 도시가 만들어지기를 기대합니다.

오마패 5G

권내현   강충구

8장

시간

소통의 욕망, 시간을 창조하다

8장에서는 조선시대의 이동통신기술을 중심으로 그 안에 담긴 사람들의 소통에 대한 욕망을 읽는다. 엄청난 속도를 자랑하는 5G 기술이 시공간을 넘어선 정보 전달을 가능하게 한다는 면에서 앞으로 우리는 어떤 '시간' 아래에서 살아가게 될지 질문을 던진다.

오마패

말을 타고 달린
근대의 시간

권내현

고려대학교 역사교육과 교수이다. 고려대학
교 사학과를 졸업하고 동 대학원에서 석사
및 박사 학위를 받았다. 현재 역사문제연구
소 연구위원, 남북역사학자협의회 이사 등
을 맡고 있다.

소통의 욕망

역사교육과 교수인 저에게 5G 기술은 낯선 분야입니다. 하지만 급속도로 발달한 이동통신기술을 들여다보면 과거부터 지금까지 사람들이 서로 소통하려 했던 욕구가 보입니다. 사람들은 오래전부터 서로 소통하면서 지식과 정보를 공유했고, 집단 사이의 결속을 이루거나 다른 집단과의 분쟁이나 위험을 회피하기도 하였습니다. 이 과정에서 언어가 발달하고 통신수단도 발달했습니다. 통신수단의 발달 과정은 곧 소통에 필요한 시간과 공간의 제약을 뛰어넘는 과정이었다고 할 수 있습니다. 지금부터 통신수단에 담긴 소통의 욕구를 읽어보고, 이러한 통신수단의 발달이 우리의 삶을 어떻게 바꾸어 나갔는지 살펴보겠습니다.

소통은 직접적인 대화를 통해 일어날 수도 있고, 다른 매개체를 통해 간접적으로 이루어질 수도 있습니다. 문자 혹은 그림도 소통의 수단이 될 수 있지요. 소통이나 정보 전달을 위해서 인간은 말馬과 같은 동물을 활용하였고, 연鳶이나 봉수 등의 도구 또는 시설물을 활용하기도 했습니다. 통신수단의 발달 과정은 소통이나 정보 전달에 소요되는 시간을 계속해서 단축시키면서 더 많은 정보를 제공해나가는 과정, 다시 말하면 효율성을 높여나가는 과정이었습니다. 한편으로 이러한 효율이 극대화되면서 인간이 시간을 새롭게 창조하는 단계에 이르기도 했습니다.

시간 관념의 변화

조선시대 사람들은 어떤 통신수단을 이용하여 어떤 시간 안에 살았을까요? 가령 이몽룡이 성춘향을 만나기로 했다고 가정해봅시다. 두 사람이 약속을 잡을 때는 오늘날처럼 구체적으로 약속 시간을 정할 수는 없었을 것입니다. 만일 해 질 녘에 만나기로 했다면 두 사람은 어떤 시점에 자신의 집에서 출발해야 할까요? 해가 땅으로 떨어지기 시작할 때일 수도 있고, 노을이 붉게 물들 때일 수도 있고, 그것도 아니면 해가 지고 어두워질 때일 수도 있습니다. 조선시대 사람들이 누군가를 만나기 위해 특정한 시간을 정했다면, 그 시간은 다분히 주관적이고 유동적인 개념이었을 겁니다. 어쩌면 해 질 녘에 만나자고 약속을 정했지만 서로 생각하는 바가 달라서 한참을 기다려야 했을 수도 있습니다. 그렇지만 정확한 시간 개념이 서 있지 않으니 거기에 대해 문제의식을 느끼지 못했을 것입니다.

오늘날 우리가 생각하는 시간과 조선시대 사람들이 생각하는 시간은 완전히 달랐습니다. 당시에는 특정한 시간을 측정할 수 있는 도구들이 발달하지 않았고, 그나마 있던 도구들도 모든 사람이 활용할 수 있을 정도로 널리 보급되지 못했기 때문입니다. 조선시대의 대표적인 시계는 해시계와 물시계입니다. 이러한 시계들은 주로 왕실이나 관료들이 이용했습니다. 남원에 있던 이몽룡과 성춘향은 이런 시계를 일상에서 활용하기가 어려웠고, 일상적으로 쓰이지도 않았습니다.

이처럼 조선 팔도라고 하는 공간 안에서도 시간은 지역이나 신분에 따라 완전히 다르게 인식되었습니다. 모든 사람이 같은 방식으로 시간을 활용할 수가 없었던 것입니다. 이런 사회에서는 공적으로 규정된 시간이 사적인 개인에게 침투하기 어렵습니다. 신분이나 지역에 따라 시간 리듬은 전혀 다르게 작동했던 것입니다.

조선시대에는 시간에 대한 관념 자체가 다르기도 했습니다. 오늘날 우리는 시간을 하나의 시점에서 미래를 향해 직선으로 나아가는 것으로 여기지만, 조선시대에는 시간을 순환하는 개념으로 이해했습니다. 육십갑자六十甲子가 반복되는 것도 이를 잘 보여줍니다. 또한 조선의 시간에는 질적인 의미가 포함되기도 했습니다. 이사하기 좋은 날, 장을 담기 좋은 날, 악재가 든 해 등이 따로 있었습니다. 이는 오늘날의 일반적인 시간 관념과는 분명히 다른 모습입니다.

오늘날 우리는 6시에 누군가와 만나기로 약속을 정했다면 반드시 그 시간을 맞추려고 노력합니다. 상대방이 6시 정각에 나타나지 않으면 초조해하거나 불안해하고, 때로는 늦은 이를 심하게 타박하기도 합니다. 그런데 이몽룡과 성춘향은 누가 먼저 와서 기다렸든 크게 문제되지 않았을 것입니다. 두 사람은 정확한 시간이라는 관념에 종속되지 않았기 때문입니다. 오늘날의 사람들과는 전혀 다른 시간을 살았다고 할 수 있습니다.

근대의 시간

한국의 근대 시기인 1895년에 7요일제가 등장했고 1896년 태양력이 채택되었으며, 이 무렵 언론에서 24시간제에 관한 내용을 다루기 시작했습니다. 근대 이후로는 시간 관념이 급속도로 달라집니다. 서울역이나 병원, 학교 등의 공공장소에 시계탑이 지어지기 시작합니다. 저만 하더라도 손목시계를 갖기 전까지는 주로 학교 시계탑의 종소리에 의해 모든 일상이 통제되었습니다. 근대의 시간은 정확성과 규칙성을 토대로 인간을 새롭게 규정해 나갔습니다.

공식적이고 표준화된 시간이 개개인들에게 보급되는 데 가장 큰 역할을 한 매개가 바로 학교와 공장이었습니다. 근대 자본주의는 노동자들이 정확한 시간에 맞춰서 노동을 하고 하루 일과를 수행하도록 일상에서 시간을 관리하고 통제하였습니다. 이러한 훈련을 가장 잘 받았던 사람이 공장의 기숙사에서 생활했던 노동자입니다. 아침에 일어나는 시간부터 저녁에 잠자는 시간까지 모두 공장에서 정한 시간의 통제를 받아야 했기 때문입니다.

학교도 마찬가지입니다. 학교의 공적인 시간은 개인의 신체 리듬을 학교 시스템에 맞추게 만듭니다. 학교에서는 학생들을 이 시스템에 적응시키기 위해, 포상을 하고 처벌을 내리기도 합니다. 과거의 학생들은 개근상을 받기 위해 무척 노력했고, 교사들도 지각하는 학생들을 처벌하곤 했습니다. 이 또한 근대적이고 공적인 시간 리듬에 학생들을 적응시키는 과정이었다고 할 수 있습니다.

　근대의 시간은 직선의 시간입니다. 과거에서부터 현재로, 즉 하나의 방향으로 흘러가는 시간입니다. 사람들은 한 번 흘러간 시간은 되돌릴 수 없다고 생각하게 되었고, 이를 통해 시간은 누구에게나 동질적이고 같은 등가를 가지며 화폐가치로 계산될 수 있다는 인식이 형성되어 나갔습니다. '시간은 금이다'라는 말도 이 과정에서 나온 것입니다. 그러나 과거의 이몽룡에게 시간은 금이 아니었습니다. 약속 장소에 먼저 도착해서 하염없이 성춘향을 기다렸던 이몽룡과 달리, 그 후예인 우리는 6시에 만나기로 약속했으면 정확하게 그 시간을 지켜야만 합니다. 기다리는 시간은 낭비되는 시간이며 심지어는 돈을 버리는 것과 같다고 인식하기 때문입니다.

　전근대에는 시간을 인지할 때 청각 혹은 청각과 시각을 동시에 활용했습니다. 현대 사람들은 자신의 시계나 휴대폰을 통해 능동적으로 시간을 확인하고, 정확한 시간의 세분화된 리듬 속에서 생활합니다. 느긋하게 누군가를 기다리기보다는 끊임없이 시간을 확인해야 직성이 풀립니다. 약속 시간이 다가오거나 지나면 상대방의 현재 위치를 확인하고 싶어 합니다. 극단적으로 말하면 시간에 종속되어 산다고도 할 수 있습니다.

　이처럼 시대에 따라 시간의 관념은 달라져왔습니다. 인간이 시간을 효율적으로 활용하는 데 그치지 않고, 시간 자체를 새롭게 만들어온 것입니다. 그렇다면 앞으로도 그 기술 발달에 따라 시간을 새롭게 규정하거나 창조할 수도 있지 않을까요?

전근대의 통신수단

편지

이제 소통이나 통신을 위한 수단에 대해 말하고자 합니다. 이몽룡의 통신 혹은 소통을 위한 중요한 매개체는 '사람'이었습니다. 이몽룡에게는 '방자'라는 하인이 있었습니다. 방자는 때로는 이몽룡의 입이 되어 성춘향에게 이야기를 전달하고, 때로는 우체부가 되어 편지를 전달했습니다. 하지만 편지라는 수단을 통해 전달할 수 있는 정보의 양은 너무나 적었습니다.

조선시대의 편지는 지금까지도 많이 남아 있습니다. 그 가운데 숙종이 누이 명안공주의 집을 방문한 어머니 명성왕후에게 보낸 편지 한 장을 살펴보겠습니다. 그 내용을 오늘날 말투로 옮기면 "밤 사이에 편안하셨습니까? 나가실 때 제가 내일 들어오시라고 말씀드렸는데, 해창위(명안공주의 남편)를 만나셔서 아직 떠나지 못 하신 건가요? 아무리 섭섭하더라도 내일은 부디 들어오십시오"라는 내용입니다. 누이를 만나러 간 어머니가 오늘 돌아오기로 했는데 늦어지자, 섭섭하더라도 내일은 꼭 돌아오시라고 전한 편지입니다. 이 정보는 오늘날의 경우 문자메시지 한 통에 담을 수 있는 적은 양입니다. 오늘날과 시간 관념에서 차이가 있었을 뿐만 아니라 전달할 수 있는 정보도 매우 소략하였습니다.

숙종이 직접 편지를 전달하지는 않았겠지요. 마찬가지로 이몽룡도 방자를 통해 성춘향에게 편지를 전달하였습니다. 성춘향도 떨어져 있던 이몽룡에게 편지를 전할 때 방자를 활용했습니다. 방자는 이몽룡의 노비였기 때문에 성춘향은 방자에게 수고비를 주었습니다. 『춘향전』에는 이몽룡을 만나지 못하는 상황에 처한 성춘향이 방자에게 돈 열 냥과 솜옷 한 벌을 수고비로 주겠다고 이야기하는 장면이 나옵니다.

현실에서는 편지를 보내는 비용이 소설에 등장하는 것만큼 비싸지는 않았습니다. 실제로 19세기 충청도에 살던 조병덕이라는 양반이 쓴 편지를 보면 "다 뒤져보니 겨우 70푼(100푼이 한 냥)이 있는데, 전인(편지 배달인) 이놈은 두 냥이 아니면 못 간다고 하는구나. 네 어머니도 돈이 없고 네 형도 없다고 하니 어떻게 해야 하겠느냐?"라고 신세를 한탄하는 내용이 나옵니다. 수중에 70푼밖에 없는 조병덕이 멀리 편지를 보내려고 하는데 전인이 두 냥, 즉 200푼을 내라고 한 것입니다. 열 냥보다는 훨씬 적은 돈으로 장거리 통신수단이었던 편지를 보낼 수 있었습니다.

이처럼 조선시대에는 편지 배달인 개개인이 사적인 통신수단으로 기능했습니다. 19세기 후반이 되어서야 1882년 우정사, 1884년에는 우정총국을 만들어 국가가 주도하는 공적인 통신 시스템이 구축됩니다. 국가가 편지라는 통신수단을 직접 관리하게 된 것입니다.

그렇다면 당시에는 조금 더 먼 거리에 있는 사람들에게는 어떻게 소식을 전했을까요? 조선시대 사람들에게 가장 멀리 있는 도시로 인식된 곳은 북경이었습니다. 공식적으로 중국을 방문하는 사신이 아니고서야 직접 찾아간다는 것은 생각조차 하기 어려울 정도로 북경은 멀게 느껴졌지요. 사신은 서울에서 출발하여 평양을 거쳐 압록강을 건너고 심양을 지나 북경에 도달했습니다. 서울에서 압록강까지 보통 15일에서 20일 정도 소요되었고, 압록강에서 북경까지는 한 달 이상이 걸렸습니다.

조선 사신들은 이렇게 먼 거리를 직접 이동해 공식적인 문서를 전달했습니다. 이 과정에서 중국 측 인사와 개인적으로 교제를 했던 조선 사람들이 생겼고, 소식을 주고받을 방법이 필요해졌습니다. 대표적으로 이러한 관계를 유지했던 사람이 조선의 유명한 실학자 홍대용과 중국의 지식인 엄성입니다. 홍대용은 사신을 따라 북경을 방문한 것을 계기로 엄성과 교분을 나누었습니다. 홍대용은 귀국 후에도 여러 차례 엄성과 편지를 주고받았습니다.

홍대용이 엄성에게 보낸 편지에는 "만 리나 떨어진 곳에서 소식을 전하는 것은 일찍이 없었던 일입니다. 혹시 소식이 끊어진다면 다시는 이을 수 없을 것입니다"라는 한 구절이 등장합니다. 그들은 어떻게 편지를 주고받았을까요? 두 사람은 1년에 두세 차례 중국을 방문한 조선 사신을 통해 연락을 주고받았습니다. 하지만 조선 사신이 한 번 북경에 가서 일을 마치고 돌아오는 데에는 보통 150일 정도 걸렸습니다. 홍대용이 조선 사신 편에 편지를 보내면 다섯 달 뒤에야 엄성이 보낸 답장을 받아 볼 수 있는 것입니다.

이는 너무나 힘든 과정이었습니다. 엄성이 죽었다는 소식을 듣고 홍대용이 보낸 답은 엄성의 2주기 제사 때에야 겨우 도착했습니다. 엄성의 아들이 보낸 아버지의 유고집은 돌고 돌아 9년 뒤에야 홍대용의 손에 들어왔습니다.

봉수

개인 간의 소통을 넘어 국가가 필요로 하는 긴급한 정보의 전달도 중요했습니다. 긴급한 정보 전달 수단으로 활용되었던 것이 봉수입니다. 낮에는 연기로, 밤에는 불빛으로 긴급한 연락을 전달했습니다. 전국의 봉수를 통해 전달되는 정보의 최종 도착지는 남산이었습니다. 봉수는 약 시속 100킬로미터의 속도로 정보를 전달했을 것으로 추정됩니다. 경상도와 전라도의 해안에서 서울 남산까지는 대략 6시간 정도, 중간에서 지체되면 12시간 정도 소요되었습니다.

봉수를 통한 정보의 전달은 인간이 직접 전달하는 것보다 매우 신속하다는 장점이 있습니다. 하지만 그 정보는 매우 단순했습니다. 봉수가 전달하는 정보의 내용은 크게 다섯 가지였습니다. 평상시에는 불 한 개, 국경에 적이 나타날 때는 두 개, 적이 접근할 때는 세 개, 적이 침범하면 네 개, 전투가 벌어지면 다섯 개를 피웠습니다. 어떤 적이 어느 정도의 규모로 침입했는지는 정확하게 담을 수 없었습니다. 더구나 날이 흐리거나 비가 오면 잘 보이지도 않았습니다. 군졸들이 꾀를 피워 중간 연결이 끊어지기라도 하면 그 다음 봉수부터는 아예 전달되지 않았습니다.

이런 문제들이 있어서 파발이나 역참 제도를 통해 봉수 제도를 보완했습니다. 오른쪽 지도는 전국 봉수망을 지도상에 나타낸 것으로, 봉수대가 설치된 곳에 점을 찍어 표시한 것입니다. 이 점들은 모두 남산을 향해 이어져 있습니다. 즉, 봉수는 국왕이 거처하는 궁궐에서 위급한 상황을 인지할 수 있게끔 설치되었습니다.

역과 역마

조선에서는 봉수 제도와 함께 역驛을 운영했습니다. 국가 관리하에 체계적으로 정보를 전달했던 시스템인 역에서 말은 매우 중요했습니다. 양반들은 일상에서도 말을 타고 이동하곤 했는데, 보통 마부가 앞에서 말을 잡아끌고 하인은 뒤에서 짐을 지고 걸었습니다. 따라서 말의 이동 속도는 말을 끄는 마부와 짐을 진 하인의 속도에 맞춰질 수밖에 없었습니다. 결국 말의 속도는 걷는 것과 큰 차이가 없었고, 다만 말 위에 탄 양반만 조금 더 편안하게 갈 수 있을 뿐이었습니다.

이 방식으로 부산에서 서울까지 이동하면 15일에서 20일 정도 걸립니다. 물론 행정적인 혹은 군사적인 목적으로 말을 이용할 때는 속도가 훨씬 빨랐습니다. 말은 빠르면 시속 60킬로미터 이상의 속도를 낼 수 있지만, 계속해서 이러한 속도로 달릴 수는 없습니다. 중간에 말에게 휴식을 취하게 하거나 말을 바꾸는 과정이 필

16세기 초반 봉수와 봉거
자료: 신증동국여지승람

0 50 100
1:4,000,000

· 봉수
— 봉거

조선의 봉수 분포도

요합니다.

국가의 통신망으로 구축된 파발 제도는 말을 이용하는 '기발'과 사람이 직접 걸어가는 '보발'로 나누어집니다. 기발은 봉수보다 속도는 늦지만, 사람이 직접 문서를 갖고 이동할 수 있기 때문에 전달할 수 있는 정보의 양은 많았습니다. 어떤 지역에 누가 어느 정도의 규모로 침략했고, 누가 어떠한 방식으로 맞서고 있는지를 상세하게 전달할 수 있었습니다. 다만 속도의 한계 때문에 급한 소식을 전하기는 어려웠습니다. 기발을 활용하면 하루에 300리 정도를 이동할 수 있었습니다. 임진왜란 당시 부산에서 서울까지 일본의 침략 사실을 전달하는 데 3일 반 정도가 걸렸다고 합니다.

조선은 중앙 집권 국가였기 때문에 파발 제도가 운영될 수 있었습니다. 한양부터 변방까지 모든 지역의 중요한 정보를 얻고 또 정보를 전달하기 위해 통신망을 설치해놓았던 것입니다. 반면, 지역을 분할 통치하는 봉건 왕조가 오랜 시간 유지된 유럽에서는 지방에서 중앙으로 정보가 집결되고 중앙에서 지방으로 정보를 전달할 필요성이 크지 않았습니다. 오늘날 한국의 서울 집중 현상과 전국적인 통신망의 발달은 이러한 역사적 전통과도 연관이 있어 보입니다.

역마는 사신과 관료가 왕래하고, 급박한 군사 정보와 일반적인 공문을 전달하고, 공적인 물자를 운반하는 데 동원되었습니다. 사람이 타는 말은 기마, 물자를 운반하는 말은 태마 혹은 복마라 불렀습니다. 말의 크기나 상태에 따라서는 대마, 중마, 소마 혹은 상등마, 중등마, 하등마로 구분하였습니다. 역마를 관리하던 역참은 오늘날의 역과 유사합니다.

비교적 규모가 큰 중심 역은 전국에 41개가 있었습니다. 여기에 속한 부속 역은 모두 504개였습니다. 보통 30리마다 하나의 역이 설치되었고, 찰방이라 불리던 관료가 역의 감독을 맡았습니다.

찰방 아래 역리는 작은 역에 두세 명, 큰 역에 20~30명이 있었고, 그 아래 역노비가 30~50명씩 배치되었습니다. 암행어사가 된 이몽룡이 비밀 업무를 수행하고 출두하기 위해서는 역마를 빌려야 합니다. 또한 암행어사 출두 후에 수령의 잘못을 따지고 저항하는 사람들을 제압하기 위해서는 역노비를 동반해야 합니다.

역에서는 평상시에는 말을 관리하다가 관료들이 와서 마패를 보여주면 역마를 지급했습니다. 1808년(순조 8년)에 나라의 군정과 재정을 파악하기 위해 정리한 자료인 『만기요람』을 보면, 전국의 역에서 보유한 말은 5,380필이었습니다. 다음 페이지의 지도는 전국의 역을 표시한 것입니다. 주요 역과 보조 역을 통해 전국이 촘촘하게 연결되어 있습니다. 덕분에 중앙에서 지방으로, 지방에서 중앙으로 원활하게 관리가 이동하고 정보를 전달할 수 있었습니다.

암행어사와 마패

역마를 이용하기 위해서는 마패를 가지고 있어야 합니다. 마패는 지방으로 이동하는 관리가 자신의 신분을 증명하고 통신수단인 말을 빌리기 위해 필요했습니다. 때로는 공문서에 찍는 도장과 같은 역할을 하기도 했습니다. 사극 등을 통해 우리에게 익숙한 암행어사는 문서의 앞뒤에 도장처럼 마패를 찍고 그 아래에 이름과 수결(사인)을 해서 확인의 표시를 남겼습니다.

암행어사는 주로 이마패나 삼마패를 이용하였습니다. 이몽룡

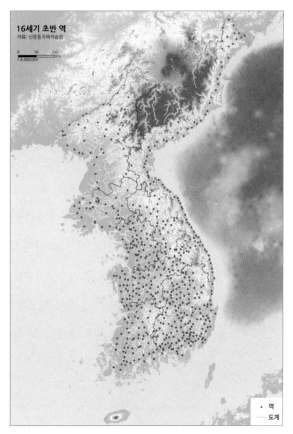

조선의 역 분포도

이 아무리 우수한 암행어사였다고 하더라도, 고려대학교 박물관에 있는 것과 같은 오마패는 사용할 수 없었던 것입니다. 어사에게는 기본적으로 삼마패를 주도록 규정하였으나 이마패를 지급하는 경우도 많았습니다. 이몽룡이 만일 이마패를 가지고 있었다면 자신과 수행원이 각각 한 필의 말을 사용했을 것이고, 삼마패를 가지고

　　　　　　8장. 시간 __ 소통의 욕망, 시간을 창조하다

있었다면 자신과 수행원의 말, 그리고 짐을 운반하는 말까지 총 세 필을 이용했을 것입니다.

암행어사는 보통 정3품 이하의 당하관 가운데에서 선발했습니다. 품계는 낮더라도 국왕의 신뢰를 받는 신하들을 암행어사로 임명했습니다. 지방 수령 중에는 암행어사보다 품계가 높은 사람도 있었으므로 국왕의 신뢰를 받는 시종신侍從臣 중에서 선발하여 권위를 부여했습니다.

그렇다면 마패는 무엇으로 만들었고 마패에는 어떤 종류가 있었을까요? 다음 페이지에 있는 목마패는 산유자나무로 만들었습니다. 이는 왕실 소유의 말과 마차를 관리하는 기구였던 사복시의 말을 이용하기 위한 마패입니다. 앞면에는 馬라는 글자가 쓰여 있고, 뒷면에는 사용할 수 있는 말의 숫자가 적혀 있습니다. 일마는 말 그대로 말 한 마리를, 이마는 두 마리를, 삼마는 말 세 마리를 이용할 수 있다는 뜻입니다. 한편, 관리들이 사용하는 마패는 대개 구리로 만들었습니다. 마패의 뒷면에 사용할 수 있는 말의 숫자가 그림으로 새겨져 있었습니다. 한 마리면 일마패, 두 마리면 이마패, 세 마리면 삼마패라고 부릅니다.

마패의 앞면에는 상서원이라는 관청 이름이 새겨져 있습니다. 상서원은 인장, 마패, 증표 등을 관리했던 조선시대의 관청입니다. 『보인부신총수』에 그려진 일마패의 앞면에는 상서원 옆에 '천자호'라고 새겨져 있습니다. 조선에서는 순서를 정할 때 하늘 천, 따지와 같이 천자문의 글자 순서를 활용했습니다. 천자호는 순서상

목마패

오마패

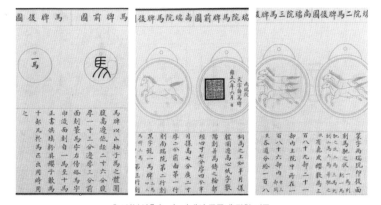

「보인부신총수」 속 마패의 종류에 관한 기록

가장 먼저 만들었다는 의미입니다. 실제 마패를 만들 때 '천'이라는 글자는 밀랍蜜蠟을 이용해 별도로 새기기 때문에 다른 글자와는 모양이 조금 다릅니다. 위조를 방지하기 위함입니다.

천자호 다음에는 일마패라고 새겨져 있습니다. 뒷면에 말한 마리가 그려져 있는 것을 통해 일마패임을 다시 한 번 확인할 수 있습니다. 그 옆에는 옹정 8년 6월이라고 쓰여 있는데, 이는 1730년 6월을 말합니다. 그 옆에는 '상서원인'이라고 쓰인 사각 도장을 새겨 넣었습니다. 조선시대에는 종종 가짜 암행어사가 활동하였고, 가짜 마패도 돌아다녔습니다. 그래서 역에서는 마패의 진위 여부를 통해 관리의 신분을 철저하게 확인한 후 새겨진 수만큼 말을 빌려주었습니다.

마패는 원래 나무로 만들었다가 다음에는 철로, 그 다음에는 구리로 만들었습니다. 쉽게 훼손되거나 부식되는 것을 막기 위한 재료를 찾았던 것입니다. 또한 원래의 마패는 일마패에서 십마패까지 다양했습니다. 십마패는 왕, 칠마패는 왕의 아들인 대군, 육마패는 정2품 이상의 관리, 오마패는 종2품의 관리 등으로 지위에 따라 다른 마패를 사용하도록 규정하였습니다. 하지만 실제로 보통의 관리들은 일마패에서 오마패 사이의 마패를 사용했습니다.

영조 6년인 1730년에는 중앙에 500여 개, 지방에 160여 개의 마패가 있었다고 합니다. 기록상 삼마패를 받는 암행어사는 승마용 상등마 1필, 하등마 1필, 짐말 1필을 사용할 수 있었습니다. 오마패를 가진 관리는 승마용 상등마 1필, 하등마 2필, 짐말 2필을 사용할 수 있었습니다. 당연히 말의 숫자가 많을수록 편리하고 신속하게 공무를 처리하고 정보를 전달할 수 있었습니다.

기술, 자유일까 종속일까?

조선시대에는 서울에서 부산까지 도보로 15~20일, 파발로는 3~4일 정도 걸렸습니다. 그러다 1905년, 경부선 철도가 만들어지면서 기차로 30시간 만에 도착할 수 있었습니다. 현재는 KTX로 2시간 18분 정도 소요됩니다. 갈수록 이동 속도는 물론 정보의 전달 속도가 빨라지고 다양한 형태의 정보도 전달할 수 있게 되었습니다. 앞으로는 시각과 청각 정보뿐만 아니라 촉각과 미각 정보도 전달이 가능할 것으로 예상됩니다. 정보 전달에 걸리는 시간은 줄어드는 반면, 한 번에 전달할 수 있는 정보의 양은 지속적으로 늘어날 것입니다.

이러한 기술의 발달이 과연 인간을 더 행복하고 자유롭게 만들 것인가 하는 고민은 여전히 남습니다. 물론 우리가 정보의 전달 속도가 늦고 그 정보를 얻기 위해 많은 시간을 기다려야 했던 과거로 돌아갈 수는 없습니다. 지금보다는 훨씬 여유가 있었던 과거를 마냥 아름답다고만 할 수도 없습니다. 그렇다고 현재의 상황을 긍정적으로만 바라볼 수 있을까요?

정보 전달의 속도가 빨라지고 정보량이 많아진다는 것은, 일견 사람들 간의 소통이 원활해졌다는 것처럼 보입니다. 하지만 사람들 사이의 소통과 결속이 실제로 강화되었는지 아니면 그저 피상적인 수준에서 그치고 있는지는 고민해볼 필요가 있습니다. 불과 한두 세대 위만 해도 연인의 편지를 기다리면서 행복한 상상을 했던 경험이 있을 것입니다. 지금 세대는 연인을 만나고 싶다면 전화 한 통으로 약속을 잡을 수 있습니다. 이들에게 약속 장소로 이동할 때 버스 차창 밖으로 보이는 풍경은 그저 스쳐 지나가는 풍경일 뿐이고 지하철 창문 밖은 어두운 동굴일 뿐입니다. 기다림도 필요 없으며 낭만도 없어 보입니다.

오늘날 정보를 전달하는 데 소요되는 비용과 시간은 획기적으로 단축되었습니다. 하지만 그에 따라 우리는 기계 문명의 시간과 속도에 적응해야 하고, 때로는 그것에 종속되기도 합니다. 기계 문명의 발달은 우리에게 많은 시간적 여유와 정보를 주었지만, 그것을 어떻게 활용할 것인지에 관한 고민은 충분히 이루어지지 않았습니다. 줄어든 시간과 노동력, 확대된 정보를 통해 인간은 더 자유로워질 것인가, 아니면 그것에 빠져 허우적거리다 도리어 자유를 잃어버릴 것인가 하는 문제에 직면한 것입니다.

과학자들은 끊임없이 기술의 효율성을 높여왔고, 그 효율성의 증가만큼 인간은 자유로워질 것으로 기대했습니다. 과거에 인간이 직접 처리해야 했던 수고를 기계가 대신하고, 기계의 효율이 증가하면서 인간이 자유로워진 측면도 분명 있습니다. 그런데 지금 우리는 그만큼 행복한 삶을 살고 있다고 장담할 수 있을까요? 앞으로 기계 문명의 발달이 인간을 진정 자유롭게 만들까요? 이 문제에 대한 직접적인 답을 내리기는 어렵지만, 이번 기회를 통해 역사와 기술 문명의 발달 과정을 이해하면서도 이미 직면한, 혹은 앞으로 더 심각해질 문제에 대해서도 고민해보면 좋을 것 같습니다.

5G

빛의 속도로
달리다

: 5G는 우리의 삶을
어떻게 바꿀까

강충구

고려대학교 전기전자공학부 교수이다. 한국
통신학회 명예회장이자 한국공학한림원 정
회원이다. 이동통신 시스템의 설계 및 운용
기술을 주로 연구하며, 5G보안포럼기술분
과위원회 위원장을 맡아 5G 기술 개발과 표
준화를 지원하였다.

봉수와 마이크로웨이브 타워

봉수에 관한 이야기를 듣다 보면 통신용 마이크로웨이브microwave 타워가 떠오릅니다. 오늘날 우리는 높은 산이나 고층 빌딩 위에 통신용 타워가 세워져 있는 것을 쉽게 볼 수 있습니다. 이 타워는 무선 신호를 전송하고 수신하는 역할을 합니다. 주로 0.3기가헤르츠GHz에서 300기가헤르츠 대역의 초고주파 무선 신호를 사용하는데, 이 중에서도 30기가헤르츠에서 100기가헤르츠 사이의 대역은 파장이 밀리미터 단위이기 때문에 밀리미터파 대역이라고 부릅니다. 이러한 밀리미터파 대역의 무선 신호를 송수신하는 타워는 그 옛날의 봉수대와 유사한 역할을 한다고 볼 수 있습니다.

미국은 수백 개의 통신용 타워를 통해 북아메리카대륙 전체에 걸친 장거리 무선중계 네트워크를 구축하고 있습니다. 이렇듯 장거리의 무선 신호 중계를 위해서는 여러 개의 타워를 거쳐야 하고, 이 주파수대역에서는 안테나와 안테나 간에 어떠한 장애물도 없이 신호가 도달할 수 있도록 타워들이 서로 마주보고 있어야 합니다. 마치 봉수대 간에 존재하는 불빛을 가리지 않고 양측에서 잘 관찰할 수 있어야 하는 것과 유사합니다. 이러한 특징을 전문 용어로는 가시거리Line of Sight, LOS라고 합니다. 전자기파가 직선상으로 도달하여 눈으로 확인할 수 있는 거리를 의미하지요. 우리가 사용하는 방송망의 경우에도 전국 방송국으로 신호를 중계하기 위해 마이크로웨이브 타워를 이용하기도 합니다.

장거리 통신을 위한 마이크로웨이브 중계 타워

　그런데 보다 빠른 광케이블망이 구축되면서 이러한 타워의 역할이 축소되고, 그 수 역시 줄어들고 있습니다. 즉, 마이크로웨이브 타워를 이용하여 전국을 연결하는 무선중계망 또는 통신망은 보다 빠른 광통신망으로 대체되었습니다.

　〈벌새 프로젝트The Hummingbird Project〉라는 영화를 보면 우리가 얼마나 빠른 속도로 정보를 주고받고자 하는지를 실감할 수 있습니다. 벌새는 1초에 80번의 날갯짓을 함으로써 추락하지 않고 날 수 있습니다. 계산해보면 12밀리세컨드ms(100분의 1초)마다 한 번의 날갯짓을 하는 셈입니다. 이 영화는 미국의 뉴욕과 캔자스시티에 있는 두 개의 다른 거래 시장을 연결하는 광통신망이 구축되고, 초단타 매매를 위해 서로 경쟁하는 가운데 무선중계망을 구축한

영화 〈벌새 프로젝트〉와 벌새

회사가 시장을 장악하는 과정을 보여줍니다. 초단타 매매는 캔자스시티의 거래소에서 누군가가 특정 매수가로 주문하면, 이 정보를 즉시 뉴욕 시장으로 전송하여 그쪽에서 싸게 매수하고, 이를 다시 캔자스시티 시장에 매도하여 단시간 안에 시세 차익을 얻는 형태의 거래입니다. 이 매매 기법은 누가 빨리 정보를 전송하여 매수 및 매도를 할 수 있느냐의 싸움이며, 이때 빠른 통신망의 역할이 매우 중요합니다. 결국 빠른 통신망을 구축하는 사람이 엄청난 돈을 벌 기회를 얻게 되는 것입니다.

영화 속 주인공은 이전 직장 상사와의 트레이딩 경쟁에서 이기기 위해 전송 시간의 1밀리세컨드를 단축시키겠다는 목표를 세웁니다. 벌새가 한 번의 날갯짓을 하는 데 드는 시간보다도 훨씬 짧은 시간을 단축하겠다는 의미입니다. 이를 위해 주인공은 새로운 광통신망을 구축합니다. 광통신망에서 전송 지연시간을 줄이기 위해서는 전송되는 케이블의 길이를 최소한으로 줄여야 하고, 이를 위해서는 모든 선로를 최대한 일직선으로 깔아야 합니다. 영화에서도 모든 선로를 일직선으로 구축하기 위해 험난한 공사를 진행하는 장면들을 보여줍니다. 영화에서는 계속해서 다음과 같이 얘기합니다.

"It has to be a straight line. Mountains? Straight! Rivers? Straight!(무조건 일직선이어야 해. 산? 일직선! 강? 일직선!)"

산을 지나든 강을 지나든 수단과 방법을 가리지 않고 무조건 선로를 최단거리인 일직선으로 포설해야 한다는 것입니다. 선로의 길이가 길어지면 신호가 전달되는 경로 또한 길어지면서, 더 많은 전송 지연을 겪게 됩니다. 따라서 일직선으로 광케이블을 포설해야만 전송 시간을 줄일 수 있고, 전송 시간을 줄이는 사람이 이 시장의 승자가 됩니다. 결국 엄청난 돈을 벌어다 줄지 혹은 반대의 결과를 가져다 줄지를 결정하는 것은 통신 속도인 셈입니다.

영화에서 주인공의 경쟁자는 마이크로웨이브를 이용하여 무선망을 구축합니다. 굳이 어렵게 광케이블을 포설하지 않고, 마이크로웨이브 타워를 직선으로 세우기만 하면 가장 쉽게 짧은 경로의 통신망을 구축할 수 있다는 논리입니다. 과연 실제로도 그럴까요? 전송 지연시간은 전송 경로의 길이에 따라 신호가 물리적으로 목표 지점까지 도달하는 데 걸리는 '전달 지연시간'뿐만 아니라,

'전송 속도'에도 영향을 받습니다. 이때 전송 속도는 신호를 전송하는 선로의 대역폭^{bandwidth}에 의해 제한됩니다. 즉, 넓은 대역폭을 사용할수록 더 빠른 속도로 전송할 수 있고, 그 결과 짧은 시간에 더 많은 정보량을 전송할 수 있습니다. 일반적으로 광케이블은 마이크로웨이브 대역 채널보다도 훨씬 더 넓은 대역폭을 사용할 수 있기 때문에 더 빠른 전송 속도를 실현할 수 있고, 그에 따라 전송 지연시간 역시 훨씬 더 짧아집니다.

또한, 마이크로웨이브를 이용한 무선중계망은 이미 1950년대부터 전화망에서 활용되기 시작했지만, 광케이블을 이용한 초고속 통신망은 1980년대부터 본격적으로 사용되었습니다. 그 이후에도 마이크로웨이브 무선중계망의 전송 속도는 계속 증대되었으나, 실제로 광통신망보다는 그 속도가 훨씬 낮습니다.

마이크로웨이브 타워를 보고 있으면 조선시대의 봉수대가 떠오릅니다. 봉화를 이용하여 정보가 전달되는 속도, 중국에서 편지 한 통이 전달되어 오는 데 2년이 걸렸다는 역사적인 이야기에서 출발해 벌새의 날갯짓에 해당하는 속도로 정보를 전송해야 하는 이 시대의 이야기로 비약하게 되었습니다. 지금 우리는 무슨 정보를 보내고, 그 정보의 양은 얼마나 되고, 어떻게 또 얼마나 빨리 전송될 수 있는지, 그리고 그 기술의 발전이 무엇을 의미하는지에 대한 이야기를 이어가고자 합니다.

통신 매체의 진화
: 우리는 무엇으로 소통하고자 하는가

봉수라는 시스템은 사람들의 생존을 위해 활용되었습니다. 전쟁을 비롯하여 중대한 문제가 생기면 그 사실을 알리고 사람들을 보호하기 위해 정보를 전달하고자 했던 것입니다. 그런데 과연 생존만이 이유의 전부였을까요? 우리는 내 생각을 누군가와 공유하고 싶고, 멀리 떨어져 있는 사람에게 그리운 마음을 전하고 싶어 합니다. 또, 내가 지금 보고 있는 것을 다른 사람들과 공유하고 싶어 하기도 합니다. 혼자만 보고 싶지 않으니까 사진이나 동영상을 찍어서 보내고, 심지어 자신의 감정까지도 공유하고 싶어 합니다. 이러한 욕구로부터 스토리와 콘텐츠가 생산되는 것입니다.

역사적으로 통신수단이 어떻게 발전해 왔는지를 간략히 살펴 보겠습니다. 우리나라 우체국을 상징하는 형상은 제비입니다. 제비는 길조이면서 친숙한 새입니다. 또, 속도가 매우 빠른 새이기도 해서 새로운 뉴스를 빠르게 전달해준다는 의미가 담겨 있습니다. 새로운 정보를 빨리 전달하는 것은 매우 중요합니다. 통신수단과 기술이 발전해온 과정도 우리가 정보를 빠르게 전달하고자 했던 욕구의 발로였습니다. 기원전 490년, '마라톤 평원'에서 일어난 전투의 승리를 알리기 위해 42킬로미터를 달려 도시로 온 아테네 전령의 이야기가 오늘날 마라톤 경기의 시초라는 설이 전해지고 있습니다. 다른 통신수단이 없었기에 사람이 직접 급박한 소식을 전달하기 위한 메신저 역할을 했던 것이지요. 급박한 소식을 신속하게 전달하고자 했던 우리의 봉화도 비슷한 목적으로 만들어졌습니다.

그 다음으로 사람들은 텍스트를 통해 정보를 전달하고자 했습니다. 보다 상세한 내용과 감정을 전달하기 위해서 '글'이 중요한 매체가 된 것입니다. 그러다 보니 많은 양의 내용을 효율적으로 보내는 것이 기술적으로 중요한 목표가 되었습니다. 이에 따라 문자를 표현하기 위한 다양한 방식들이 등장하는데, 가령 해군에서는 깃발을 사용하여 알파벳을 표현하는 세마포어Semaphore라는 통신법을 이용했습니다. 이를 통해 멀리 떨어진 배와 배 사이에서도 신호를 주고받을 수 있었습니다. 영화 〈기생충〉의 마지막 장면에서 아버지 기태는 아들 기우와 모스 부호Morse code를 이용해 은밀하게 대화를 나눕니다. 모스 부호는 짧은 시간에 많은 메시지를 전달하기 위해 새뮤얼 모스Samuel Morse가 고안한 부호로, 1843년경 처음 상용화되었습니다. 자주 사용되지 않는 문자나 기호는 길게, 자주 사용되는 것은 짧게 나타냄으로써 효율적으로 메시지를 전송하는 방식입니다. 이후에 마르코니Guglielmo Marconi는 모스 부호를 무선 전신으로 전송하는 데 성공했습니다. 수많은 기술 발전을 거쳐 지금 우리는 휴대폰과 메신저를 통해 텍스트를 온전하게 전송할 수 있게 되었습니다.

전신을 이용하여 텍스트를 전달할 수 있게 된 이후, 음성을 전달하는 기술이 등장했습니다. 그것이 바로 1876년 알렉산더 그레이엄 벨^{Alexander Graham Bell}이 발명한 전화입니다. 그래서 우리는 전화가 걸려오면 '벨^{Bell}'이 울린다고 표현합니다. 그로부터 약 100년 후인 1973년, 모토로라^{Motorola}사에서 무선으로 전화 통화를 할 수 있는 최초의 휴대폰을 출시했습니다. 전화를 이용한 음성 통화 이후에는, 지금 우리가 일상에서 가장 많이 주고받는 사진과 같은 이미지 정보가 등장합니다. 2007년, 스마트폰의 등장은 그야말로 역사적인 사건입니다. 스마트폰이 등장하면서 음성, 문자, 영상, 이미지 등 다양한 형태의 데이터를 자유자재로 주고받을 수 있게 되었습니다.

어떻게 하면 정보를
더 빨리, 더 멀리, 더 많이 보낼 수 있을까?

통신 방식은 크게 아날로그와 디지털, 두 가지 방식으로 구분됩니다. 아날로그 통신은 보내고자 하는 신호를 아날로그 상태에서 그대로 변조하여 송신하고 수신하는 방식입니다. FM과 AM 라디오 방송이 아날로그 방식에 해당합니다. 한편, 디지털 통신은 신호를 디지털 신호로 변환한 후에 각 비트들을 송신하고, 수신된 비트를 다시 원래 신호로 복구하는 방식입니다. 예를 들어, 디지털 통신에서는 목소리를 그대로 송출하지 않고 샘플링 과정을 통해서 디지털 신호로 바꿔 보냅니다. 즉, 원신호를 추출하여 0과 1의 디지털 신호로 바꾼 다음, 이 비트들을 매체를 통해 수신단으로 전달하는 것입니다. 이때 와이파이$^{Wi-Fi}$와 LTE 등의 무선 매체를 이용하기도 하고 광케이블과 같은 유선 매체를 사용하기도 합니다.

모든 통신 매체에는 대역폭이 주어집니다. 얼마나 많은 정보를 빠르게 보낼 수 있는가를 결정하는 것이 바로 대역폭입니다. 대역폭이 넓으면 넓을수록 같은 시간 동안 보낼 수 있는 정보의 양이 많아집니다. 대역폭이 넓고 좁은 것은 물통에서 물이 쏟아져 나오는 구멍의 크기가 크고 작은 것과 같습니다. 큰 구멍에서 더 많은 물이 쏟아져 나오는 것처럼, 대역폭이 넓으면 한 번에 더 많은 정보를 전달할 수 있습니다. 사람들은 이를 고속도로에 빗대어, 'LTE가 4차선이라면 5G는 12차선이다'라고 표현합니다. 즉, 차선이 많다는 것은 더 넓은 채널 대역폭을 갖는다는 것입니다.

특정한 크기의 채널 대역폭이 주어졌을 때, 얼마나 높은 전송률로 데이터를 전송할 수 있는지 원론적으로 살펴보겠습니다. 대역폭은 헤르츠 단위로 주어지는데, 이를 야구에서 투수가 공을 던지는 상황에 빗대어 설명해볼 수 있습니다. 1헤르츠의 대역폭은 1초 동안 한 개의 공을 던지는 것이라고 생각하면 됩니다. 이때 한 개의 공은 1비트에 해당합니다. 즉, 10헤르츠의 대역폭을 사용하면 1초에 10개의 비트를 전송할 수 있고, 1메가헤르츠의 대역폭을 사용하면 1초 동안 100만 개의 비트를 전송할 수 있다고 볼 수 있습니다. 대역폭이 넓다는 것은 투수가 1초 동안 더 많은 공을 던질 수 있는 것과 같습니다.

이때 전송률을 높일 수 있는 방법이 또 하나 있습니다. 서로 다른 색깔의 공 중에서 어떤 색깔의 공을 던질 것인지 구분하는 일종의 약속을 정해놓는다면, 한 번 공을 던질 때 더 많은 비트를 전송할 수 있게 됩니다. 즉, 빨간색 공이면 00, 파란색 공이면 10과 같은 식으로 공 색깔에 따라 전송하는 비트를 구분한다면, 똑같이 공을 하나 던지더라도 더 많은 양의 정보를 보낼 수 있습니다. 실제로 LTE에서는 여러 가지 디지털 변조modulation 방식을 사용해서 비트를 전송하는데, 이 변조 방식이 몇 가지 색깔의 공을 사용할지 결정하는 것에 해당합니다.

그 다음으로 통신에 있어서 중요한 것은 에너지 소모입니다. 조선시대 봉수의 경우 불을 한 번 피울 때마다 한 개 비트의 정보를 보내는 셈입니다. 그런데 사실 단 한 개의 비트만 보내는 것은 아닙니다. 한 곳의 봉수대에서 총 다섯 개의 불을 피울 수 있으니, 다섯 개 중에서 어떤 불을 피워 올렸는가에 따라 1비트 이상의 정보가 전송된다고 볼 수 있기는 합니다. 그런데 봉수를 한 번 피워 올릴 때마다 봉화 불 하나를 기준으로 한 비트를 전송한다고 할 때, 약 10메가줄megajoule의 에너지가 소모됩니다. 1비트 남짓의 정보를 전송하는 데에도 이렇게 큰 에너지가 소모되는데, 한 장의 사진을 전송한다고 하면 얼마나 많은 양의 에너지가 소모될까요? 그렇기 때문에 에너지 소모, 즉 전력 손실을 줄이는 것은 통신기술에 있어서 영원한 숙제입니다.

한편, 정보를 얼마나 멀리까지 보낼 수 있는지도 굉장히 중요한 문제입니다. 서울에서는 부산에서 피워 올린 봉수를 직접 볼 수 없기 때문에 여러 봉수대를 거쳐서 불빛이 전달됩니다. 통신 네트워크의 관점에서 이는 서비스 커버리지에 해당합니다. 우리나라는 산간을 포함해 전 지역의 대략 90퍼센트 이상의 범위에서 통신 서비스가 가능하지만, 전 세계적으로는 아직도 서비스가 제공되지 않는 지역이 매우 많습니다. 극단적인 예를 들면, 바다 한가운데에서는 어떠한 통신 서비스도 제공되지 않을 수 있습니다. 전 세계 어디를 가더라도 통신 서비스가 가능하도록 커버리지를 확보하기 위해 많은 노력을 기울이고 있습니다. 바다 위에 있는 배부터 사하라사막, 극지방에 이르기까지 지구 전체를 커버하기 위해서는 얼마나 큰 규모의 네트워크를 구축해야 하는지 상상이 되나요?

가장 효율적으로 지구 전체에 통신 서비스 커버리지를 확보할 수 있는 방법은 위성을 이용하는 것입니다. 이러한 위성 통신 서비스를 구축하겠다고 나선 회사가 바로 일론 머스크[Elon Musk]가 설립한 스페이스X[SpaceX]입니다. 이 회사는 직접 위성 발사체를 만들어서 발사하고, 나아가 이 기술을 통해 화성에 사람을 실어 보내는 것을 목표하고 있습니다. 여기서 중요한 기술은 발사체가 우주공간으로 올라갔다가 다시 지상으로 내려올 때 지상에서 회수된 발사체를 재사용하여 발사하는 것입니다. 예전에는 한 번 사용된 발사체는 회수되지 않아 재사용할 수 없었기 때문에 발사 비용이 매우 높았습니다. 이제는 재사용 가능한 발사체가 개발되면서 발사비용이 매우 낮아졌습니다.

한반도 위에는 정지궤도위성[*]이 떠 있어서 이 위성이 24시간 동안 우리 머리 위에 머물고 있습니다. 그런데 정지궤도가 아닌, 지상에서 1,000킬로미터 정도 높이의 저궤도에 위성을 올려 놓으면 우리 머리 위에 위성이 머물지 못하고 지나가버립니다. 그럴 경우 하나의 위성만으로는 지속적인 통신 서비스를 제공할 수 없어서 다수의 위성이 필요해집니다. 하나의 위성이 머리 위로 지나가 버리면, 또 다른 위성이 와서 서비스를 해줄 수 있어야 하는 것이지요. 이와 같이 저궤도 위성을 사용하게 되면 더 높은 세기의 신호로 지상과 교신할 수 있기 때문에 작은 크기의 휴대형 단말을 사용할 수 있고, 더 높은 전송 속도 역시 지원할 수 있습니다. 스페이스X는 저궤도에 위성 1만 2,000개를 발사하고 이들을 이용하여 전 세계에 걸쳐 서비스할 수 있는 우주공간 인터넷을 구축하고자 합니다. 이 우주공간 인터넷을 통해 전 세계 어디에서나 가입자 모두에게 100Mbps[**]의 전송 속도를 제공할 수 있다고 합니다. 'Starlink'라는 네트워크 하나로 전 세계를 커버할 수 있게 되는 것입니다.

---

[*] 지상에서 3만 6,000킬로미터 높이에 있는 궤도이다.

[**] 비피에스bps, bit per second는 초당 전송할 수 있는 비트의 수를 나타내는 단위이다.

5G의 출현

전송 속도의 변천사

우리는 지금 5G 시대에 살고 있습니다. LTE와는 비교할 수 없을 정도로 빠른 속도를 자랑하는 5G에 이르기까지, 인터넷 속도는 어떤 과정을 거쳐 진화해왔을까요? 한국의 대표적인 통신망 사업자 KT의 인터넷 속도를 살펴보면, 구리선을 이용하여 인터넷망에 접속하던 초기 단계를 지나 2007년 광케이블이 도입되면서 그 속도가 크게 증가합니다. 광통신망의 속도가 더욱 발전하면서 2014년에는 10Gbps의 케이블이 가정에까지 보급되었습니다. 유선통신망은 구리선에서 광케이블로 바뀌고, 광케이블을 이용한 광통신기술은 계속 발전했습니다.

LTE가 처음 구축되었던 2007년, 당시 이동통신의 최대 전송 속도는 150Mbps였습니다. 이 2007년이 굉장히 중요한 시점입니다. 바로 이 무렵 스마트폰이 출시되었기 때문입니다. 만약 스마트폰의 등장이 아니었다면 저 정도의 전송 속도는 필요하지 않았을 수도 있습니다. 스마트폰이 등장하면서 데이터 전송량이 늘어나고, 빠른 전송 속도에 대한 수요가 커지면서 그에 발맞춘 기술 진화가 이루어진 것입니다. 2018년에는 LTE-A Pro라는 규격이 나오면서 전송 속도가 1Gbps까지 빨라졌는데, 이는 유선 통신과 맞먹는 속도에 해당합니다. 5G 기술이 출현함에 따라 전송 속도가 20Gbps까지 빨라지면서, 결국 무선 통신이 유선 통신의 속도를 따라잡게 됩니다. 무선 통신에서는 채널로 사용할 수 있는 대역폭이 제한된다는 한계가 있기 때문에, 이전에는 한 번도 무선 통신의 속도가 유선 통신의 속도를 따라잡을 것이라고 상상해본 적이 없었습니다. 그런데 이 상상도 못 한 일이 현실이 된 것입니다. 어떻게 5G에서는 이러한 한계를 극복할 수 있었을까요?

5G는 왜 LTE보다 빠를까?

우리나라는 세계 최초로 5G를 상용화한 나라일 뿐만 아니라, 기술적인 측면에서도 진정한 1등이라고 할 수 있습니다. 5G 기술을 세계 최초로 개발하여 상용화하였고, 삼성전자가 전 세계 5G 시장에서 차지하고 있는 점유율 또한 매우 높기 때문입니다. 5G의 근간이 되는 초고파대역 이동통신기술 역시 삼성전자가 가장 먼저 개발하였습니다.

전송 속도를 높이기 위해서는 넓은 대역폭을 사용해야 합니다. 지금까지는 이동통신을 위해서 매우 낮은 대역을 사용했던 반면, 5G에서는 보다 높은 대역을 사용하고자 했습니다. 더 높은 대역을 사용하게 되면 더 넓은 대역폭을 사용할 수 있기 때문입니다. 그런데 높은 주파수대역으로 갈수록 신호를 전달할 수 있는 특성이 나빠지기 때문에 이를 극복할 수 있는 매우 높은 수준의 기술이 필요합니다. 이 높은 주파수대역을 토지로 비유하자면 개발이 매우 어려운 황무지에 해당합니다. 즉, 황무지를 개발하여 옥토를 만들고자 하는 시도인 셈입니다. 그런데 국내에서, 우리가 사용하지 못하고 있던 높은 주파수대역에서 더 넓은 대역폭을 사용할 수 있는 기술을 개발해낸 것입니다.

이동통신에 필요한 주파수는 통신 사업자들이 경매를 통해 대가를 지불하고 정부로부터 일정 기간 동안 허가를 받아 사용합니다. 우리나라의 경우 5G를 위해 할당된 주파수대역은 크게 3.5기가헤르츠 대역과 28기가헤르츠 대역으로 구분됩니다. 3.5기가헤르츠 대역에서는 총 280메가헤르츠의 대역폭에 대한 경매가 이뤄졌으며, LG유플러스는 80메가헤르츠 대역폭을, KT와 SKT는 각각 100메가헤르츠의 대역폭을 사용할 수 있게 되었습니다. 이 경매가는 사업자당 약 1조 원이었습니다. 10년간 이 주파수대역을 사용할 수 있는 대가로 약 1조 원을 지급해야 하는 것입니다. 통신 기술에 대해 잘 모르더라도 이 가격을 들으면 그 가치가 와 닿을 것입니다. 5G의 초고주파수대역(28기가헤르츠)의 경우에는 사업자별로 800메가헤르츠의 대역폭이 할당되었는데, 이는 저주파수대역(3.5기가헤르츠)보다도 훨씬 큽니다. 보다 넓은 대역폭에도 불구하고 놀랍게도 경매가는 약 2,000억 원으로, 3.5기가헤르츠 대역 가격의 약 5분의 1에 지나지 않았습니다. 부동산의 논리로 보면 넓은 유휴지이면서 땅값이 더 싸다는 것인데, 그 이유는 무엇일까요?

바로 이 넓은 땅이 쓸모없는 황무지이기 때문입니다. 이 대역의 가치가 낮다는 것은 그만큼 사용이 어렵다는 것을 의미합니다. 그 이유는 전파 특성이 좋지 않기 때문입니다. 높은 대역에서는 중간에 어떤 장애물도 없이 안테나들끼리 서로 마주보고 있어야만 통신이 가능해집니다. 특히, 도심지처럼 빌딩이 많은 곳에서는 송신 안테나와 수신 안테나 간에 막힘이 없는 가시권이 보장될 수 없기 때문에 원활하게 통신이 이루어지지 않습니다. 즉, 가시거리가 보장되지 않는 것입니다. 반면, 3.5기가헤르츠 대의 낮은 대역에서는 중간에 장애물이 있어도 건물의 벽에서 신호의 반사와 회절이 잘 이루어집니다. 이러한 특성을 이용하면 송수신 안테나들이 서로 가시권 내에 있지 않아도 신호가 틈을 타고 도달할 수 있습니다. 초고주파대역에서는 이런 반사 현상이 거의 나타나지 않기 때문에 안테나들이 서로 막힘 없이 마주보지 않으면 통신이 잘 되지 않습니다. 결론적으로 초고주파대역은 넓은 대역폭을 가지고 있기는 하지만, 신호 전달에 있어서 이동통신에 적합하지 않기 때문에 마치 황무지와 같습니다. 앞에서 언급했던 마이크로웨이브 대역 무선중계망의 경우에도 이 초고주파수대역을 사용하기도 하는데, 이때 높은 타워 형태로 안테나를 세우는 이유 역시 안테나 사이에 있는 장애물을 없애서 직접 신호가 도달할 수 있게 만들기 위함입니다. 하지만 사용자가 빌딩 사이를 이동하는 이동통신 환경에서는 단말기에 안테나를 장착할 수 없기 때문에 초고주파 대역을 이동통신에 사용한다는 것은 불가능한 일로 여겨졌습니다.

그런데 삼성전자에서 이러한 한계를 극복할 수 있는 매우 진보적인 안테나 기술을 도입하였습니다. 기지국에는 피자 한 판 크기의 안테나군群을 두고, 단말기에는 성냥갑 크기의 안테나군을 설치합니다. 사용하는 주파수대역이 높아질수록 동일한 공간에 많은 안테나를 집적할 수 있습니다. 초고주파대역에서는 피자 한 판 정도 크기의 안테나군 안에 수천 개의 작은 안테나들이 들어갈 수 있고, 이를 이용하여 특정 방향으로 신호를 잘 도달하게 하는 빔beam을 만들어낼 수 있습니다. 단말기에서도 마찬가지로 이러한 빔을 만들어내고, 기지국과 단말기 사이에 있는 신호를 잘 도달하게 해주는 빔의 방향을 찾아서 좋은 신호를 주고받을 수 있도록 합니다. 이런 방향성 안테나를 통해 송수신 간에 직접적인 가시권이 보장되지 않더라도 정상적인 통신이 가능해집니다. 즉, 빔 형성 기술을 통해서 황무지였던 초고주파대역을 개간 및 개척하여 옥토에 가까운 땅으로 만든 셈입니다. 이렇게 확보된 넓은 대역폭에서는 이전보다 훨씬 더 빠른 속도로 데이터를 전송할 수 있습니다. 5G에서 목표로 하는 20Gbps의 최대 전송 속도를 실현할 수 있는 것입니다.

5G의 상용화

2018년 평창동계올림픽을 개최하면서 우리나라가 세계 최초로 5G 시범 서비스를 선보였습니다. 이때 선보였던 5G 시범 서비스의 대표적인 이벤트가 바로 봅슬레이 경기를 생중계한 것이었습니다. 이는 5G의 속도를 보여줄 수 있는 더할 나위 없이 적절한 예시이기도 했습니다. 예전에는 빠른 속도로 내려오는 선수의 모습을 담기 위해 트랙을 따라 카메라를 설치해 두고, 해당 카메라들이 엄청난 속도로 지나가는 썰매를 순차적으로 포착하여 중계했습니다. 그런데 5G 시범 서비스에서는 카메라를 선수 앞에 설치합니다. 이러한 방식으로 촬영한 동영상을 전달하기 위해서는 빠른 전송 속도가 필요하기 때문에 봅슬레이 썰매에 고속 유선 통신을 위한 선을 달아야 합니다. 그러나 5G 기술로 무선 전송 속도가 빨라지면서, 번거롭게 선을 설치하지 않아도 실시간 중계가 가능해졌습니다.

뿐만 아니라 4차원 가상현실$^{virtual reality}$과 같은 새로운 응용 서비스와 홀로그램을 응용한 새로운 사용자 경험 역시 전송 속도가 빨라지면서 가능해졌습니다. 예를 들어, SKT에서는 SM엔터테인먼트와 협력해서 홀로박스$^{Holo-box}$를 만들었습니다. 홀로박스를 머리맡에 두면, 매일 아침 아이돌 가수가 저를 깨워줍니다. 리얼한 홀로그램으로 형상화된 가수가 노래를 불러주고, 출근할 때는 스마트폰을 통해 따라 나오기도 합니다. 마치 아이돌 가수가 곁에서 함께 생활하는 듯한 경험을 하게 되는 것입니다.

지연시간의 최소화

텍스트, 이미지, 비디오 등 시각 정보를 넘어, 다음은 '촉각'입니다. 촉각을 전달하려면 속도만 빠르다고 되는 게 아니고, 전송을 위해 소요되는 지연시간을 줄여야 합니다. 아주 짧은 시간 내에 원하는 정보를 전달하지 못하면 촉감을 전달할 수 없습니다.

지연시간이 얼마나 중요한가를 체감하는 것은 그리 어렵거나 복잡하지 않습니다. 아주 간단한 사례로, 손끝에 공을 올려놓고 있

8장. 시간 __ 소통의 욕망, 시간을 창조하다

다고 가정해보겠습니다. 손끝에 올려둔 공을 떨어지지 않도록 하기 위해서는 어떤 형태로든 신속하게 손끝을 움직여서 균형을 잡아주어야 합니다. 이때 뇌에서 손끝의 신호를 인지하는 과정을 거칩니다. 즉, 사람이 어떤 상황을 인지하고 그에 반응하는 데까지는 지연이 발생하는데, 상황에 따라 충족되어야 하는 지연시간은 제각기 다릅니다. 뇌신경에서 손끝까지의 신호 전달 지연시간이 1밀리세컨드 이내여야만 공을 떨어뜨리지 않고 유지할 수 있습니다. 통신 네트워크가 이처럼 전달 지연시간을 일정 수준 이하로 줄일 수 있다면 촉감 전달 및 기계 장치 간의 제어 등 다양한 서비스가 가능해질 것입니다.

이처럼 우리가 5G망을 통해서 추구하는 것은 전달 지연시간을 최소화하는 것입니다. 앞서 말했듯 촉감을 전달하기 위해서는 이러한 지연시간이 보장되어야 합니다. 5G는 이미 상용화되기 시작했지만, 지금 당장 사용자가 체감할 수 있는 것은 LTE보다 속도

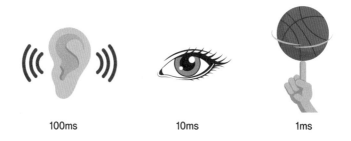

| 100ms | 10ms | 1ms |

사람이 경험할 수 있는 지연시간의 예시. 5G는 네트워크상에서도 이러한 행위를 경험할 수 있도록 하기 위해 예시된 수준으로 신호 전달 지연시간을 단축하고자 한다.

가 더 빨라졌다는 것뿐입니다. 하지만 이렇게 단순히 전송 속도를 높이려고 많은 돈을 투자해서 5G망을 구축한 것은 아닙니다. 즉, 5G는 전송 속도를 높이는 기술일 뿐만 아니라 전달 지연시간을 줄이기 위한 기술이기도 합니다. 기존 LTE의 경우에는 수십에서 수백 밀리세컨드의 전달 지연시간이 발생할 수 있는데, 5G에서는 그 지연시간을 1밀리세컨드 단위로 줄이고자 했습니다.

5G가 바꾸는 세상

5G는 최대 20Gbps의 빠른 속도를 지원할 수 있기 때문에 사용자들은 지금까지 경험하지 못한 새로운 서비스를 접할 수 있습니다. 예를 들면, 다수의 카메라로 찍은 영상을 360° 화면으로 구성한 3차원의 실감형 영상을 빠르게 내려받아 볼 수 있습니다. 실제로 스포츠 경기를 실시간으로 중계할 때, 다양한 각도에서 동시에 찍은 영상들 중에 시청자가 원하는 방향을 선택해서 볼 수 있는 것도 전송 속도가 빨라졌기 때문에 가능한 것입니다. 홀로그램 콘텐츠 역시 엄청난 양의 데이터를 필요로 하는데, 5G가 이를 내려받는 데 필요한 시간을 획기적으로 줄여줍니다. 5G는 사용자들이 어떤 곳으로 이동하더라도 최소 100Mbps의 전송 속도를 보장하는 것을 목표로 합니다. 이처럼 전송 속도를 높여서 사용자들에게 새롭고 다양한 경험을 선사하는 것이 5G에서 추구하는 초광대역 이동통신enhanced mobile broadband, eMBB 서비스입니다.

한편, 지연시간 역시 5G 서비스를 제공하는 데 있어서 중요한 제약 사항입니다. LTE의 경우, 무선 구간에서 10밀리세컨드의 지연시간이 기본적인 제약인데, 5G에서는 이를 1밀리세컨드로 줄였습니다. 또한, 어떤 상황에도 접속이 거의 끊어지지 않도록 하는 초고신뢰도를 목표로 하고 있습니다. 자율주행차나 로봇의 원격 제어 등 최첨단의 기술에서 초고신뢰도는 필수적인 요구 사항입니다. 이처럼 5G에서 추구하는 또 하나의 중요한 응용 시나리오가 바로 초고신뢰도 및 저지연통신ultra-reliable & low latency communication, URLLC 서비스입니다.

마지막으로 사물 간의 인터넷 연결을 지칭하는 사물 인터

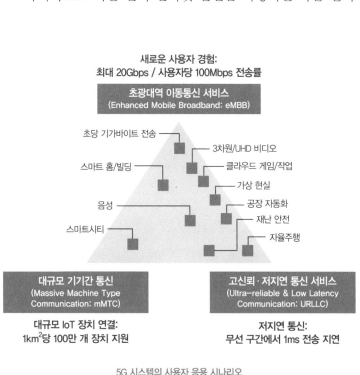

5G 시스템의 사용자 응용 시나리오

넷internet of things, IoT을 지원하기 위해서는 특정 영역에 얼마나 많은 장치를 동시에 연결하고 관리할 수 있느냐가 중요합니다. 즉, 기기 간의 통신machine-type communication을 위해 무수히 많은 연결성을 추구하는데, 5G는 1제곱킬로미터당 100만 개의 장치를 지원할 수 있는 대규모 기기간 통신massive machine type communication, mMTC 서비스를 제공하고자 합니다.

이동통신기술은 소통에 대한 욕망과 과학기술의 발달과 함께 무서운 속도로 진화했습니다. 말을 타고 달린 과거의 시간을 지나, 빛의 속도만큼 빠른 5G의 시대를 살고 있는 우리는 과연 어떤 '시간' 안에 살고 있을까요?

시간은 창조될 수 있는가?

우리는 분명 조선시대와는 다른 시간 관념 속에서 살고 있습니다. 이렇듯 시간이란 것이 유동적이고 관념적인 개념이라면, 시간을 창조해낼 수도 있지 않을까요? 물리학적 관점에서 '시간'은 시계에 의해 인위적으로 측정될 수 있는 정량적인 값이지만, 인식적으로 시간을 정확하게 정의하는 것은 매우 어렵습니다. 실제 역사적으로도 시간의 정의를 두고 철학자와 과학자들 사이에서 완벽하게 동의할 수 없는 인식의 차이가 존재해왔습니다. 하지만 넓은 의미에서 시간을 창조한다는 개념에는 다음과 같은 세 가지 접

8장. 시간 __ 소통의 욕망, 시간을 창조하다

근 방법을 생각해볼 수 있습니다.

하나는 물리학적인 변수들을 바꾸는 것입니다. 예를 들어, 빛의 속도를 바꾼다든지, 중력과 속력을 이용해 시간의 비율을 바꾸는 것입니다. 그렇게 하면 타임머신도 만들 수 있으니 과거와 미래를 오가며 시간의 개념이 완전히 달라질 수 있을 것입니다. 하지만 아직까지 이는 너무 어려운 방법입니다.

두 번째는 우리가 영원히 죽지 않는 것입니다. 그렇게 되면 시간에 대한 제약이 없어지면서 시간을 인식하는 방식 자체가 달라질 것입니다. 결국 우리에게는 더 많은 시간이 주어지는 것이니, 상대적으로 시간의 기준이 확대되면서 시간을 만들어내는 것과 동일한 효과가 있을 것입니다.

세 번째는 시간을 사용하는 방법을 바꾸는 것입니다. 사실은 이게 가장 현실적인 방법이고, 어쩌면 이 장에서 줄곧 해왔던 이야기가 결국 여기에 닿아 있는 것일지도 모릅니다. 역사적으로 시간 개념은 시간을 사용하는 방법에 의해 제약되어 왔습니다. 시간은 '한 시간 안에 뭘 해야 한다', '학교를 3년 동안 다녀야 한다'와 같은 식으로 주어진 일을 주어진 시간에 끝내야 한다는 제약을 만듭니다. 이는 시간을 쓰는 방법을 다르게 만들어준다면 시간의 개념이 달라질 수 있다는 것을 의미합니다.

유명한 드라마 〈스타 트렉Star Trek〉을 통해 물리적 거리의 한계를 줄이고 전달할 수 있는 지식을 늘려서 시간 개념을 창조할 수 있다는 이야기로 확장해보겠습니다. 〈스타 트렉〉은 1966년에 방영을 시작한 드라마인데, 여기에 등장하는 장치나 상황이 반세기가 지난 지금, 많은 것들이 현실화되고 있다는 점에서 매우 놀랍습니다. 이 시리즈에는 지금 우리가 사용하고 있는 스마트폰이 등장하고, 홀로그램 장치도 사용되고 있습니다. 〈스타 트렉〉 속 홀로덱Holodeck에 들어가면 내가 상상하는 세계가 시공간을 초월하여 눈앞에 펼쳐집니다. 지금 우리가 실현하고자 하는 것들이 이미 1960년대의 상상 속에 담겨 있었던 것입니다.

〈스타 트렉〉에서 제일 신기한 것 중 하나는 트랜스포터transporter라는 기계를 이용한 공간 이동teleportation의 개념입니다. 트랜스포터 안에서는 순간적으로 자신이 원하는 곳은 어디든 왔다 갔다 할 수 있습니다. 이론적으로 트랜스포터를 통해 공간 이동을 하려면 인체를 세포 단위 또는 유전자 단위로 잘게 나눠서 최소 단위의 물질로 만들어야 합니다. 이 단위 물질들을 빔프로젝터로 투사하듯 특정 위치로 전달하고, 그걸 다시 합성하고 재생함으로써 사람을 공간 이동시킬 수 있다는 원리입니다. 물론 그 과정에서 재생이 잘못되면 돌이킬 수 없는 사고가 일어납니다. 한 사람을 다른 쪽으로 공간 이동시키는 과정에서 필요한 것들이 모두 전달되지 않으면, 원래의 모습을 복원할 수 없는 심각한 상황이 벌어질 수 있는 것입니다. 실제로 작품 안에서도 이 과정에서 발생하는 사고를 보여주기도 합니다.

트랜스포터에서 사람의 개별 세포를 유전자 단위의 정보로 변환하여 전송할 때, 그 시간은 얼마나 걸릴까요? 만약 한 사람의 정보를 30기가헤르츠 통신 대역폭으로 전송한다고 가정하면, 공간 이동을 하는 데 4,850조 년이 걸린다는 가상의 계산 결과가 나옵니다. 앞서 설명했듯 5G의 대역폭이 800메가헤르츠에 불과하다는 점을 고려하면, 30기가헤르츠 대역폭의 약 40분의 1 수준이므로, 5G 기술로 사람 한 명을 전송하는 데에는 대략 18만조 년이 걸릴 것입니다. 이런 단순 계산만으로도 현재의 통신 기술로 영화 속 상상을 현실화하기에는 지금의 전송 속도는 터무니없이 느리다는 사실을 알 수 있습니다. 물론 양자이론을 이용하여 이러한 공간 이동을 실현할 수 있는 가능성에 대해서도 많은 물리학자들이 연구하고 있지만, 이 역시 현재까지는 공상에 머무를 수밖에 없습니다.

시공간을 넘어 새로운 정보를 전달하는 '공간 이동'과 비슷한 기술로, 현재 개발 중인 촉각 및 후각을 전달하는 기술이 있습

순간적인 공간 이동을 가능하게 하는 기술

니다. 그중 촉각을 전달하는 '하트비트 링heart beat ring'이라는 반지
가 있습니다. 서울과 뉴욕에 각각 떨어져 있는 연인이 있다고 했을
때, 한 쪽에서 반지를 터치하면 상대 쪽에서도 그 느낌을 전달받을
수 있는 반지입니다. 하트비트 링에서 촉감이 구현되는 수준을 넘
어서, 멀리 떨어져 있어도 마치 서로 옆에 있는 것처럼 느끼려면
지금보다도 훨씬 더 전송 속도가 빨라져야 합니다. 이렇듯 네트워
크를 통해 시공간을 초월해서 여러 정보를 이동시킬 수 있다면 어
떤 의미에서 시간을 새롭게 창조하는 셈이 아닐까요? 얼마 되지
않는 정보를 담은 편지 한 통을 전달받기 위해서 며칠, 몇 달, 몇 년
까지도 기다려야 했던 과거를 생각해보면, 시간이라는 것은 분명
고정된 실체가 아니라, 변화하고 창조될 수 있는 관념으로 볼 수
있을 것입니다.

시간을 창조할 수 있다는 또 다른 관점은 사람이 할 일이 없어
지는 겁니다. 할 일이 없어진다는 것은 쓸 수 있는 시간이 많아지
는 것이니, 새롭게 시간을 만들어낸 것으로 볼 수 있습니다. 4차 산
업혁명의 핵심을 요약해보면, 사람이 하기에는 시간이 많이 드는
일을 기계가 대신하여 처리하는 것입니다. 5G를 통해 연결되어 서
로 협력하는 기계들은 단순히 연결된 것만이 아니라 학습을 통해
지능까지 부여받을 수 있습니다.

지질시대학적으로 고생대에 해당하는 캄브리아기 이전에는
모든 생명체가 바다에만 살았습니다. 지구상에 생명체가 등장한
것은 30억 년 전의 일이지만, 현재의 동물과 유사한 많은 생명체

들이 급격하게 출현한 것은 약 5억 4,000만여 년 전, '캄브리아 대폭발'이라는 지질학적 사건이 발생한 후입니다. 캄브리아 대폭발의 원인을 밝혀내는 과정에서 캄브리아기 때 생명체에 눈이 달리기 시작했다는 가설이 대두되었습니다. 생명체에 눈이 달리기 시작하면서 새로운 종의 개체수가 폭발적으로 늘어났다는 것입니다.

마치 캄브리아기의 생명체에 눈이 달린 것처럼, 4차 산업혁명과 5G 환경에서 로봇에도 인간과 같은 지능이 주어진다고 상상해봅시다. 로봇끼리 서로 연결되고, 이런 로봇들에 지능이 들어간 순간 마치 캄브리아기 대폭발과 같이 우리가 상상하지 못한 종류의 로봇들이 폭발적으로 출현하지 않을까요? 그때는 인간이 하던 노동을 이제 기계가 대신하면서 사람들은 자유로워지고, 더 많은 시간이 주어질 것입니다. 자율주행차가 출현하면서 운전을 직접 하지 않아도 되고, 로봇 청소기가 있으니 청소를 안 해도 되는 것처럼 말입니다. 인간은 로봇이 잘할 수 있는 능력에 한해서는 로봇을 능가할 수 없기 때문에 로봇에 의존하는 것이 더 효율적이기도 합니다. 사람들은 이로 인해 무한히 자유롭고, 더 이상 시간에 구애받지 않는 삶을 누리게 될지도 모릅니다.

시간에 구애받지 않는 삶 안에서 우리는 과연 이로 인해 더욱 행복해질까요? 5G 기술을 통해 무서운 속도로 발전하고 있는 로봇이 우리의 삶에 어떤 영향을 미칠지 상상해보면 좋겠습니다. 이것은 과연 비극의 시작일까요, 아니면 더 큰 자유를 얻는 행복의 시작일까요?

혼천시계 양자통신

박유민   허준

9장

무엇이 확실하고 무엇이 모호한가

9장에서는 동서양의 기술을 아우르는 인문과학의 결정체 혼천시계와 과학의 패러다임을 뒤흔든 양자역학을 살핀다. 역법을 통해 시간의 불확정성을 극복하고자 했던 과거를 지나, 새롭게 등장한 양자역학은 시간과 공간의 정의를 다시 쓰고 있다. 양자를 기반으로 한 양자암호와 양자컴퓨터 기술은 우리의 삶을 어떻게 바꿔갈지 그 미래를 그려본다.

혼천시계

동서양의 시계,
그리고 시간

: 하늘의 시간을 담아
  과학으로 어우르다

박유민

고려대학교 박물관 학예연구사이다. 고려대
학교 한국사학과를 졸업하고 동 대학원에서
근현대사 전공으로 석사 학위를 받았다. 현재
교려대학교 박물관에서 유물 관리, 박물관 문
화강좌 및 답사, 전시실 운영 등을 담당하고
있다.

동양과 서양의 조화, 혼천시계

제가 몸담고 있는 고려대학교 박물관은 총 세 점의 국보 문화재를 소장하고 있습니다. 저는 문화재를 다루는 일을 하고 있지만, 어떤 문화재는 국보라고 해서 귀하게 여기고, 또 어떤 문화재는 국보나 보물이 아니라고 해서 가볍게 여기는 것을 경계해야 한다고 생각합니다. 그럼에도 불구하고 우리 역사와 문화에 다가가기 어려워하는 사람들에게는 국보나 보물로 지정된 문화재가 그 밖의 다른 문화재보다 높은 가치를 지닌 것으로 받아들여지고 있는 것 또한 현실입니다. 고려대학교 박물관에서는 그렇게 사람들에게 유물로서의 가치를 높게 평가받고 있는 문화재들을 많이 소장하고 있는데, 그중 대표적인 것이 바로 국보 제230호 혼천시계입니다.

흔히 청자와 백자가 한국의 우수한 문화재라고 이야기하지만, 정작 청자와 백자의 대다수는 누가 어디서 어떻게 만들었는지 정확한 기록을 찾아보기는 힘듭니다. 그렇지만 혼천시계는 누가 언제 만들었는지 정확한 기록이 남아 있는 유물 중 하나입니다. 혼천시계는 1662년 조선 현종 때 천문학겸교수였던 송이영에 의해 제작되었습니다.

사실 사람들이 살면서 가장 많이 보는 문화재 중 하나가 혼천시계입니다. 어쩌면 잘 인식하지 못하고 지나쳤을 수도 있겠지만, 우리가 일상에서 사용하는 만 원권 지폐 뒷면의 한가운데에 혼천시계가 그려져 있습니다. 그 뒤에 배경으로 그려져 있는 별자리는

만 원권 지폐 뒷면에 그려진 혼천시계의 '혼천의' 부분

혼천의 및 혼천시계

9장. 인식 __ 무엇이 확실하고 무엇이 모호한가

『천상열차분야지도』라는 천문도의 일부분이고, 그 옆에 그려진 것은 보현산천문대입니다. 이들을 배경으로 가운데 뚜렷하게 그려진 것이 바로 혼천시계입니다. 좀 더 정확하게 말하자면 혼천시계 중에서도 혼천의 부분에 해당합니다.

혼천시계라고 하면, 왼쪽에 있는 혼천의 부분과 오른쪽에 있는 시계장치 부분을 통틀어 일컫는 말입니다. 혼천시계는 1985년 8월, 국보 제230호로 지정되었습니다. 이와 관련해서 개인적으로 안타까운 일화가 하나 있습니다. 지금 통용되고 있는 만 원권 지폐의 도안을 그릴 무렵, 조폐공사에서 고려대학교 박물관에 있는 혼천시계를 실측해 갔습니다. 그런데 혼천시계를 다 실측해 가서, 정작 도안을 만들 때는 혼천의 부분만 그려놓았습니다. 어쩌면 디자인 전문가들의 입장에서는 혼천시계가 전부 다 그려지면 예쁘지 않다고 생각했을지도 모르겠지만, 저는 이 부분에 상당한 의문이 남습니다.

사실 혼천의는 조선에만 있는 독창적인 유물이 아닙니다. 오히려 중국에 기술적으로 더 발달한 혼천의가 훨씬 많았습니다. 그래서 왜 중국 유물을 한국 지폐에 그렸냐는 논란도 있었다고 합니다. 우리 국보인 혼천시계의 가치는 중국을 비롯한 동양에서 만들어진 '혼천의'와 서양의 '시계장치'를 한데 받아들여 독창적인 기술로 재구성해냈다는 데 있습니다. 이러한 폭넓은 수용성과 독창성이 바로 혼천시계가 과학사적으로 높이 평가받는 이유이기도 한 것이지요.

혼천시계 연대기
: 제작자부터 전파자까지

제작자: 송이영

혼천시계를 제작한 사람은 송이영입니다. 『승정원일기』와 『조선왕조실록』에 송이영에 대한 몇 가지 기록이 등장합니다. 송이영에 대한 최초 기록은 『승정원일기』에 등장하는데, 그 내용은 현종 즉위년인 1659년 "송이영을 광흥주부廣興主簿로 삼았다"라는 것입니다. 주부는 관서의 문서 등을 주관하던 종6품 관직입니다. 지금으로 따지면 공무원 주사급으로 이해하면 됩니다. 또, 혜성이 나타나자 송이영에게 천후天候를 관측하게 했고, 송이영이 혼천의를 제작하고 수리했다는 내용을 사료에서 찾아볼 수 있습니다.

송이영이 어떤 인물이었는지를 파악하는 것 자체가 과학사학자들에게는 굉장히 중요한 과제입니다. 그런데 그가 언제 태어났고 언제 사망했는지에 대한 자세한 기록이 없으니까, 이 사람이 어떤 사람인가 하는 의구심이 커졌습니다. 당시 천문학을 관장했던 관상감이라는 국가기관에서 관직을 맡았던 것은 잡과雜科의 급제자들이었습니다. 그런데 송이영이 잡과에 급제했다는 기록은 남아 있지 않습니다. 그래서 잡과 출신도 아닌 사람이 무슨 수로 혼천시계를 만들 수 있었겠냐는 논란이 있었습니다. 연구자들이 송이영에 대한 정보를 얻기 위해 연안 송씨 족보를 찾아보는데, 여기 기록된 내용과 송이영의 실록 기록이 일치합니다. 연안 송씨 족보에도 그가 광흥창 주보로 천문학교수를 겸했다는 기록이 있고, 출생과 사망 기록까지 확인됩니다.

송이영의 아버지는 호성원종공신扈聖原從功臣인 송정수입니다. 임진왜란 당시 의주로 피난을 떠났던 선조의 곁에서 그를 보필했던 사람들을 공신으로 책봉했는데, 이들 중 직접적인 공을 세운 이들을 호성공신扈聖功臣이라고 하고, 보조적인 역할을 한 이들을 호성원종공신이라고 합니다. 조선시대에는 문음門蔭이라는 제도가 있어서 선조나 친척이 큰 공을 세우거나 고관직을 얻으면 그 후손에게도 일정한 벼슬을 내렸습니다. 송이영 역시 문음 제도를 통해 관직에 올랐던 것으로 추정합니다.

가외의 이야기이지만, 조선시대에 사대부들은 천문학을 위시한 기술 학문을 굉장히 천시했습니다. 그래서 유학과 무학을 제외한 모든 학문을 '잡학'이라고 일컬었으며, 이런 분야를 담당하는 관원을 뽑기 위한 과거를 '잡과'라고 불렀습니다. 천문학, 공학, 의학, 기술학 등이 모두 잡과에 속했습니다. 말 그대로 잡스러운 과라는 뜻이었지요. 그런 시대에 사대부가 천문학을 한다는 것만으로도 천히 여겨질 만한 일이었을 겁니다. 그래서인지 송이영이 천문학겸교수 일을 했다는 것은 별도로 자세히 기술되어 있지 않습니다.

전파자: 루퍼스, 김성수, 니덤, 프라이스, 전상운

혼천시계의 역사에서 제작자만큼 중요한 사람이 있습니다. 바로 연세대학교의 전신인 연희전문학교 천문학 교수였던 W. C. 루퍼스[Will Carl Rufus]입니다. 루퍼스는 1936년 『한국의 천문학』이라는 책을 내며 혼천시계를 소개했는데, 이를 통해 혼천시계가 서양에 알려지기 시작합니다.

혼천시계가 세상에 나타나기까지 중요한 역할을 했던 분이 또 있습니다. 바로 고려대학교를 설립한 인촌 김성수 선생입니다. 1930년 혼천시계를 실은 리어카를 끌고 돌아다니던 한 고물상이 김성수 선생을 찾아가 하나만 사달라고 얘기하자, 김성수 선생께서 그 당시 기와집 한 채 가격을 주고 구입합니다. 그 덕분에 지금 고려대학교 박물관에서 혼천시계의 실물을 볼 수 있습니다. 만약 그때 제대로 보존 및 관리되지 않았다면 혼천시계를 주제로 이러한 이야기를 나눌 수 없었을지도 모릅니다.

저는 혼천시계를 설명할 때, 비유적인 표현을 들어 마치 BTS와 같다고 이야기하곤 합니다. BTS가 데뷔했을 당시에는 국내에서 그리 유명하지 않았습니다. 그런데 어느 순간부터 해외에서 유명세를 얻기 시작하면서 빌보드 싱글차트 1위에도 오르고, 전 세계적으로 사랑받는 팝아티스트가 되었지요. 혼천시계 역시 우리 스스로에 의해서라기보다는 조지프 니덤[Joseph Needham]과 데릭 솔라 프라이스[Derek Solla Price]라는 과학사학자를 통해 그 가치가 알려지기 시작합니다.

1950년대에 니덤은 루퍼스가 쓴 책을 보고 한국에 있는 과학자에게 연락했습니다. 책에 등장하는 혼천시계가 굉장히 귀중한 유물 같은데, 전쟁 와중에도 무사히 남아 있는지 물었습니다. 다행히 한국전쟁의 참화 속에서도 혼천시계는 살아남았고, 니덤이 이를 연구하기 시작합니다. 이후 1960년 예일대학교에 있던 프라이스가 과학사의 보편적 연구 과정 속에서 혼천시계를 세계적으로 알리기 시작합니다. 또한 한국에서는 2018년에 작고한 과학사학자 전상운 선생이 지금 우리가 알고 있는 혼천시계 연구의 기틀을 마련했습니다.

니덤과 프라이스의 연구를 통해 혼천시계를 대단한 발명품이자 조선의 뛰어난 과학 유물로 인정하는 세계적인 움직임이 일자, 국내에서도 1965년 혼천시계를 국가지정 문화재로 등록해야 한다는 주장이 나오기 시작합니다. 그런데 당시에는 지정문화재로 등록되지 못했습니다. 이 혼천시계가 진짜인지 아닌지, 실제 운행되었던 것인지 아닌지 알 수 없다는 이유에서였습니다. 하지만 전상운과 니덤, 프라이스가 연구에 연구를 거듭해서 고려대학교 박물관에 소장되어 있는 이 유물이 1629년에 송이영이 만든 혼천시계가 맞는다는 사실을 증명해냅니다. 마침내 1985년에 들어서야 국보로 지정됩니다.

역법은 권력이다

천문학은 사람들이 문명 생활을 시작하면서 자연스럽게 만들어진 학문이라고 할 수 있습니다. 사람들은 하늘에 떠 있는 달을 보다가 어느 날 여기에 있던 달이 다른 날에는 저기에 떠 있고, 찌그러졌다가 다시 동그래지는 현상을 목격합니다. 달의 위상 변화나 별자리 등에 대한 인식은 살아가면서 자연스럽게 생기는 것입니다.

자연의 운행을 비롯한 과학적 현상들은 동서양의 각기 다른 역사와 철학, 문학 등 인문학적인 인식을 만나면서 문화적인 차이가 발생합니다. 서양에서는 별자리를 통해 신화를 만들어내기도 했습니다. 어떤 별은 제우스가 되고 어떤 별은 이카루스가 되고, 그 별들이 모여 거대한 서사를 이룹니다. 또한 별자리가 변하는 위치를 통해 날짜와 시간 관념을 인식하기도 하는데, 동양에서는 이를 역법曆法이라고 불렀습니다. 여기서 역법을 누가 다루고 관장할 것인가 하는 통치의 문제가 대두됩니다.

예전에는 하늘의 명을 받은 황제만이 역법을 다룰 수 있었습니다. 그래서 하늘의 움직임을 통제하는 것 자체가 중요한 권위이자 통치의 수단이었습니다. 요즘 같은 민주공화국의 시대에도 미세먼지가 일주일이나 한 달 내내 계속되면 대통령 지지율이 떨어지곤 합니다. 과학 문명이 발달한 현대에도 정치 지도자의 지지율에 변화가 생기는데, 자연이 움직이는 원리를 알 수 없었던 당시에는 하늘의 움직임을 통제하는 것이 훨씬 더 중요했을 것입니다.

천체의 움직임은 또한 농사를 짓는 데 굉장히 중요한 자료였습니다. 특히 조선 사회에서는 사회경제적인 관점에서 천체의 운행을 정확하게 파악하는 것이 매우 중요했습니다. 어느 시점에 씨를 뿌리느냐가 수확물의 양을 결정했고, 백성들이 배불리 먹을 수 있느냐가 곧 임금의 권위를 의미했습니다. 비가 올 것인지 눈이 올 것인지 등의 기상 상태를 관장하는 것 자체가 제왕의 권위와 맥을 같이했습니다. 또한 일식과 월식처럼 하늘에서 일어나는 현상을 정확하게 파악하고 대처하는 문제도 중요했습니다. 그래서 역법 자체는 유교적 통치 이념, 군왕에 대한 충효 정신이 강조되었던 조선시대에 특히 강조됩니다. 사실 '관상수시觀象授時'는 요순시대부터 제왕학의 기본 원리로 중요하게 여겨졌습니다. 하늘을 살펴서 백성들에게 정확한 시간을 알려주는 것이 제왕의 가장 기초적이며 근본적인 업무가 되었던 것이죠.

조선의 천문 기구

조선시대에는 어떤 천문 기구들을 사용했을까요? 물론 삼국시대에도 천문 활동을 했다는 기록이 있습니다. 논란이 있긴 하지만, 경주에 있는 첨성대도 천문 관측 시설이라는 견해가 지배적이었습니다. 지금은 천문 관측을 하던 곳이 아니었다는 의견이 좀 더 우세하긴 합니다. 이어 『조선왕조실록』에 "세종 15년(1433년)에 경복궁 안에 천문대인 간의대를 세우고 새로 만든 혼천의를 진상했다"라고 기록되어 있습니다. 이를 경복궁 북쪽에 설치했다는 내용이『조선왕조실록』에 등장하는 최초의 기록입니다. 그 이후인 1434년(세종 16년)에는 장영실이 자동 시보 장치와 타종 장치가 있는 자격루를 제작합니다.

원래 관노비 출신이었던 장영실은 자격루를 만들고 나서 관노官奴에서 호군護軍이 되면서 천민의 신분을 면하게 됩니다. 자격루를 제작한 공이 결정적이었던 것이죠. 그 이후에는 수운혼천水運渾天이라는 수력으로 움직이는 자동 시계 장치와 흠경각루欽敬閣漏라는 태양 운행 시스템을 포함한 자동 시보 시계 장치를 제작합니다. 효종 8년인 1657년에는 김제 군수였던 최유지가 물의 동력을 이용해 대나무로 만든 혼천의에 달 운행 장치를 단 자동 시계를 제작합니다. 그리고 현종 10년인 1669년, 이민철의 수격식 혼천시계와 송이영의 기계식 혼천시계가 제작됩니다.

천문 기구와 역법

효종과 현종 대에 만들어진 천문 기구가 있기는 하지만 세종 대에 제작된 것이 압도적으로 많습니다. 왜 그랬을까요? 세종의 즉위 기간은 1418년부터 1450년까지입니다. 14세기 말에서 15세기 초 중국 대륙에서 명나라는 원나라를 몰아낸 뒤 1386년 난징을 수도로 삼아 명나라를 건국합니다. 그리고 이 시기와 맞물려 1392년 고려가 망하고 조선이 개국합니다. 앞서 말씀드렸듯, 하늘의 움직임을 관장하는 사람은 황제입니다. 그런데 이 시기 중국에서는 황제가, 조선에서는 왕조가 바뀌었습니다. 따라서 새로운 천체의 움직임, 즉 역법을 개선해야 할 필요성이 대두됩니다.『세종실록』77권의 1438년(세종 20년) 기록에는 이런 내용이 나옵니다.

"이미 수시력授時曆이 교정된 후에는 여러 관측 의기儀器를 만드시어, 위로는 천시를 따르고 아래로는 백성의 일에 봉사했다. 우리 전하께서는 자연의 이치를 터득하시라는 책임감이 지역하시고 농사를 중히 여기시는 자부심 또한 그러하시다."

수시력은 원나라 때 사용했던 달력입니다. 원나라 달력이 교정된 후에 조선은 여러 관측기구를 만들어 농사일을 중히 여기고, 백성을 굽어살펴 임금의 권한을 한층 높입니다. 세종 대에 만들어 놓은 천문 기구들은 워낙 잘 만들어져서 이후에도 계속 수리해서 쓴 것으로 보입니다. 그러다가 결정적으로 임진왜란, 병자호란이 일어나면서 모두 불타 없어져버립니다. 전란 직후까지는 이러한 상태가 지속되다가, 1669년에 들어와서 천문 기구를 다시금 새로 만들 필요성이 대두됩니다. 그때 마침 또 중국은 명나라에서 청나라로 왕조 교체가 이루어집니다. 청나라에서는 1644년 10월 시헌력時憲曆이라는 새로운 역법을 반포합니다. 이 시헌력이 우리가 지금 쓰고 있는 음력입니다. 청나라에서 서양의 천문학 지식을 적용하여 만든 역법으로 시헌력이 조금씩 발전해가면서 현재 우리가 쓰고 있는 음력이 된 것입니다. 참고로 양력은 로마 교황의 이름을 딴 그레고리력이라는 역법을 1582년부터 지금까지 쓰고 있는 것입니다. 지금 우리가 사용하고 있는 달력은 굉장히 오래된 역법인 셈입니다.

병자호란 이후 청나라 심양에 인질로 가 있던 소현세자가 귀국하면서 시헌력이 조선에 알려지기 시작하고, 1644년 관상감 제조로 있던 김육이 상소를 통해 시헌력을 채용하자고 주장합니다. 마침내 10년 후인 1654년 10월, 시헌력이 채택됩니다. 10년 동안 중국 내부에서도 시헌력을 사용할 것인지 명나라에서 전에 썼던 역법을 그대로 유지할 것인지 논쟁이 이어졌고, 조선에서도 마찬가지였습니다. 어떤 학자는 이런 논쟁을 두고 '극적인 10년'이라고 표현하기도 합니다. 이렇듯 중국에서 황제가 교체되고, 농업생산력이 극도로 발전되었던 시기에 역법이 바뀌게 됩니다. 그 배경 하에 혼천시계가 만들어진 것입니다.

최첨단의 혼천시계, 달력과 시계가 되다
: 혼천시계의 구조와 특징

혼천시계의 왼쪽 부분을 '혼천의'라고 합니다. 혼천의의 제일 바깥쪽 동그란 원형 부분은 '육합의'이고, 그 안쪽이 '삼신의', 가장 안쪽 동그란 부분이 '지구의'입니다. 시계장치의 가장 중요한 핵심은 추 두 개의 동력으로 시패를 돌아가게 한다는 점입니다. 전통적인 시간의 표기법은 하루를 열둘로 나누는데, 이것이 우리가 잘 알

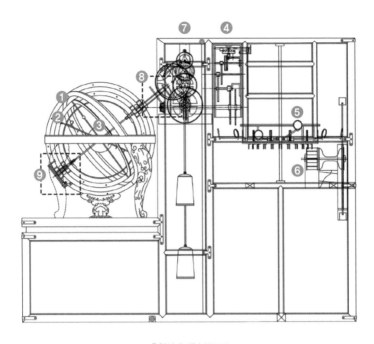

혼천시계 세부 구조도
〈혼천의〉 ❶ 육합의 ❷ 삼신의 ❸ 지구의
〈시계 장치〉 ❹, ❺ 시간 지속 장치 ❻ 구슬 신호 발생 장치 ❼ 타종 장치
〈동력 연결 부분〉 ❽ 혼천의 북극쪽의 동력 연결 장치 ❾ 혼천의 남극쪽의 동력 연결 장치

고 있는 '자축인묘진사오미신유술해'의 십이지^{十二支}입니다. 지금은 사라지고 없지만 원래 혼천시계에는 구슬이 있었습니다. 네 개의 구슬이 제각기 움직이며 신호를 발생시켜 때마다 뒷부분에 있는 종을 치는 구조입니다. 이렇게 타종 장치까지 갖춘 시계가 바로 혼천시계입니다.

혼천의는 해와 달을 비롯한 다섯 행성의 위치를 측정합니다. 혼천시계가 제작된 당시에는 다섯 개의 행성밖에 알려지지 않았으니, 당시 알려진 모든 천체의 위치를 측정한 셈입니다. 기존 시계와는 달리 해와 달의 운행 메커니즘을 관측할 수 있는 천상 시계의 기능 역시 갖추었습니다. 가장 안쪽에 있는 지구의는 회전하지 않고 고정되어 있는데, 약 8.5센티미터의 목재로 만들어진 원형구로 당시의 가장 최신식 세계지도가 그려져 있습니다.

오른쪽 부분의 시계장치를 보면 기존의 자격루, 옥루 등에서는 시패 인형, 선동仙童과 같은 인형들이 시간을 알려 준 것과 달리, 열두 패가 돌아가면서 시간을 나타냅니다. 십이지의 시간을 알려준다는 점은 자격루와 유사하지만, 혼천시계는 진자 장치에 의해 조금씩 회전해서 상대적으로 부드러운 움직임을 보였습니다. 또한 쇠구슬 네 개가 무한 순환 방식으로 신호를 발생시켜서 시패와 타종 장치에 신호를 전달하게끔 설계되었습니다. 지금의 자명종 같은 역할을 했던 것으로 생각하면 됩니다. 당연히 종도 울리는 것이고요.

혼천시계를 만들기 이전에는 자격루를 많이 사용했습니다. 자격루의 원형은 불타 없어지고 지금은 물통 부분만 남아 덕수궁에 보관되고 있습니다. 자격루는 물의 수력 운동을 통해서 시간을 알려주는 기계 장치입니다. 귀여운 인형인 선동이 돌아가면서 시간을 알려주고, 북도 치고 종과 징도 칩니다. 자격루가 불에 타서 사라진 이후 1669년에 들어서 수격식 혼천시계와 기계식 혼천시계를 만들기 시작합니다.

혼천시계는 혼천의 부분이 돌아가는 것을 통해 태양의 움직

9장. 인식 __ 무엇이 확실하고 무엇이 모호한가

복원된 자격루

임, 달의 움직임, 그리고 행성의 움직임을 한눈에 알 수 있게 하였습니다. 일식과 월식의 원리를 3차원 좌표계로 표현해서 천체 위치에 따른 시간 측정을 가능하게 한 것이지요. 또, 고대사회부터 극도로 두려워하거나 경외감을 표했던 일식과 월식의 원리를 쉽게 보여주고자 했습니다. 더불어 지구의 공전에 의해 1년 동안 태양의 위치가 달라지는 것처럼 보이는 태양의 연주운동과 지구가 자전함에 따라 매일 태양의 위치가 변화하는 듯 보이는 태양의 일주운동, 달의 원리와 위상 변화를 함께 이해하고 학습하는 데 많은 도움을 주었습니다. 이를 통해 '태양이 이 정도에 뜨면 1년 중에 이때 즈음이구나'라고 이해하고, 농사를 지을 때는 씨를 뿌리는 시기와 수확하는 시기를 유추해보며 시간의 원리를 삶에 적용할 수 있었습니다. 태양의 일주운동으로 현재의 시간을 알 수 있고, 태양의 연주운동으로 1년 중 날짜를 알 수 있으니, 혼천시계는 시계의 기능뿐만 아니라 달력의 기능도 갖춘 셈입니다. 거기에 더해 시간 알림 창인 시패 장치를 통해 현재 시간을 알 수 있게 하였으며, 타종 장치로 시간의 경과를 소리로 표현했습니다.

혼천의 부분과 시간을 나타내는 부분의 장치는 추 두 개의 진자운동을 통해 톱니바퀴를 구동시켜서 움직입니다. 그래서 혼천의의 태양의 위치는 양력 날짜, 달의 운행 장치는 음력 날짜, 시패 및 타종 장치는 시간을 의미합니다. 이렇듯 혼천시계는 일목요연하게 달력과 시계의 기능을 할 수 있는 세계 유일의 천문시계인 것입니다. 이 놀라운 시계가 1669년에 만들어졌습니다.

1930년대에 루퍼스가 처음 논문을 발표하면서 혼천시계를 세상에 알린 순간부터 실제 존재했던 장치가 맞느냐, 청나라도 아닌 조선에서 만들었다는 것이 사실이냐 등의 끊임없는 논란이 일어납니다. 지속적인 연구를 통해 이러한 논란을 밝혀냈던 과학자들이 앞서 얘기했던 조지프 니덤과 프라이스, 그리고 우리나라의 전상운 선생이었던 것이지요. 그래서 혼천시계가 가지고 있는 가치에 비하면 한참 뒤늦은 1985년에 와서야 국보로 지정된 것입니다.

인문과학의 결정체

혼천시계는 인문과학 기술의 집약체입니다. 세상과 단절된 채로 등장하는 발명품은 거의 없고 대다수의 발명품이 여러 기술들이 모여 창조적으로 변형되고 발전하여 만들어진 것입니다. 혼천의 자체도 중국에서 발달한 혼천의를 조선만의 독창적인 형태로 발전시킨 것으로 볼 수 있습니다. 지구의 모습을 나타낸 지구의는 중국에서도 발견하기가 쉽지 않은데, 어떤 연구자는 송이영과 동시대에 활동했던 이민철에 의해서 이 혼천의가 개발됐다고 주장하기도 합니다. 그 부분에 대한 기록이 없어서 사실이라고 단정할 수는 없습니다. 또한 천체 운행 장치는 세종 대 혼천의의 태양 운행 장치, 효종 대 최유지의 대나무 혼천의와 거의 흡사합니다. 그 기술도 받아들인 것입니다. 지구의 부분은 소현세자가 청나라에서 가져온 여지구를 응용했다는 이야기가 있고, 세계지도 자체는 중국에서 활동했던 천문학자 아담 샬Adam Schall의 세계지도를 딴 것이라고 전해지고 있습니다.

시계 장치도 마찬가지입니다. 서양에서는 14세기부터 17세기 중반에 이르기까지 주로 기계 시계의 기어 장치가 자주 쓰였습니다. 많은 사람들이 잘 아는 톱니바퀴 형태의 기어 장치가 그것입니다. 진자 장치는 그 이전부터 있었지만 추진자 운동을 계속적으로 이어갈 수는 없는 기술이었습니다. 그래서 1657년 네덜란드의 과학자 크리스티안 하위헌스Christiaan Huygens는 톱니바퀴 형태로 구동하는 진자식 탈진 장치를 발명합니다. 탈진 장치란 기어 속도를 일정하게 유지시켜 진자처럼 규칙적인 운동을 가능하게 만든 장치를 말합니다. 그런데 송이영이 혼천시계를 제작한 것은 1669년이고, 하위헌스가 진자 장치를 발명한 것은 1657년으로 12년밖에 차이가 나지 않습니다. 조선에서 12년 만에 이 기술을 받아들였다는 사실에 다시 논란이 일었습니다.

십이지 시패 장치는 자격루의 시패 장치를 축소한 것이고, 구슬 신호는 이전부터 이슬람 문명권에서 쓰였던 방식이고, 톱니 수만큼 타종하게끔 하는 타종 수 기어는 당시 일본의 자명종 시계에서 차용한 방식이라고 합니다. 그래서 일부에서는 "송이영이 한 것이 도대체 무엇이냐"라고 문제를 제기하기도 하지요. 하지만 원래 있던 기술을 하나로 모아 세계 최초로 지금까지도 정밀하다고 인정받는 유일한 시계를 만든 것 자체가 송이영과 조선 과학기술의 업적이라고 할 수 있습니다.

혼천시계의 중심에는 다른 문화를 이해하려 노력하고, 우리 과학기술의 전통을 누구보다도 아껴주고 연구했던 학자들이 있었습니다. 프라이스와 니덤은 혼천시계를 두고 각각 "혼천시계가 동아시아 역사 기술의 전통을 이어받은 유일한 유물이다", "세계 유명 과학박물관은 반드시 이 시계의 복제품을 소장해야 한다"라고 이야기했습니다. 실제로 1950년대에 미국의 스미소니언박물관에서 혼천시계를 가지고 가서 전시를 열려고 하기도 했습니다. 여러 사정으로 허가가 나지 않아 성사되지는 않았지만, 이처럼 해외의

학자들이 극찬해 마지않는 세계적인 유물을 고려대학교 박물관 상설전시실에서 언제라도 찾아볼 수 있는 것입니다.

한국에 있는 과학자, 연구자, 역사학자보다 오히려 해외 학자들이 혼천시계의 가치를 더 알아주었고, 혼천시계가 뛰어난 유물이며 과학기술의 집약체라고 극찬했습니다. 조지프 니덤은 혼천시계를 비롯하여 동아시아 여러 국가의 과학기술 문명이 후진적이지 않았으며 서양 열강의 침입을 받아 식민지가 될 만큼 낙후된 기술력을 가진 것이 아니었다고 주장해 왔습니다. 그는 평생에 걸쳐 조선을 비롯한 동아시아의 국가들이 높은 수준의 과학기술을 보유하고 있었다는 것을 증명했습니다.

동아시아뿐만 아니라 세계에서 유례없는 첨단기술이었던 혼천시계는 이제 유산이 되어 고려대학교 박물관에서 사람들을 기다리고 있습니다. 최첨단의 동서양 기술을 집약한 혼천시계에는 이를 만들고, 알리고, 연구했던 동시대 세계인의 노력도 담겨 있습니다. 앞으로의 최첨단의 기술은 과거의 유산을 돌아보는 데에서 출발한다고 생각합니다. 우리나라의 문화유산에 국민들의 더더욱 많은 관심이 필요합니다.

양자역학,
시공간을
재정의하다

허준

고려대학교 전기전자공학부 교수이다. 서
울대학교에서 전자공학 석사 학위를, 서던
캘리포니아대학교에서 박사 학위를 받았다.
스마트양자통신연구센터 센터장, 과학기술
정보통신부 양자통신분과 자문위원, 고려대
학교 산학협력단 단장 등을 맡고 있다.

과학의 새로운 바이블, 양자역학

1669년에는 아마 혼천시계가 첨단기술이었을 것입니다. 지금은 300년 이상이 지났으니 유산이라고 부르는 것이지요. 지금 우리가 살고 있는 오늘날의 첨단은 무엇일까요? 여러 가지가 있겠지만 그중 하나로 꼽을 수 있는 것이 양자통신과 양자컴퓨터입니다.

책상을 망치로 잘게 쪼개면 어떻게 될까요? 플라스틱이든 나무든 아주 작은 파편이 됩니다. 그 파편을 더 잘게 계속 쪼개면 우리 눈에는 보이지 않는 분자나 원자가 됩니다. 이러한 분자나 원자를 묶어서 양자quantum라고 부릅니다. 아래 그림은 양자의 개념이 '전자', '광자' 등과 달리, 아주 작은 에너지를 갖는 상태를 일컫는 집합명사임을 나타냅니다. 광자는 실제 공과 같은 형태는 아니지

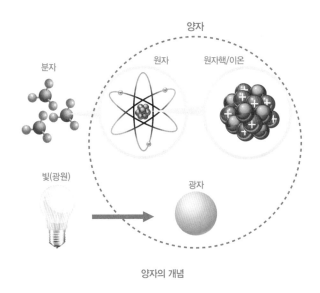

양자의 개념

만 시각화하기 위하여 공 모양으로 표현했습니다.

물질의 최소 단위가 원자나 전자이듯, 빛에도 최소 단위가 있습니다. 레이저포인터를 예로 들어보겠습니다. 레이저포인터의 스위치를 누르면, 건전지에서 에너지를 받아 한 번에 매우 많은 양의 빛, 즉 에너지가 나가게 됩니다. 이러한 빛도 점차 작게 쪼개다 보면 에너지가 극히 적은 양자 상태가 되는데, 이를 '광자'라고 부릅니다. 광자도 양자인 것이지요.

양자의 물리적 정의는 더 이상 쪼갤 수 없는 에너지의 최소 단위입니다. 양자는 파동과 입자의 이중적인 속성을 나타냅니다. 에너지는 양이 매우 적어지면 불연속적인 특징을 갖게 됩니다. 가령, 빛의 경우 광자 한 개나 두 개만큼의 에너지는 가질 수 있어도, 그 중간인 1.5개나 2.3개의 에너지를 가질 수는 없습니다. 이 때문에 양자는 파동뿐만 아니라 입자로도 이해되고 있습니다.

혼천시계가 만들어졌던 17세기 중반, 영국에서 아이작 뉴턴이 태어납니다. 뉴턴은 오늘날의 공학기술을 있게 한 아버지 같은 존재입니다. 뉴턴이 사과나무 아래를 걸어가다가 나무에서 사과가 떨어지는 것을 보고 질량을 가지고 있는 모든 물체는 서로 잡아당기는 힘이 있다는 만유인력의 법칙을 발견했다는 일화가 있습니다. 뉴턴이 1642년에 태어났으니까 아마도 혼천시계가 만들어진 시점이 뉴턴이 사과나무 아래를 거닐던 때가 아니었을까요?

뉴턴은 만유인력의 법칙뿐만 아니라, 운동법칙도 발견하였습니다. 그 이후 서양의 공학은 300년 동안 뉴턴이 발견한 법칙에 의해 지배를 받습니다. 뉴턴이 발견한 법칙을 바탕으로 자동차도 만들고, 로켓을 쏴서 달나라도 가고, 다른 나라로 보내기도 합니다. 그러다가 정확히 1900년에 서양에서 어마어마한 일이 다시 한 번 일어납니다.

막스 플랑크^Max Planck는 실험을 통해 300년 이상 과학기술의 바이블로 자리하며 마치 진리처럼 여겨졌던 뉴턴의 이론을 뒤집습니다. 그렇게 탄생한 것이 바로 양자역학입니다. 양자역학은 플랑크로부터 시작되어 아인슈타인^Albert Einstein, 보어^Niels Bohr, 하이젠베르크^Werner Karl Heisenberg 등 유명한 물리학자들에 의해서 체계화되고 발전되었습니다. 그때부터 뉴턴의 이론은 유산이 되고, 양자역학이 새로운 첨단으로 자리합니다. 1923년 아인슈타인은 '빛은 알갱이이기도 하고 전파이기도 하다'라는 광양자가설을 주창하며 이를 바탕으로 노벨물리학상을 받았습니다. 이 또한 모두 양자역학에서 파생되었던 업적들입니다.

이로부터 100년이 지난 오늘날에는 양자역학을 통신 및 컴퓨터 분야에 적용하기 시작합니다. 한국의 경우 특히 전기전자공학 기술이 꽤 많이 발전했습니다. 한국이 많은 상품을 수출하고 주도적으로 이끌고 있는 공학 산업 중 하나가 통신입니다. 삼성의 스마트폰은 물론이고 삼성과 SK하이닉스의 반도체 기술 역시 세계 최고 수준입니다. 이렇게 한국이 잘하고 있는 통신 분야에 지금의 첨단 학문인 양자를 결합한 것이 바로 양자통신입니다. 또, 컴퓨터에 첨단 양자기술을 도입한 것이 양자컴퓨터입니다. 물론 오늘날

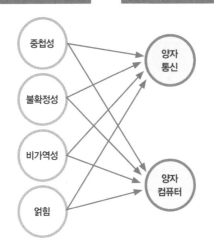

양자의 특성과 적용 기술 분야

의 디지털컴퓨터와 양자역학의 결합은 말처럼 단순하지는 않습니다. 초기에는 양자컴퓨터 연산 원리를 디지털컴퓨터의 병렬 연산과 혼동하는 오해도 있었지요.

위의 그림은 양자역학을 대표하는 네 가지 성질(중첩성, 불확정성, 비가역성, 얽힘)이 양자암호 통신과 양자컴퓨터에 적용됨을 의미합니다. 특히 양자컴퓨터는 얽힘의 성질에 크게 의존하고 있기도 하지만, 얽힘의 양자 상태를 생성하거나 유지하는 것이 매우 어렵다는 사실 자체가 양자컴퓨터 구현의 커다란 걸림돌이기도 합니다.

완전한 보안 체계
: 양자암호

요즘은 스마트폰을 통해 인터넷뱅킹을 많이 이용합니다. 스마트폰에 은행 앱을 깔고 공인인증서로 로그인하면 순식간에 다른 사람의 계좌로 돈을 송금할 수 있습니다. 그런데 혹시나 다른 사람이 인터넷뱅킹 계좌로 들어와서 통장에 있는 돈을 가져갈까 걱정되기도 합니다. 물론 실제로 그런 일이 벌어질 수도 있고요. 이러한 일을 방지하기 위해 우리는 '암호'를 사용합니다. 하지만 암호를 풀어서 돈을 빼가려고 시도하는 사람도 있습니다.

사람들이 안전하다고 믿는 인터넷뱅킹 암호는 어떻게 만들어질까요? 사실 이 암호는 절대로 뚫을 수 없는 완전무결한 시스템은 아닙니다. 엄청나게 복잡한 계산을 수백만 번 반복하면 그 암호를 알아낼 수 있습니다. 하지만 이 암호를 알아내는 데에는 시간이 아주 오래 걸립니다. 지금 우리가 사용하는 컴퓨터로 이 암호를 알아내려면 대략 1,000년이 걸립니다. 그래서 우리는 인터넷뱅킹이 완벽한 시스템이 아님에도 안전하다고 믿고 살 수 있는 겁니다.

양자컴퓨터가 개발되면 지금 컴퓨터보다 수천만 배 빠른 속도로 정보를 처리할 수 있습니다. 극단적으로 말해 지금의 노트북으로는 1,000년 걸리는 일이 단 15분 만에 가능해질 수 있는 것입니다. 15분 만에 인터넷뱅킹 계좌를 해킹할 수 있는 것이니, 이 상황에서는 문제가 됩니다. 그래서 사람들은 아무리 빠른 컴퓨터라도

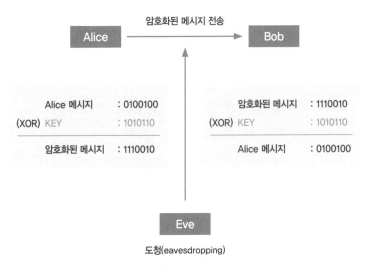

양자암호에서의 키 사용법
암호 키를 안전하게 나누어 갖는 문제가 관건이다.

알아낼 수 없는 암호를 만들고자 했고, 이러한 아이디어를 바탕으로 '양자암호'를 개발합니다.

기존 암호가 동작하는 방식은 다음과 같습니다. 만약 내가 보내고자 하는 정보가 0과 1로 이루어진 숫자열이라면, 같은 길이의 암호 키 숫자열을 더해서 만든 암호화된 메시지를 전송합니다. 상대방은 암호화된 메시지와 함께 암호 키를 전달받기 때문에, 어떤 메시지를 보냈는지 정확하게 알 수 있습니다. 이때 암호 키는, 암호 키가 없는 다른 사람이 정확한 내용을 알 수 없도록 숨겨주는 역할을 합니다. 그런데 양자컴퓨터는 어마어마한 속도를 무기로 이 암호 키를 알아낼 수 있습니다.

양자정보통신의 기본 원리

양자암호가 완전한 보안 체계로 작동할 수 있는 이유는 무엇일까요? 양자암호의 근간이 되는 원리는 슈테른-게를라흐의 실험에서 그 시작을 찾을 수 있습니다. 오토 슈테른Otto Stern과 발터 게를라흐Walther Gerlac는 은박을 태우는 실험을 했습니다. 우리 눈에 보이지는 않지만, 은박을 가열하면 은(Ag) 원자가 튀어나옵니다. 튀어나온 은 원자는 플러스 혹은 마이너스의 전기적인 성질을 띠기 때문에 자기장을 만나 한쪽으로 힘을 받으면 휘게 됩니다. 슈테른과 게를라흐는 은 원자들이 어느 방향으로 휘는지 확인하기 위해 차가운 유리판을 준비했습니다. 은 원자가 이 유리판에 쌓이면 그을음처럼 보이는 것이죠.

슈테른과 게를라흐는 뉴턴의 고전역학에 따라, 불균일한 자기장을 통과한 은 원자는 휘는 방향과 정도가 다양할 것으로 예상했습니다. 어떤 것은 오른쪽으로 휘고, 어떤 것은 왼쪽으로 휘고, 또 많이 휜 원자도 있고 조금 휜 원자도 있을 것이라고 생각했지요. 그래서 유리판에는 하얀색 도화지가 검게 그을리는 것처럼 뿌연 흔적이 나타날 것이라고 예측했습니다.

그런데 놀랍게도 실험 결과, 그을음은 좌우로 떨어진 두 개의 점의 모양으로 나타났습니다. 어떤 원자들은 오른쪽으로만, 어떤 원자들은 왼쪽으로만 휘어버린 것입니다. 지난 300년 동안 세상을 지배해왔던 뉴턴의 법칙이, 자동차가 굴러가는 현상처럼 우리 눈에 보이는 거시세계에서 일어나는 현상에서는 성립되지만, 은 원자 같은 아주 작은 물질이 움직이는 미시세계에서는 들어맞지 않는다는 사실을 깨닫게 된 것입니다.

슈테른과 게를라흐는 이 실험을 확장해서 또 다른 실험을 진행합니다. 이 두 번째 실험이 바로 양자암호와 관련이 있습니다. 이들은 앞선 실험에서 왼쪽 방향으로 휘어졌던 원자들을 또 한 번 자석에 통과시킵니다. 이번에는 두 점으로 나타나지 않고 왼쪽으로만 휘어졌습니다. 당연한 일입니다. 조금 전에도 왼쪽으로 휘었던 원자들이니까요. 여기까지는 뉴턴의 고전역학적인 사고방식으로도 설명이 됩니다.

이번에는 자석을 90도로 눕혀 원자가 위아래로 휘게 하고, 아까 왼쪽으로 휘었던 원자를 자석 근처에 둡니다. 자석의 방향을 바꿨으니 이번에는 위나 아래 중 한쪽 방향으로 휘겠지요? 실험 결과, 예상한 대로 원자는 위 혹은 아래로 휘었습니다. 그런데 이렇게 왼쪽으로 휘었다가 위아래로 휜 원자를, 처음 자석처럼 좌우로 휘게 만드는 자석에 한 번 더 통과시키면 놀라운 일이 벌어집니다. 절반은 오른쪽으로 휘고, 절반은 왼쪽으로 휘는 무척 특이한 현상이 일어나는 것입니다. 아까까지만 해도 왼쪽으로 휘는 원자들밖에 없었는데 말이죠.

바로 이러한 현상을 이용해서 통신 암호를 만들 수 있습니다. 만약 내가 친구에게 비밀스러운 정보를 보내고 싶으면, 사전에 약속된 자석의 방향으로 미리 정보를 보냅니다. 나와 친구 사이에 아무런 장애물이 없다면, 왼쪽 방향으로 휘는 정보는 친구에게 전송된 후에도 왼쪽으로 휘게 됩니다. 누군가가 나와 친구 사이에 정보를 알아내려고 침입하면 약속된 방향과는 다른 방향으로 정보를 탈취해가려고 노력할 것이고, 그렇게 되면 왼쪽으로 휘도록 만든 정보가 절반은 왼쪽, 절반은 오른쪽으로 휘게 될 것입니다. 이렇듯 정보의 흐름이 들쑥날쑥해지면 누군가가 끼어들어서 내 정보를 탈취하려 한다는 사실을 알 수 있습니다. 이것이 양자정보통신의 물리적인 기본원리입니다.

슈퍼컴퓨터를 능가하는 양자컴퓨터의 등장

양자컴퓨터도 양자통신과 맞물려 있습니다. 기존 컴퓨터는 0과 1의 이진법을 사용해서 정보를 처리합니다. 반면, 양자컴퓨터는 0과 1을 중첩해서 00, 01, 10, 11과 같이 네 가지 상태를 기본단위로 하는 퀀텀 비트quantum bit, 즉 큐비트qubit를 사용해서 정보를 처리합니다. 즉, 하나의 큐비트에 네 가지 상태를 중첩시켜서 표현할 수 있습니다. 만약 큐비트의 수가 n개라면, 2의 n제곱만큼 중첩시켜 표현하는 것이 가능합니다.

이러한 양자컴퓨터의 등장으로 정보 처리 속도가 기하급수적으로 빨라지면서, 현재 일부 암호 시스템의 안정성은 위협을 받게 되었습니다. 암호 시스템 중에 널리 사용되는 비대칭키 암호는 매

IBM의 양자컴퓨터

9장. 인식 __ 무엇이 확실하고 무엇이 모호한가

우 복잡한 수학 연산을 수행해야만 풀 수 있는데, 이 복잡한 연산이 디지털컴퓨터로는 수백 년 이상 걸리지만, 양자컴퓨터로는 수십 분 안에 해결 가능할 것으로 예상하고 있습니다. 이에 따라 복잡한 수학 연산에 의존하지 않는 암호의 필요성이 대두되었고 양자암호가 그중 하나의 대안으로 제시되었습니다.

구글도 양자컴퓨터 산업에 뛰어들었습니다. 구글에 '뉴턴'을 검색하면 단 0.1초 만에 전 세계에 있는 뉴턴에 대한 모든 정보를 보여줍니다. 어마어마한 속도로 정보를 찾는 것이지요. 지금도 이렇게나 빠른데, 이 속도를 더 높이기 위해 양자컴퓨터를 열심히 개발하고 있습니다. 최초로 컴퓨터를 만든 IBM 역시 다시금 사업을 확장하기 위해 양자컴퓨터 개발에 어마어마한 돈을 들이고 있습니다.

양자컴퓨터는 양자적인 속성을 이용해서 엄청난 속도로 연산을 수행하는 컴퓨터를 말합니다. 이때 대표적으로 사용되는 양자적인 속성은 중첩성과 얽힘성입니다. 양자컴퓨터에서는 다양한 디지털 상태를 중첩하여 한 번에 입력하면, 얽힘성에 의해서 생성되는 양자간섭현상에 의해서 매 연산 단계를 거칠 때마다 그 연산 결과가 계속해서 중첩되어 나타나게 됩니다. 연산의 맨 마지막에서는 측정이라는 과정을 거쳐서 중첩된 값들 중에서 확률적으로 높은 값이 해답으로 출력됩니다. 즉, 지금의 디지털컴퓨터에서는 각각의 경우를 하나하나씩 입력하여 연산하고 출력해서 결과를 비교하는 과정을 거치는데, 양자컴퓨터에서는 중첩을 통해서 모든 경우를 한 번에 처리할 수 있게 되어 연산 속도가 매우 빨라지는 것입니다. 하지만 이러한 중첩을 통한 연산이 모든 분야에 적용 가능한 것은 아니며, 현재로서는 암호 해독과 같이 매우 특별한 경우에 대하여 큰 이득이 있다는 것만 알려져 있습니다. 이론적으로는 이러한 분야에서 굉장히 빠르게 연산을 처리할 수 있는데, 아직 이를 만드는 데에는 걸림돌이 많습니다.

과학적으로 발견된 원리를 공학적인 기술로 만들고 상업적으로 유용하게 사용하기 위해서는 세 가지 조건을 만족해야 합니다. 먼저 범용성입니다. 기술은 누가 이용하든, 또 어디서 이용하든 같은 동작이 가능해야 합니다. 이처럼 어떤 조건에서든 작동이 이루어지는 성질을 범용성이라고 합니다. 또 하나는 신뢰성입니다. 오늘 작동되던 게 내일은 안 되고, 열 번 해서 되던 게 열한 번째에서 작동하지 않으면 누구도 사용하지 않을 것입니다. 백만 번을 하든 천만 번을 하든 늘 같은 결과를 도출하는 신뢰성이 있어야 합니다. 마지막으로 확장성입니다. 스마트폰이 점점 빨라지고 메모리가 커지면서 우리가 다뤄야 하는 정보의 양도 기하급수적으로 늘어납니다. 이에 따라 기술의 스케일 역시 훨씬 더 커져야 합니다. 이 세 가지를 만족해야만 그 기술이 상업적으로, 산업적으로, 또는 공학적으로 성공했다고 할 수 있습니다.

그런데 양자컴퓨터는 아직 이 세 가지 조건을 완벽하게 갖추지는 못했습니다. 그래서 아직 완성형의 양자컴퓨터는 개발되지 않았다고 볼 수 있습니다. 이 세 가지 문제를 해결할 수 있는 물질을 발

9장. 인식 __ 무엇이 확실하고 무엇이 모호한가

견하지 못했기 때문입니다. 하지만 구글과 IBM을 비롯한 세계의 여러 대학이 열심히 노력해서 세 가지 속성을 모두 만족하는 물질과 아주 큰 용량의 양자컴퓨터를 만드는 방법을 찾고 있습니다.

2016년 디웨이브^{Dwave}라는 캐나다 회사에서 1,000개의 큐비트를 가진 양자컴퓨터를 만들었다고 발표했습니다. 당시 미국과 중국, 유럽, 일본이 치열하게 경쟁하고 있는 상황이었는데, 생각지도 못한 캐나다가 최초로 양자컴퓨터를 발표하며 전 세계를 놀라게 했습니다. 일부 사람들은 진짜 양자컴퓨터가 맞냐고 의문을 제기하기도 했는데, 왜냐하면 이 양자컴퓨터가 거의 집채만 한 크기였기 때문입니다. 사실 우리가 쓰는 노트북도 예전에는 대학 강의실 정도의 크기였습니다. 기술이 발전되면서 지금의 크기로 작아진 것이니, 50년 후에는 양자컴퓨터도 노트북처럼 작아질 수 있을 것입니다. 그로부터 2년 후, IBM은 방보다 훨씬 작은 양자컴퓨터를 만들었지만 굴뚝만 한 크기로 여전히 큰 편입니다. 이후, 거대기업들 사이에서 양자컴퓨터 개발 경쟁에 불이 붙습니다. 양자컴퓨터의 성능은 큐비트로 나타내는데, 구글은 2018년 72큐비트 양자컴퓨터 속에 들어가는 반도체 칩을 만들었다고 발표했습니다. 72개의 큐비트를 갖는 양자컴퓨터는 기존 슈퍼컴퓨터의 성능을 훨씬 뛰어넘습니다. 한국에서는 아직 이 정도 속도의 양자컴퓨터는 만들지 못하고, 전 세계적으로도 약 다섯 곳 정도만 만들 수 있습니다. 마이크로소프트도 윈도^{Windows}에 이어서 양자컴퓨터용 소프트웨어 개발에 박차를 가하는 중입니다. 양자컴퓨터가 상용화되면 필요한 모든 소프트웨어를 자신들이 제공하겠다면서 열심히 개발하고 있습니다.

저는 국정원의 의뢰를 받아 양자컴퓨터 개발 동향을 연구한 적이 있습니다. 현재 어느 정도의 성능을 가진 컴퓨터가 나와 있지만 아직까지 부족한 부분이 많습니다. 과거부터 지금까지의 발전 추세를 통해 앞으로의 방향을 예측해보았는데, 2015년부터 2019년까지 양자컴퓨터가 발전한 속도를 고려하면 대략 2030년 쯤에는 양자컴퓨터가 실제로 인류의 여러 가지 난제를 해결해줄 것으로 보입니다. 신약을 개발하고, 난치병을 해결하고, 유전자 희귀병을 고치는 등 여러 문제를 해결하는 데 양자컴퓨터가 유용한 역할을 할 것입니다. 물론, 이러한 변화에 따라 보안 시스템을 연구하는 사람들은 안전한 전자상거래를 위해 2030년까지는 새로운 보안 체계를 만들어 대비해야 합니다. 앞으로 약 10년 동안 어떤 기술 및 소프트웨어가 개발될지 관심 있게 지켜보면 좋을 것 같습니다.

1600년대에 우리 조상들은 오늘날과 같이 몇 시 몇 분 단위로 움직이며 일상을 보내지 않았을 것입니다. 이러한 시간의 불확정성이 주는 불편함을 해소하기 위해서 우리 조상들은 천문을 측정하여 정확한 시간을 예측하는 혼천시계를 발명하였습니다. 모든 것이 정확하고 확정적이라는 사고는 20세기 양자역학의 불확정성 발견에 의해서 다시 모호해졌고, 이제는 불확정성을 활용하여 새로운 과학기술의 지평을 확대해가고 있습니다. 이렇듯 확정성과

9장. 인식 __ 무엇이 확실하고 무엇이 모호한가

불확정성은 서로 돌고 돌아서 결국 여러 과학자의 노력에 의해서 인류의 삶이 풍요로워지는 방향으로 발전해가고 있습니다.

양자역학과 양자컴퓨터의 등장은 새로운 문제를 해결함과 동시에 과학기술과 인류의 공존이라는 새로운 과제들을 던지기도 합니다. 양자역학과 양자컴퓨터의 연구 동향과 더불어 앞으로는 어떤 기기와 문물, 새로운 과학의 영역이 탄생할지 미래의 첨단기술을 상상해보면 좋을 것 같습니다.

태항아리 ✕ 바이오기술

강제훈   오민규

10장

생명

삶과 죽음의 경계를 다시 묻다

10장에서는 조선시대의 무덤과 태항아리를 통해 탄생과 죽음이라는 관념을 어떻게 받아들이고 극복해갔는지 살펴본다. 또한 유전자 가위 기술을 통한 복제 인간 기술, 인간을 냉동시켜 죽음의 상태를 유예하는 냉동 인간 기술이 어떻게 죽음과 삶의 경계를 흔들고 있는지 설명한다. 앞으로 우리가 살아가게 될 시대에서 삶과 죽음은 어떤 의미로 새롭게 쓰여나갈지, 질문을 던진다.

태항아리

죽음,
삶으로 이어지다

: 유교 문화는
죽음을
어떻게 다룰까

강제훈

고려대학교 한국사학과 교수이다. 고려대학
교 사학과를 졸업하고, 동 대학원에서 박사
학위를 받았다. 현재 고려대학교 박물관장
으로 재직중이며, 규슈대학교 객원교수 및
튀빙겐대학교 파견교수를 역임하였다.

무덤에도 등급이 있다
: 인명원으로 보는 조선시대 왕실 문화

　　조선시대 왕족의 무덤에도 등급이 있습니다. 능陵은 국왕이나 왕비의 무덤을 지칭하고 왕세자와 왕세자빈, 왕세손 그리고 왕을 낳은 후궁의 무덤은 원園이라고 칭했습니다. 나머지는 보통 사람들의 무덤처럼 묘라고 불렀습니다. 이처럼 무덤의 등급은 피장자의 신분과 지위에 따라 결정되었고, 그에 따라 무덤의 형식도 정해지고 특정한 부대시설도 갖춰졌습니다.

　　고려대학교에는 안암 캠퍼스, 이공대 캠퍼스, 의과대학이 있는데 이공대 캠퍼스는 이전에 '애기능 캠퍼스'라고 불렸습니다. 과학도서관 뒤편에 있는 동산을 보고 능이 작다고 하여 애기능이라고 불렀던 것 같습니다. 보통 왕족의 무덤은 구릉이 있는 지형에 세웁니다. 언덕과 같은 지형에 봉분을 조성하고 주변에 등급에 맞는 시설물을 짓습니다.

　　이공대 캠퍼스 위치에는 인명원仁明園이 있었습니다. 인명원의 주인은 정조의 후궁인 원빈 홍씨입니다. 원빈에서 '원'은 일종의 이름이고, '빈'은 등급을 표시하는 말입니다. 빈은 정1품 등급으로 여성이 받을 수 있는 가장 높은 지위에 해당합니다. 원빈 홍씨는 홍국영의 누이동생이었는데, 당시 풍산 홍씨 집안은 왕실과 겹겹이 혼인 관계를 맺은 명문가였습니다.

　　후궁은 국왕의 후사를 남기기 위해 채택되는 여성으로, 선발

현재 고려대학교 이공대 캠퍼스에 위치한 애기능 터

을 통해 뽑거나 왕의 눈에 든 궁녀를 발탁하기도 했습니다. 후궁에
게는 보통 정1품에서 종4품까지의 품계를 수여합니다. 왕은 품계
를 받지 않은 여자와는 잠자리를 갖지 않는 것이 예의였습니다. 궁
궐에서 생활하는 여성에게는 관품에 따라 엄격한 서열이 적용되
기 때문입니다. 품계에 들지 않았다는 건 신분에도 문제가 있음을
의미합니다.

　품계를 받고 궁에서 일하는 여성들을 여관女官이라고 합니다.
이들 중에는 정5품인 상궁이 가장 높은 계급이었습니다. 상궁은
왕, 왕비, 후궁에게 각각 배치되어 자신이 속한 궁 조직을 운영합
니다. 상궁 위에는 왕비나 후궁이 있지만 이분들은 말 그대로 궁의
안주인이고, 조직을 운영하는 것은 상궁의 역할입니다. 상궁 아래
에는 품계를 받은 여관들도 있지만, 이들은 상대적으로 고위직 관

　　　　　　　10장. 생명 __ 삶과 죽음의 경계를 다시 묻다

원이었습니다. 당연히 그 밑에서 품계 없이 일하는 사람도 무척 많았습니다.

궁에서의 업무는 성격상 정교할 수밖에 없었고, 이들 사이의 위계나 규율은 매우 엄격했습니다. 그런데 국왕이 품계가 없는 여성과 잠자리를 하여 상대방이 임신하게 되면, 졸지에 그는 4품 수준의 후궁으로 임명되었습니다. 궁 안의 기존 위계가 한순간에 무너지는 것이지요. 그러니 국왕은 이런 질서를 존중해야 되는데, 사람 일이란 게 언제나 예외가 발생하는 법이라 숙종의 후궁이었던 희빈 장씨나 영조의 생모인 숙빈 최씨 같은 경우는 궁에서의 서열을 무시하고 국왕의 사랑을 받은 사례였습니다.

물론 원빈은 이들과는 경우가 다릅니다. 원빈 홍씨는 정식 간택 과정을 거쳐 후궁으로 발탁되었습니다. 선발된 후궁에게는 처음부터 종2품 이상의 고위 직위가 주어집니다. 원빈 홍씨는 1778년 빈으로 간택되고 이듬해인 1779년에 사망했는데, 간택될 때부터 정1품 빈의 자리에 오른 최초의 인물입니다. 왕비와 거의 유사한 권위를 가졌다고 볼 수 있습니다. 현재 원빈의 무덤은 서삼릉 후궁 묘역에 위치해 있습니다. 원빈의 무덤은 처음에는 '원'이었고, 제사를 지내는 공간으로 효휘궁이라는 별도의 사당이 있었습니다. 원빈이 죽고 최초로 조성되었던 무덤이 인명원이었는데, 바로 이 무덤이 지금의 고려대학교 이공대 캠퍼스 자리에 있었습니다. 보통 원 등급은 왕의 자녀를 낳은 후궁에게 부여되는데, 원빈에게는 자녀가 없었음에도 그 무덤에 원 등급이 주어졌고 제사를 지내는 별도의 공간이 조성되었던 것입니다. 당시 홍국영이 얼마나 대단한 권력자였는지를 엿볼 수 있는 대목입니다. 홍국영이 실각했던 1786년, 인명원은 원에서 묘로 강등되었고 원에 주어지는 모든 부대시설이 다 철거되었습니다.

1950년, 정부는 지금의 경기도 고양시에 위치한 서삼릉 묘역으로 후궁의 무덤을 다 모았습니다. 아마 이때 원빈의 무덤도 서삼릉으로 이장되었을 것으로 생각됩니다. 한국전쟁이 바로 이어졌기 때문에, 당시의 묘 이전 과정에 대해서는 상세하게 남아 있지 않습니다. 인명원이 있었던 무덤 자리는 10년 동안 비워져 있다가, 1960년대에 이공대 캠퍼스가 조성되었습니다.

연세대학교도 본래 무덤 자리였습니다. 연세대학교는 수경원 綏慶園이 있던 곳에 지어졌습니다. 수경원은 사도세자의 어머니 영빈 이씨의 무덤입니다. 영빈은 사도세자가 아버지에게 죽임을 당하는 걸 지켜본 뒤 2년 만에 사망합니다. 아마도 한이 많았겠지요. 그래도 왕세자를 낳은 후궁이었고, 훗날 그 손자가 왕위에 올랐습니다. 이 손자가 바로 정조입니다. 이런 이유로 영빈의 무덤은 원 등급으로 조성되었고, 수경원이라는 칭호가 부여되었습니다. 그런데 어떤 이유인지, 수경원은 대한민국 시기에 들어서도 잘 유지되다가 1970년에 봉분만을 옮겨서 지금의 서오릉으로 이전하였습니다. 정자각은 지금의 연세대학교 자리에 그대로 남아서 대학의 역사박물관으로 사용되고 있고, 봉분이 있던 자리에는 교회가 들어섰습니다. 문화재인 수경원을 두고 누가 어떤 과정을 통해 이러한 결정을 내렸는지에 대해서는 아무도 모릅니다. 한 가지 분명한 것은 대한민국의 양대 사학이 모두 조선 왕실의 무덤에 자리 잡았다는 사실입니다.

고려대학교 이공대 캠퍼스는 인명원이 있던 자리를 중심으로 조성되었습니다. 그런데 이 자리에서 15세기의 국왕급 태항아리인 분청사기 인화국화문 태항아리가 발견되면서 이 무덤 자리가 다른 용도로 이용되었다는 사실이 드러났습니다. 캠퍼스 자리가 인명원이 조성된 장소라는 사실을 고려할 때 매우 이상한 일이라 하겠습니다.

태항아리와 무덤, 탄생과 죽음을 담다

아이는 탯줄에 연결된 채로 태어납니다. 사람들은 이 태에 신성한 의미를 부여하여 생명의 근원으로 이해했습니다. 그래서 태를 함부로 하지 않고, 일정한 격식을 갖추어 처리했습니다. 왕실에서는 항아리에 담아 묻는 방식으로 태를 처리했는데, 이때 사연을 기록한 지석을 함께 매장했습니다. 태항아리와 지석은 하나의 세트를 이루는 것입니다.

태항아리는 두 개의 항아리로 구성됩니다. 커다란 항아리 안에 태를 담은 또 하나의 작은 항아리를 넣는 방식으로 땅에 묻습니다. 통상 태항아리가 발견되면, 두 개의 항아리와 누구의 태를 묻

은 것인지 기록한 지석이 같이 출토되기 마련입니다. 그런데 분청
사기 인화국화문 태항아리의 경우는 함께 묻혔을 지석이 끝내 발
견되지 않았습니다. 사실 이 태항아리는 정식 발굴 과정을 거쳐 발
견한 것이 아니라, 공사 현장에서 우연히 발견된 것입니다. 여러
곡절 끝에 고려대학교에 안착하였지만, 지석은 회수되지 않았습니
다. 아쉬운 일이지요. 지석이 발견되지 않았음에도 국왕급 태항아
리로 추정하는 이유는 이전에 지석과 함께 발견된 공주나 옹주의
태항아리보다 훨씬 규모가 크고 잘 만들어졌기 때문입니다. 그래
서 공주나 옹주의 태항아리는 보물로 지정된 반면, 분청사기 인화

분청사기 인화국화문 태항아리

10장. 생명 __ 삶과 죽음의 경계를 다시 묻다

국화문 태항아리는 국보 제177호로 지정됐습니다.

이상한 점은 태항아리가 묻힌 장소 바로 옆에 무덤이 조성되었다는 사실입니다. 이는 인명원이 만들어졌던 18세기 정조 임금 때는 이곳에 국왕급 인물의 태를 매장했다는 것을 몰랐음을 의미합니다. 태를 안치하는 곳에 무덤을 조성한다는 것은 상상할 수 없는 일입니다. 아마도 임진왜란을 거치면서 국가의 기록 관리 체계가 붕괴되어 일어난 일이겠지만, 조선시대에 무덤 옆에서 태항아리가 발견됐다면 난리가 났을 것입니다. 다행히 대한민국에서 벌어진 일이라 큰 문제는 없었습니다. 태항아리 옆에 있었을 지석이 끝내 회수되지 못한 것은 두고두고 아쉬운 일이지만, 어딘가 잘 보관되고 있으리라 기대해봅니다.

태가 안치된 곳에 무덤을 조성하게 된 실제적인 이유는 두 장소를 선정하는 데 동일한 풍수 이론을 적용했기 때문일 것입니다. 풍수 이론은 땅에 기운이 있고 이것이 사람에게 영향을 준다는 가설에 근거합니다. 살아 있는 사람에게 적용되는 풍수 이론은 고려시대에 유행했던 것이고, 조선시대부터는 무덤 풍수라고 하여 죽은 사람에게도 풍수가 적용된다고 봤습니다. 풍수 이론에서는 산이 부드럽거나 험난한 것은 땅의 기운에서 비롯된다고 봅니다. 땅속에 흐르는 기운은 산맥이 끊어지는 부분에서 땅 위로 분출됩니다. 땅 위로 분출된 기는 바람에 의해 흩어지는 반면, 물을 넘어가지는 못해서 물로 둘러싸인 곳에는 기운이 모여 있다고 여깁니다. 그래서 풍수 이론에 따르면 바람을 막아주는 산이 둘러싸고 있고,

앞쪽으로는 물이 흘러서 기가 흩어지는 것을 막는 장소가 이상적인 공간입니다. 사람에게 좋은 영향을 주는 기가 분출되면서, 이러한 좋은 기가 흩어지지 않는 지형이 풍수 이론에서 말하는 명당입니다.

각 시기별 무덤 양식을 살펴보면, 고구려나 백제는 석실 구조를 갖추고 시신을 땅 위에 안치하는 경우가 많습니다. 신라의 경우는 시신을 땅 아래에 묻고 흙으로 덮는 형식을 갖추고 있습니다. 그러므로 흙을 쌓는 방식은 대체로 신라 계통이라 할 수 있습니다. 고려 시기의 왕릉은 비탈면에 세우기 때문에 평지에 조성했던 이전의 무덤과는 쉽게 구분됩니다. 여기에 부대시설이 더해지는데, 봉분 위에 석상을 두고 봉분 앞에는 정자각을 건설합니다. 조선과 비교하면 고려의 정자각은 아주 작게 만들었습니다. 조선의 왕릉은 봉분 앞에 큰 정자각이 세워져 있고, 정자각 앞에는 넓은 마당 구조를 마련해서 제사를 지낼 수 있는 공간을 조성했습니다. 이전 시기와 비교할 때 조선의 왕릉은 망자의 공간이면서도 살아 있는 사람이 공간을 활용할 수 있도록 만들었다는 점이 특징입니다.

죽음이란 무엇일까
: 유교와 불교로 보는 죽음

성리학에서는 사람과 사물은 기가 뭉쳐서 존재한다고 봅니다.

살아 있다는 것은 체體와 기氣가 하나로 있는 상태입니다. 체는 몸을 이루는 것이고, 기는 혼魂과 백魄으로 구분됩니다. 그러므로 성리학에서 생물이 살아 있다는 것은, 체와 혼과 백이 어떤 원리에 따라 하나로 합쳐져 있는 상태를 뜻하는 것입니다. 반면 죽는다는 것은 체와 혼백이 분리되는 것입니다. 가벼운 기인 혼은 하늘로 가고 무거운 기인 백은 체에 남습니다. 체는 우리가 시신이라 부르는 것인데, 체에 깃든 백을 땅으로 돌려보내기 위해 시신을 흙에 매장합니다. 죽음과 동시에 혼은 하늘로 올라갈 수 있지만 백은 체에 남은 상태이기 때문에, 체를 땅에 묻어 흙과 하나되게 하여 자연스럽게 백을 땅으로 돌려보내는 것입니다.

불교에서는 망자를 죽음 다음의 단계로 보내기 위해 화장을 해서 흔적을 없애는 방식을 취합니다. 그래서 불교 국가였던 고려에서는 화장을 하는 경우가 많았습니다. 반면 조선시대에는 풍수이론을 바탕으로 체가 양지바른 땅으로 돌아갈 수 있도록 묻어주는 방식을 취했습니다. 신주는 체를 대신하는 것으로, 제사를 지낼 때 신주를 놓고 혼과 백을 불러와 교감을 한다고 여겼습니다. 혼과 백은 다시 하늘과 땅으로 돌아가는 존재이기 때문에, 결국 제사는 천지와 교감하는 의례라고 보았던 것입니다.

죽음과 삶을 다시 잇다

유교에서 이상적인 상태는 천지자연과 조화를 이루고 사는 것입니다. 그래야 이 땅에서 오래 살 수 있다고 여깁니다. 제사는 죽은 부모를 매개로 하여, 천지자연과 살아 있는 자손이 교감하는 방식입니다. 살아 있는 자손에게 제사는 천지와 조화롭게 공존함을 드러내는 의례이고, 죽은 부모에게는 후손들에게 기억됨으로써 삶을 확장하는 의식입니다. 이처럼 동양 문화권에서는 사회적으로 기억되는 것을 곧 삶이라고 생각했습니다. 만약 누군가가 살아 있다고 해도 사회 구성원 사이에서 전혀 존재감이 없다면, 그것은 죽은 것이나 마찬가지입니다. 반면, 죽은 사람이라고 해도 사회 구성원 사이에서 계속 기억되고 영향력을 미치고 있다면 그 사람은 살아 있는 것과 다름없습니다. 그러므로 제사는 죽은 부모를 지금의 우리 곁으로 다시 살려내는 의식이기도 합니다.

유교 문화권이 모두 이러한 인식과 실천을 공유한 것은 아니고, 조선 사회에서 독특하게 형성되고 발전된 것입니다. 풍수는 유교적 사상이 아니고, 제사는 풍수에서 강조하는 의례가 아닙니다. 유교적 제사와 효의 논리가 비유교적인 풍수와 결합되어 독자적인 의미를 가지게 된 것이 조선의 무덤과 제사에서 나타나는 특징입니다. 인명원과 같은 무덤은 풍수 이론에 따라 적절한 지점을 선택해서 조성된 것입니다. 무덤 터에서 분출되는 좋은 기운은 제사 의례를 실천하는 후손에게 전달되고, 동시에 죽은 사람은 후손들에게 기억됨으로써 다시금 존재할 수 있게 됩니다.

조선에서 이러한 목적으로 시행되었던 유교적 제사는, 말하자면 죽음이라는 한계를 극복하기 위한 고유의 방식이었던 것입니다. 유교적 관념이 많이 퇴색된 지금 보기에는 그런 방식이 납득이 가지 않을 수도 있지만, 이것이 한때 조선을 지배했던 핵심적인 생사관이었습니다.

이러한 관념이 조선 초기부터 쉽게 수용된 것은 아닙니다. 조선이 건국되던 쯤에는 불교적 관행이 사회 밑바닥까지 자리 잡고 있었습니다. 불교에서는 심판을 통해 죽은 자의 다음 삶의 형태가 결정된다고 여깁니다. 물론 이 역시 불교 고유의 사상에 근거한 것은 아니고, 동북아시아 지역에서 나타났던 독특한 관행일 수 있습니다. 어찌됐든 재판을 받는 21일 동안 죽은 사람의 이름으로 선업을 쌓고자 했습니다. 그래서 사람들은 잔치를 열고, 불법을 설파하고, 불경을 베껴 쓰고, 다양한 불교 행사와 음악 연주를 통해 불교적 선을 축적했습니다. 이렇게 축적된 선이 죽은 자의 선업으로 더해져서 재판에서 좋을 결과를 얻을 수 있다고 믿었습니다.

반면 유교에서 부모의 사망은 나를 천지와 연결시키는 존재가 사라진 것이기에 천지가 무너진 것과 같습니다. 먹고 자고 입는 것을 제대로 할 수 있는 상태가 아닙니다. 그러므로 유교적 상·장례는 남겨진 사람이 정신을 차리고 스스로를 추스르는 데 초점이 맞춰져 있습니다. 잔치를 하거나 음악을 연주하는 것은 상상도 할 수 없는 일이지요. 오늘날 우리의 문상 문화는 유교식으로 방문하여 불교식으로 대접받고 나오는 매우 독특한 모습을 띠고 있습니다. 유불 통합이 이루어진 셈입니다.

　인명원 자리에서는 그밖에도 많은 유물이 출토됐습니다. 1950년대 이장 과정에서 발견된 것이라 여겨지지만, 유물을 소장하고 있는 박물관 관계자도 그 구체적인 연원을 알고 있지 못합니다. 전쟁을 겪으며 관련 기록이 소실되었다고 짐작할 뿐입니다. 인명원 관련 유물은 다양한 화장 그릇을 비롯하여 젊은 귀부인의 취향을 담아 화려한 편입니다. 권세가인 오빠의 위세를 업고 국왕의 후궁이 되었다가, 젊은 나이에 유명을 달리한 여인의 여한을 담고 있는 것일까요? 그 자세한 사연은 어디에도 기록되지 않았습니다.

원빈 홍씨 묘에서 출토된 화장품 그릇

무덤은 고양시 어딘가로 옮겨졌고, 처음 조성됐던 자리에는 이제 학교 캠퍼스가 들어서 있습니다. 소중하게 묻었을 유물들은 사연을 뒤로 하고 박물관에서 대중들을 맞이하고 있습니다.

조선에서 죽음은 새로운 삶의 방식으로 이어집니다. 나와 같은 기를 물려받은 자손이 제사라는 의례를 통해 죽은 나를 현실의 후손 곁에 존재하도록 하는 것입니다. 후손들은 나를 매개로 천지자연과 소통함으로써, 유교가 지향하는 인간과 자연의 조화로운 공존이라는 이상을 구체화할 수 있습니다. 조선에서는 제사 절차에 신중한 의미를 두고 제수 하나하나에 의미를 부여해 정성껏 준비했습니다. 우리가 이 모든 것을 명확하게 이해할 수 없지만, 그들은 이런 방식으로 죽음을 극복할 수 있다고 생각했습니다. 제사에 정성을 불어넣음으로써 잊힌 존재인 망자를 살아 있는 존재로 현재화하는 조선의 제사 방식은, 누군가의 상실을 어떻게 감당할지 고민하는 오늘날의 우리에게 여전히 깊은 울림을 줍니다.

탄생과 죽음을
혁신하다

: 창조된 생명,
유예된 죽음

오민규

고려대학교 화공생명공학과 교수이다. 서울
대학교 공업화학과를 졸업하고 동 대학원에
서 석사 학위를, 캘리포니아대학교 로스앤
젤레스캠퍼스에서 화학공학 박사 학위를 받
았다. 한국미생물생명공학회 생물공학분과
위원장과 한국공업화학회 생물공학분과위
회장을 역임했다. 주로 바이오화학, 바이오
에너지, 생리활성 이차대사물질 생산을 위
한 대사공학/합성생물학과 대사흐름체학을
이용한 시스템생물공학을 연구하고 있으며,
2019년 한국생물공학회에서 BBE우수논문
상을 받았다.

과학은 죽음을 어떻게 다룰까

과학에서, 좁게는 분자 수준의 생물학에서 삶과 죽음을 다루기 시작한 건 아주 최근의 일입니다. 현대 생물학은 물질을 중심으로 두고 있기 때문에 사후의 생명체에 대해 관심을 가지지 않았습니다. 생명체가 죽고 나면 물질적인 생명 활동은 일어나지 않으니까요. 애초에 혼에 대한 관심도 없었고, 혼이 관찰 가능한 대상이라고 생각하지 않았던 것입니다. 죽음은 곧 단절을 의미했고, 자연스레 과학자들이 죽음에 대해 갖는 두려움은 커졌습니다. 그러다 보니 어떻게 죽음을 극복할 수 있을까 하는 도전적인 생각이 과학자들의 세계에서 조금씩 싹트기 시작한 것 같습니다.

생물학자들은 삶과 죽음을 어떻게 바라볼까요? 분야를 막론하고 과학은 관련 현상을 정확하게 정의하고 설명하는 데에서 시작합니다. 그렇다면 삶과 죽음을 바라보기 위해서는 먼저 삶과 죽음을 정의해야겠지요. 그래야 그 정의에 입각해서 삶을 연장하고 죽음을 극복하는 방법을 찾아낼 수 있을 것입니다. 가령 살아 있는 고양이와 방금 죽은 고양이, 이 둘의 차이는 뭘까요? 이러한 문제를 분자 수준에서 설명해내는 것이 앞으로 생물학의 중요한 과제라는 문제의식이 최근에 제시되기도 하였습니다.

삶과 죽음을 과학적으로 정의하기 위한 여러 시도가 이루어지고 있습니다. 자발적인 판단 능력, 이에 근거한 생체 반응, 단계적인 조절 기능 등 삶과 죽음을 구분하는 여러 가지 근거를 제시할 수는 있으나, 이를 통해 살아 있는 고양이를 죽은 고양이와 구별하기에는 아직 충분치 않아 보입니다. 왜냐하면 위에서 제시한 근거들을 갖추고 있는 무생물들, 즉 로봇이나 인공지능 등이 계속해서 개발되고 있기 때문입니다.

살아 있다는 것은 무엇인가

생물학에서 이야기하는 '살아 있는 것'의 아주 중요한 특징 중 하나는 물질과 에너지의 이동입니다. 열역학 제2법칙에 의하면 모든 물질계는 질서가 있는 상태에서 점점 무질서한 상태로 변화합니다. 즉, 시간의 흐름에 따라 무질서도가 증가합니다. 하지만 살아 있는 생명체 내부의 물질들은 시간이 흘러도 더 무질서해지지 않고, 계속해서 질서를 유지합니다. 그렇기 때문에 생명체 내 분자들의 무질서도가 증가하기 시작한다면, 그 시점부터 해당 생명체는 죽은 것이라고 이해할 수 있습니다. 무질서도의 증가가 삶과 죽음을 정의하는 핵심 중 하나인 것입니다.

그렇다면 생명체는 어떻게 살아 있는 동안 열역학 법칙을 거스르며 무질서도를 증가시키지 않는 것일까요? 살아 있는 존재들은 물질과 에너지가 외부로부터 지속적으로 들어왔다 나갔다를 반복하는 동적인 시스템을 갖고 있는데, 특히 체외로부터 흡수한 에너지를 이용해 생명체 내의 무질서도를 감소시킵니다. 그래서 생명체 내외를 모두 총괄하는 자연계의 무질서도는 증가하지만, 생명체 내의 무질서도는 증가하지 않습니다. 즉, 물질과 에너지가 지속적으로 들어오고 나가는 과정을 반복하는 와중에 에너지를 계속 흡수하기 때문에, 어제의 나를 이루는 물질과 오늘의 나를 이루는 물질이 정확히 같지 않음에도 불구하고 전체적인 나의 모습은 더 무질서해지지 않고 유지되는 것입니다. 생명의 핵심은 이것을 가능하게 하는 그 무엇이라고 할 수 있겠습니다.

생명체란 지속적인 에너지와 물질의 흐름에도 불구하고 질서를 유지해주는 조절 시스템을 갖춘 유기체라고 대략적으로 정의할 수 있습니다. 그리고 죽음이란 이 조절 시스템이 더 이상 작동하지 않는 상태, 조화롭고 지속적이었던 조절 시스템이 더는 복원될 수 없을 정도로 완전히 깨져버린 상태를 말합니다. 죽음 이후에는 에너지와 물질의 흐름이 더 이상 조화롭게 작동하지 않고 무질서도가 증가하는데, 이것이 유기체 부패의 과정입니다.

죽음을 유예하다
: 냉동 인간 기술

과학자들은 이러한 삶과 죽음의 정의에 입각해 삶을 더 오래 유지시키는 방법을 고민해왔습니다. 이 장에서는 크게 두 가지 연구 흐름을 소개하고자 합니다. 첫 번째는 냉동 인간 기술입니다.

살아 있는 물고기를 꺼내서 −197℃의 액체질소에 넣으면 어떻게 될까요? 물론 금방 얼게 됩니다. 그런데 이 물고기를 다시 상온의 물에 넣으면 놀랍게도 다시 헤엄칠 수 있습니다. 언 상태에서는 물질 및 에너지의 교환과 조절 시스템이 모두 멈춰버립니다. 즉, 얼어 있는 물고기는 삶과 죽음 중 어느 상태도 아닌 멈춘 상태에 있다고 할 수 있습니다. 이렇게 일시적으로 멈춘 조절 시스템을 어느 정도 시간이 지난 뒤에 회복시킬 수 있다는 가능성이 제기되면서 많은 사람이 냉동 인간 기술에 대해 관심을 갖게 되었습니다.

현재 알코르생명연장재단[ALCOR], 냉동보존학협회[Cryonics Institute], 크리오러스[KryoRus] 세 회사가 세계적으로 냉동 인간 서비스를 제공하고 있습니다. 한국에서도 크리오아시아라는 회사가 크리오러스와 제휴하여 2018년 2월부터 냉동 인간 대행 서비스 사업을 시작했습니다. 이 회사들을 통해 그리 크지 않은 액수의 돈으로 자신의 몸을 냉동 보존할 수 있습니다. 지금까지 세계적으로 약 400명 정도가 냉동되어 있다고 하는데, 이들은 과연 미래에 깨어날 수 있을까요? 현실적으로는 아직까지 살아 있는 사람을 냉동시킬 수는 없습니다. 법적인 문제 때문이겠지요. 현재 보존되고 있는 사람은 모두 죽은 사람입니다.

인간을 냉동 보존하는 과정은 다음과 같습니다. 서비스를 의뢰한 사람이 죽으면 즉시 차가운 욕조에 넣은 다음 체내에 있는 피를 모두 제거합니다. 그 후 액체질소에 넣고 −197℃에서 보존합니다. 이때, 피를 제거하는 이유는 물이 얼음으로 변할 때 부피가 커지는 독특한 성질을 갖기 때문입니다. 부피가 커진 물은 세포를 터뜨리기 때문에 손상된 세포는 회복이 불가능한 상태가 되고 맙니다. 다시 살아 있는 상태로 돌아갈 수 없는 것입니다. 따라서 물이 얼면서 부피가 팽창하는 것을 막아줘야 합니다. 특히 얼음이 형성되는 초기 단계에는 얼음결정이 작은 알갱이로 구성되는데, 온도에 따라

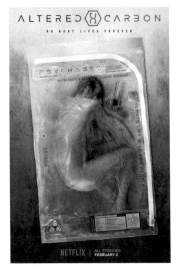

넷플릭스 오리지널 드라마 〈얼터드 카본〉에서 재현한 냉동 인간

6~24시간이 지나면 이 얼음 알갱이들이 합쳐져 더 커지게 되고, 이렇게 커진 얼음결정들이 세포 조직을 파괴합니다.

얼음결정의 이러한 성질은 냉동 인간 기술에서 큰 한계로 작용합니다. 물론 이를 극복하기 위한 기술들도 개발되고 있습니다. 그중 하나가 얼음결정의 성장을 방해하는 '얼음결정 방지 단백질'입니다. 얼음결정과 상호작용하면서 그 성장을 저해함으로써 세포들이 더 오랫동안 얼음 안에서 견딜 수 있도록 돕는 것이 얼음결정 방지 단백질인데, 극지방에 사는 미생물, 곤충, 생선 등은 모두 이런 단백질을 자체적으로 다량 만들어내서 영하의 온도에서도 생존하게 됩니다. 지금은 유전공학기술을 이용해서 대량생산한 단백질을 음식물 보존 등의 산업에 활용하고 있습니다.

냉동 인간 기술의 두 번째 문제는 삼투압입니다. 얼음은 세포 안보다 세포 밖에서 더 빨리 만들어집니다. 세포 안팎으로 얼음이 어는 속도가 다르기 때문에 용질의 농도에도 차이가 생깁니다. 이 때 용질의 농도가 낮은 곳에서 농도가 높은 쪽으로 물이 빠져나가려는 압력이 생기는데, 이것이 삼투압입니다. 삼투압에 의해 물이 세포 안에서 밖으로 빠져나가게 되면 세포가 쪼그라들면서 죽게 됩니다. 이러한 문제를 해결하기 위한 해법 역시 다양하게 개발되고 있습니다. 일례로 세포 안에 용질을 많이 넣어 얼음이 어는 도중에 세포 안팎의 농도 차이가 나지 않도록 조절하는 방법이 있습니다. 이러한 역할을 하는 동결보호제cryoprotectant와 이 물질을 세포 안으로 넣어주는 기술도 빠른 속도로 발전하고 있습니다.

냉동 인간 기술이 발전하고 있는 것은 사실이지만, 아직까지는 구현되지 않았습니다. 생명체 내의 세포 조직에 너무 많은 충격과 훼손을 주기 때문에, 해동 후에 완벽한 회복이 거의 불가능하다는 견해가 지배적입니다. 특히 뇌에 발생하는 훼손은 치명적입니다. 하지만 냉동 인간 기술의 한계를 극복하기 위해 개발되는 기술은 다양한 분야에 기여하고 있습니다. 우선 얼음을 제어하는 기술은 줄기세포, 난자, 정자 등의 세포 냉동 보존 기술에 적용되어 현재는 세포의 활용도를 높이는 데 중요한 역할을 하고 있습니다. 제대혈* 보관으로 시작한 세포 동결 보존 시장도 정자와 난자까지

---

* 분만 후 아기의 탯줄에서 나온 혈액인 탯줄 혈액을 뜻한다.

그 대상을 확장하며 시장을 넓혀가고 있고, 향후 줄기세포 및 면역세포 치료에도 큰 기여를 할 것으로 예상됩니다. 또한, 최근 냉동인간 기술의 대안으로 저체온요법이 임상에서 허가를 받고 일부 환자들에게 적용되고 있습니다. 저체온요법이란 체온을 일시적으로 32℃에서 34℃ 정도로 낮추는 방법으로, 뇌에 손상을 주지 않고도 며칠간 삶을 유지할 수 있게 만들어주는 요법입니다. 냉동 인간 기술의 또 다른 대안으로 제시되는 것은 뇌와 신경만을 살리고 나머지는 모두 세포 배양을 통해 대체하는 방법입니다. 2019년 즈보니미르 브르셀자Zvonimir Vrselja가 이끈 예일대학교 연구팀에서 도살장에서 죽은 지 4시간 지난 돼지들의 뇌와 신경을 분리시킨 뒤에 특수 혈액을 공급함으로써 뇌세포를 되살리고, 6시간 동안 전기신호를 성공적으로 관측했다고 발표했습니다. 이렇게 냉동 인간의 대안으로 인체의 작동을 일시 정지시키고 보존하고자 하는 기술들이 꾸준히 발전하고 있습니다.

탄생을 창조하다
: 복제 인간 기술

죽음을 극복하기 위한 두 번째 기술은 복제 인간 기술입니다. 복제 인간은 인간의 조절 시스템에 대한 설계도를 이용하여 일종의 새로운 인간을 만드는 것입니다. 과학자들은 인간의 조절 시스템의 구동 원리가 유전자 안에 대부분 담겨 있다는 사실을 알아냈습니다. 인간은 부모의 유전자를 물려받음으로써 조절 시스템을 상속받는데, 꼭 부모에게 물려받지 않고도 똑같은 설계도를 가진 인간을 만들어내는 것이 복제 인간 기술입니다.

지난 100여 년 동안 생물학은 이 설계도가 곧 유전자라는 사실을 찾고, 어떤 방식으로 유전자가 구현되어 어떻게 생물체를 조절하는지를 밝혀내는 과정이었습니다. 1938년 독일의 동물 발생학자 슈페만Spemann Hans은 인간을 포함해 진핵세포를 가진 생물체의 경우, 핵 안에 유전자가 담겨 있어서 핵을 전달하면 유전자, 즉 설계도를 모두 물려줄 수 있다고 주장했습니다. 복제 인간 기술은 바로 이 슈페만의 제안에서 시작되었습니다. 하지만 당시에는 이를 구현할 수는 없었고, 1950년대에 들어서야 슈페만의 제안을 토대로 미국의 과학자들이 개구리알에서 핵을 지우고 다른 개구리의 핵을 가져와 같은 모습의 개구리를 부화시키는 데 성공합니다. 이후 40여 년이 흐른 뒤에 포유류를 대상으로 한 복제 실험이 성공하는데, 이를 통해 탄생한 것이 1996년 태어난 복제 양 돌리입니다. 복제 양 돌리는 인간 복제의 가능성을 한층 높여준 중요한 사건이었습니다. 하지만 돌리가 수많은 질병에 시달리다가 양 평균수명의 절반 정도인 6년 만에 사망하게 되면서 아직은 복제 기술이 해결해야 할 문제점이 많다는 사실이 드러났습니다. 그래도 과학자들이 질병의 원인을 밝히고자 많은 노력을 기울인 덕분에 이후 후성유전학, 역분화인자 등 엄청난 과학적 성과를 이루었습니

10장. 생명 __ 삶과 죽음의 경계를 다시 묻다

영국 스코틀랜드 국립박물관에 박제되어 있는 복제 양 돌리

다. 이를 기반으로 이제는 복제 양 돌리가 겪은 문제들을 상당 부분 해결한 복제 기술들이 만들어졌습니다.

한편, 최근 개발된 유전자 가위 기술로 인해 유전자 편집이 가능해졌습니다. 이 기술은 인간의 수많은 유전자 염기서열 중 정확히 원하는 위치의 서열을 바꿀 수 있도록 해주는데, 이를 통해 유전자 수준에서 맞춤형 인간을 만드는 것이 가능해집니다. 정확한 염기서열 변형을 통하여 특정한 질병을 치료할 수 있을 뿐만 아니라, 조절 시스템 역시 원하는 대로 수정할 수 있습니다. 하지만 이 기술은 인간의 존엄성에 큰 영향을 미칠 수 있어서, 많은 국가에서 현재 인간에 대한 적용을 엄격히 금지하고 있습니다. 2018년 중국의 한 연구자는 이러한 금지 규정에도 불구하고 유전자 가위를 이용해 맞춤형 인간을 탄생시켜 사회적으로 엄청난 논란을 일으켰습니다. 그 과학자는 에이즈에 걸린 남성이 HIV 바이러스에 감염되지 않은 아이를 낳을 수 있도록 도와주고 싶어서 한 일이라고 밝혔습니다. 하지만 유전자 가위 기술이 태어난 아기에게 어떤 영향을 미칠지 정확히 예상하기 힘든, 아직 보증되지 않은 기술이라는 문제가 있었습니다. 또한 유전자 편집이 정확히 이루어졌는지에 대한 의문도 제기되었습니다. 이러한 논란에도 불구하고 유전자 편집이 기술적으로 인간에게 적용될 수 있음을 보여준 첫 사례라고 할 수 있습니다.

유전자 가위 기술은 복제 인간 기술이 가지는 한계를 해결하는 중요한 기술이 될 수 있습니다. 유전자 가위는 개체가 가진 문제점을 수정하여 복제 인간을 만들 수 있게 해주고 나아가 더 나은 인간을 설계하여 만드는 것을 가능하게 합니다. 이 기술을 인간에게 적용할 수는 없지만 실제로 동물 복제에 적용한 사례가 있습니다. 2019년 초, 중국에서 유전자 가위로 'BMAL1'이라는 유전자를 제거한 맞춤형 원숭이를 복제하는 데 성공했다는 연구 결과가 발표되었습니다. 그보다도 1년 전 중국은 세계 최초로 원숭이 복제에 성공했는데, 이번에는 질병 연구용으로 특정 유전자가 편집된 복제 원숭이를 탄생시킨 것입니다. 아직 검증해야 할 것이 많은 기술이지만 원숭이를 성공적으로 복제한 이상, 인간 복제를 실현하는 기술적 장벽은 얼마 남지 않은 것이 분명합니다. 즉, 맞춤형 복제 인간을 만들 수 있는 기술은 거의 완성 단계에 온 것입니다.

다시 원래 질문으로 돌아가봅니다. 삶과 죽음은 무엇이며, 인간은 과학기술을 이용하여 영원한 삶을 만들어낼 수 있을까요? 지금까지의 과학기술이 인류의 삶을 풍요롭게 했다는 점에는 거의 모두가 동의하겠지만, 인간을 행복하게 만들었냐는 질문에는 답이 갈릴 것 같습니다.

과학기술의 발전은 역사 흐름의 한 결과입니다. 인간의 욕심이 지나치게 개입되는 순간 과학기술이 불행한 결과를 초래했던 역사적 사건들을 적지 않게 떠올릴 수 있습니다. 과학기술의 발전을 막을 수는 없지만, 여기에 인간의 욕심이 개입되어 불행을 만드는 쪽으로 발전하지 않도록 노력해야 합니다. 앞으로 과학기술이 어떻게 삶과 죽음의 의미를 새롭게 바꾸어 나갈지, 그 역사의 현장을 함께 지켜보면 좋을 것 같습니다.

닫는글

조명철

고려대학교 사학과 교수

주위를 둘러보면 마치 실물이 눈앞에 있는 듯 선명한 화질을 자랑하는 대형 텔레비전과 운전자를 방심하게 만드는 자율주행의 전기자동차와 수소자동차가 심심치 않게 눈에 띈다. 다음 열차가 언제쯤 오는지 안내해주는 디스플레이와 스크린도어까지 완비한 한국의 지하철 부대시설은 이미 세계 최고 수준에 이르렀다. 지상으로 올라가 버스를 기다리다 보면 혼잡한 정체 시간에도 다음 버스가 도착할 시간을 정확히 알려주는 안내판을 보고는 놀라지 않을 수 없다. 버스를 기다리는 동안 앉아 있는 의자에는 온기가 돌아, 그 따스한 자리에서 엉덩이를 떼기 싫게 만든다. 그러다 타야하는 버스를 그냥 지나쳐 보내더라도, 스마트폰으로 급한 일을 처리할 수 있기에 변명거리를 댈 수 있다. 스마트폰이 없던 시절에 어떻게 살았는지 이제는 기억도 할 수 없을 정도로 스마트폰은 생활의 일부가 되었고, 어디서나 쾌적하게 동영상을 시청할 수 있는 5G 시대를 너무나 당연하게 즐기고 있다.

이제는 어린 시절 신촌에서 서울역으로 들어가는 증기기관차를 가까이에서 본 기억이 가물가물하다. 버스와 전차가 뒤엉켜서 서울 시내를 달리던 시절을 기억하는 사람을 찾기도 쉽지 않다. 메일이나 문자메시지 대신 손 편지를 쓰는 사람이 과연 얼마나 있을까. 과학기술이 만들어낸 최첨단의 기기와 문명이 우리 생활을 지배하기 시작하면서, 사람들은 과거와는 전혀 다른 시간을 살아가는 듯하다. 누가 우리 생활을 지배하고 있는 최첨단 기기와 기술의 영향력을 거부할 수 있을까. 첨단 과학기술은 인간이 만들었고 그 쓰임새도 인간이 결정한다. 앞으로의 첨단기술은 우리의 미래를 어떻게 바꿀까? 이 질문에 답하려면 과거에 새로운 첨단이 어떻게 등장하고 그 시대를 어떻게 바꾸었는지를 살펴야 한다. 이를 위하여 과거에 첨단이었던 우리 유산과 현재의 첨단기술을 자랑하는 과학기술이 한자리에 모였다.

우리는 앞에서 과거의 유산과 첨단 과학이 공동 작업으로 만들어낸 10개의 주제들을 살펴보았다. 사실 이 콜라보는 이공대의 교수들이 기획한 프로젝트였다. 즉, 첨단 과학을 탐구하는 연구자들에 의해서 케케묵은 것인 줄만 알았던 우리 민족의 유산들이 지금 이 시대에 다시 소환되기 시작한 것이다. 첨단기술과 전통 유산이 만나는 순간, 여기에 참여한 교수들은 이 프로젝트가 얼마나 대단한 시도였는지 바로 느낄 수 있었다. 여기서 얻은 소득을 간단하게 정리하는 것으로 마무리를 대신하고자 한다.

첫째, 첨단 과학기술에는 과학적으로도, 역사적으로도 전통 유산과 공유하고 있는 부분이 존재한다. 우리의 유산에는 과학적 원리들이 숨어 있고, 또 첨단 과학기술에는 과거부터 지금까지 일련의 흐름으로 이어지는 인간의 욕망과 삶의 방식이 담겨 있다. 함께 모여 토론하면 할수록 첨단 과학과 전통 유산과의 연결점은 뚜렷해졌다. 굳이 억지로 연결시키지 않아도 우리의 유산들은 첨단 과학을 통해 화려하게 부활하기 시작했다. 과학은 사람들의 욕구에 따라, 시대의 변화에 발맞춰, 기존의 패러다임에 도전하며 발전해왔다. 그리고 이러한 과정에는 '인문학적 상상력'이 동원되었다. 과학자와 인문학자의 공동 작업은 특히 나와 같은 인문학자에게 우리의 전통 유산을 새롭게 해석해야 한다는 강력한 과제를 던져주었다. 정말 신선한 충격이었다.

두 번째로 이번 콜라보는 우리가 다음 단계로 나아가기 위해서는 발상의 전환, 새로운 관점, 엉뚱한 상상력 등이 필요하다는 사실을 일깨워주었다. 우리 민족의 유산이 당대 최고의 수준에 이르는 데에는 인문학적 창조력이 요구되었고, 이는 지금의 첨단기술이 발전하는 과정과도 크게 다르지 않다. 인문학적 창조력은 천재적인 개인 또는 집단으로 하여금 끊임없는 고민을 통해 새로운 패턴을 만들어냈을 뿐만 아니라 마침내 당대 최고의 완성도를 자랑하는 유산을 탄생시킬 수 있었다. 사람들의 끊임없는 고민과 시대의 흐름을 읽어내는 노력은 우리의 전통 유산들이 절정에 이르는 길을 열어주었다. 결국, 첨단 과학도 전통 유산과의 소통을 통해 서로의 존재를 확인함으로써 새로운 도약에 다가갈 수 있다는 사실을 자각하게 되었다.

마지막으로 인문학자들은 세계 최고 수준에 이른 우리의 첨단 과학이 전통 유산과 맥을 같이 하고 있다는 사실에, 우리의 과거가 사실 엄청난 가치를 지닌 보석이었다는 예상치 못한 자부심을 얻을 수 있었다. 그간 나를 위시한 인문학자들을 구속해온 엄청난 굴레가 있었다. 우리 고유의 것은 서양 문화에 비해 후진적이며, 심지어 우리를 식민 지배했던 일본에도 못 미친다는 열등감이다. 하지만 당당하게 세계 최고 수준을 자랑하는 우리의 첨단 과학기술과 만남으로써, 인문학을 무겁게 억누르고 있던 오리엔탈리즘과 식민주의의 압박을 쓰레기통에 처박아 버릴 수 있었다. 이제 인문학은 오리엔탈리즘과 식민주의에 대해 방어 논리나 변명의 논리를 찾아 헤맬 필요가 없게 되었다. 왜냐하면 우리의 전통 유산이 첨단 과학기술을 선도하게 된 우리의 오늘날을 설명해줄 수 있기 때문이다.

　　우리의 '첨단유산'은 이제 출발점에 섰을 뿐이다. 이러한 콜라보는 과학기술을 넘어서 이미 가능성을 보여주고 있는 케이팝, 케이드라마, 케이푸드 등 모든 분야에서 지속적으로 확대될 것이다.

추천의 글

정진택

고려대학교 총장

    고려대학교 공과대학이 박물관의 후원으로 인문학과 공학의 만남인 융합 강연회를 개최하고, 자료를 모아 이 책을 출판하게 된 것을 매우 기쁘게 생각한다. 공과대학은 신기술을 개발하여 인류의 미래를 준비하는 곳이고, 박물관은 과거의 역사와 유물을 연구하는 곳이다. 이처럼 이질적인 두 기관이 첨단유산이라는 주제로 만나게 된 것은 무척이나 반갑고 뜻깊은 일이다.

    4차 산업혁명 시대는 신기술 중심의 시대이지만 또 한편으로 융합의 시대이다. 인공지능과 같은 첨단기술이 인간에게 도움을 주기 위해서는 인문학이 바탕이 되어야 하고, 과학기술의 도움을 받으면 인문학 연구 또한 더욱 활성화 될 수 있다. 『첨단×유산』은 고려대학교가 자랑하는 위대한 문화유산과 고려대학교가 발전시켜나가는 과학기술의 미래 유산이 만나는 융합의 장이다. 박물관이 소중히 가꾸어온 문화유산은 과학적 해석을 통해 빛을 발하고, 새롭게 개발되는 첨단기술이 역사의 흐름 속에 자리매김할 것이다.

    그동안 학문적 융합에 대한 수많은 이야기가 있었지만, 다양한 분야의 공학자들과 인문학자들이 박물관이라는 공간에서 만나 문화유산을 통해 서로의 교차점을 발견하는 통섭의 이야기를 들을 수 있게 된 것은 이번이 처음이었다. 이 책을 통해 인문학과 공학을 전공하는 고려대학교 교수진의 융합적 만남을 즐기기를 바란다. 더불어, 고려대학교 박물관이 보관하고 있는 아름다운 문화유산의 가치가 더욱 빛날 수 있기를 기대한다. 출판을 위해 많은 정성을 기울여준 고려대학교 문과대학과 공과대학 교수진을 비롯한 모든 저자 분들과 프로젝트 총괄을 맡아 고생해준 이준호 교수에게 깊은 감사의 마음을 전한다.『첨단×유산』을 통해 융합 연구의 새로운 지평이 열리길 기대해본다.

경기도박물관 소장

39쪽 동궐도, 제작연도 미상(1820년대로 추정),
273×576cm, 견본채색, 국보 제249-1호,
고려대학교 박물관 소장

42쪽 왕세자두후평복진하도, 1880년,
57.5×180.5cm, 견본채색,
고려대학교 박물관 소장

45쪽 ⓒDen Rozhnovsky/Shutterstock.com

47쪽 (상)ⓒMONOPOLY919/Shutterstock.com

47쪽 (중)ⓒBannafarsai_Stock/Shutterstock.com

47쪽 (하)ⓒKonstantin Tronin/Shutterstock.com

50쪽 (좌)국립고궁박물관 제공

50쪽 (중)국립고궁박물관 제공

51쪽 주영규 교수

54쪽 (좌)ⓒsamunella/Shutterstock.com

54쪽 (우)주영규 교수

58쪽 주영규 교수

1장 시선

16쪽 미델하르니스의 가로수길,
마인데르트 호베마, 1689년, 103.5×141cm,
캔버스유채, 런던 내셔널갤러리 소장

21쪽 왕세자출궁도, 1817년, 34×46.5cm,
고려대학교 박물관 소장

23쪽 금강전도, 정선, 1734년, 130.8×94.5cm,
수묵담채, 국보 제217호,
삼성미술관 리움 소장

24~25쪽 월야선유도, 김홍도, 1786년,
71.2×196.9cm, 지본채색,
국립중앙박물관 소장

26쪽 (상)동래부순절도, 변박, 1760년,
145×96cm, 견본채색, 육군사관학교 육군
박물관 소장, 문화재청 제공

26쪽 (하)서당, 김홍도, 18세기 후반, 27×22.7cm,
수묵채색, 국립중앙박물관 소장

28쪽 단오풍정, 신윤복, 28.2×35.2cm,
국보 제135호, 간송미술관 소장,
국립중앙박물관 제공

31쪽 북일영도, 김홍도, 18세기 후반,
32.3×43.7cm, 지본채색,
고려대학교 박물관 소장

32쪽 규장각도, 김홍도, 1776년,
144.4×115.6cm, 견본채색,
국립중앙박물관 소장

35쪽 원행을묘정리의궤 화성행궁도, 김홍도,
1796년, 35.1x22.5cm,
규장각 한국학연구원 소장

36~37쪽 헌종가례진하도병, 1844년, 8폭 각
112.5×46.5.5cm, 보물 제733-2호,

2장 색깔

64쪽 (좌)빗살무늬 토기, 신석기, 높이 36.8cm,
국립중앙박물관 소장

64쪽 (중)검은 간토기, 청동기, 높이 22.7cm,
국립중앙박물관 소장

64쪽 (우)붉은 간토기, 초기 철기, 높이 11.5cm,
국립중앙박물관 소장

66쪽 (상)도기 기마인물형 명기, 신라,
높이 23.5cm, 길이 29.4cm,
국립중앙박물관 소장

66쪽 (하)청자 어룡형 주전자, 고려, 높이 24.4cm,
뚜껑높이 5.3cm, 몸통지름 13.5cm,
국보 제61호, 국립중앙박물관 소장

68쪽 방병선 교수

70쪽 방병선 교수

72쪽 청자 사자형 뚜껑 향로, 고려, 높이 21.2cm,
국보 60호, 국립중앙박물관 소장

74쪽 방병선, 「고려 상감청자의 발생에 따른 상감
무늬의 고찰」, pp.24-43.

보물 제645호, 이화여자대학교 박물관 소장,
문화재청 제공

113쪽 (하)'함풍년제'명 백자 용무늬 접시,
조선 19세기, 높이 2.9cm, 지름 21.3cm,
바닥지름 13.1cm, 국립중앙박물관 소장

116쪽 (상)소상팔경도, 조선 16세기,
각 91.0×47.7㎝, 보물 제1864호,
국립진주박물관 소장

116쪽 (하)백자 청화산수무늬 항아리,
조선 18세기, 높이 38.1cm, 입지름 13.6cm,
바닥지름 14.5cm, 국립중앙박물관 소장

117쪽 백자 청화장생무늬 항아리, 조선,
높이 37.3cm, 입지름 13.6cm,
몸통지름 27.6cm, 국립중앙박물관 소장

119쪽 (상)백자 철화매죽문 항아리, 조선 16세기,
높이 40.0cm, 몸통지름 37.9cm,
국보 제166호, 국립중앙박물관 소장

119쪽 (중)백자 철화호록문 항아리, 조선 17세기,
높이 28.6cm, 오사카시립동양도자미술관
소장

119쪽 (좌하)백자 청화동채두꺼비 연적, 조선,
높이 4.7cm, 너비 9.1cm,
국립중앙박물관 소장

119쪽 (우하)백자 청화연판문환 연적, 조선,
높이 3.8cm, 지름 7.9cm,
국립중앙박물관 소장

120쪽 백자 청화철채동채초충문 병,
조선 18세기, 높이 42.3cm,
입지름 4.2cm, 밑지름 13.3cm,
국보 294호, 간송미술관 소장

129쪽 ⓒPeter Hermes Furian/Shutterstock.com

132쪽 세계경제포럼

4장 철기

140쪽 이은철 도검장
148쪽 사인검, 고려대학교 박물관 소장
149~151쪽 이은철 도검장

157쪽 이준호 교수
160쪽 이준호 교수
163쪽 world steel association 홈페이지
166~167쪽 김한수 교수

5장 정보

173쪽 고려대학교 출판문화원 제공
178쪽 서던캘리포니아대학교 홈페이지
182쪽 고려대학교 도서관 홈페이지
188쪽 김성범 교수
191쪽 김성범 교수

6장 지도

201쪽 이의한 교수
203쪽 한양대학교 국학연구원
211쪽 규장각 한국학연구원
216쪽 김종혁 교수
217쪽 규장각 한국학연구원
221쪽 한민홍 교수
226쪽 주식회사 첨단차
230쪽 주식회사 첨단차
231쪽 고려대학교 제공

7장 공간

236쪽 수선전도 목판, 1846~1848년 추정,
가로67.5cm, 세로 82.5cm, 보물 제853호,
고려대학교 박물관 소장

238쪽 류성룡 교수
241쪽 (상)서울역사박물관 제공
241쪽 (하)Brovko Serhii/Shutterstock.com
243쪽 서울역사박물관 제공
250쪽 ⓒDreamArchitect/Shutterstock.com
251쪽 인천경제자유구역청 스마트시티운영센터

자료 출처

254쪽 국토교통부

255쪽 ⓒHayk_Shalunts/Shutterstock.com

257쪽 오다니엘 교수

264쪽 미국 노동청 자료를 토대로
　　　 오다니엘 교수가 재구성

8장 시간

279쪽 김종혁 교수

282쪽 김종혁 교수

284쪽 (상좌)목마패, 고려대학교 박물관 소장

284쪽 (상우)오마패, 고려대학교 박물관 소장

284쪽 (하)규장각 한국학연구원

290쪽 ⓒAlexander Yakimov/Shutterstock.com

291쪽 (좌)동아시아 배급사

291쪽 (우)ⓒPetr Simon/Shutterstock.com

307쪽 (좌)ⓒliluydesign/Shutterstock.com

307쪽 (중)ⓒSergey Mastepanov/Shutterstock.com

307쪽 (우)ⓒTetiana Saienko/Shutterstock.com

313쪽 ⓒImageFlow/Shutterstock.com

9장 인식

318쪽 주식회사 옛기술과문화

320쪽 (상)ⓒAnton_Ivanov/Shutterstock.com

320쪽 (하)혼천의 및 혼천시계, 1669년, 가로 118.5
　　　 cm, 세로 99cm, 두께 52.5cm, 국보 제230호,
　　　 고려대학교 박물관 소장

331쪽 김상혁, 이용삼. 「혼천시계의 시보시스템
　　　 구조 분석」, 《한국천문학회 천문학논총》
　　　 제28권 제2호(2013), pp.17~23.

333쪽 국립고궁박물관 소장

339쪽 ⓒNasky/Shutterstock.com

339쪽 ⓒOSweetNature/Shutterstock.com

339쪽 ⓒAliona Manakova/Shutterstock.com

339쪽 ⓒFarber/Shutterstock.com

348쪽 IBM 홈페이지

10장 생명

358쪽 고려대학교 제공

362쪽 분청사기 인화국화문 태항아리,
　　　 조선 15세기, 높이 42.8cm,
　　　 입지름 26.5cm, 밑지름 27.6cm,
　　　 국보 제177호, 고려대학교 박물관 소장

368쪽 유리합, 조선, 높이 4.2cm, 지름 6.7cm,
　　　 국립중앙박물관 소장

375쪽 넷플릭스 홈페이지

379쪽 ⓒJordan Grinnell/Shutterstock.com

첨단 × 유산

역사와 과학을 꿰는 교차 상상력

초판 1쇄 펴낸날 2021년 1월 13일
초판 2쇄 펴낸날 2021년 12월 24일
기획 고려대학교 공과대학 프로젝트 총괄 이준호
지은이 강제훈·강충구·권내현·김규태·김성범·김성철·김종혁·류성룡·박유민·방병선
오다니엘·오민규·이은철·이준호·조명철·주병권·주영규·한민홍·허준
펴낸이 한성봉
편집 하명성·신종우·최창문·이동현·김학제·신소윤·조연주
콘텐츠제작 안상준
디자인 전혜진·김현중
마케팅 박신용·오주형·강은혜·박민지
경영지원 국지연·강지선
펴낸곳 도서출판 동아시아
등록 1998년 3월 5일 제1998-000243호
주소 서울시 중구 퇴계로30길 15-8 [필동1가 26]
페이스북 www.facebook.com/dongasiabooks
인스타그램 www.instargram.com/dongasiabook
블로그 blog.naver.com/dongasiabook
전자우편 dongasiabook@naver.com
전화 02) 757-9724, 5
팩스 02) 757-9726

ISBN 978-89-6262-361-1 03910

이 도서의 국립중앙도서관 출판예정도서목록(CIP)은
서지정보유통지원시스템 홈페이지(http://seoji.nl.go.kr)와
국가자료공동목록시스템(http://www.nl.go.kr/kolisnet)에서
이용하실 수 있습니다.(CIP제어번호: CIP2020055287)

만든 사람들
편집 조연주·최창문
크로스교열 현의영
디자인 전혜진